alfabetizar para a DEMOCRACIA

Sobre o autor

José Morais é doutor em ciências psicológicas pela Universidade Livre de Bruxelas (ULB), Doutor *honoris causa* pela Universidade de Lisboa, e Grande Oficial da Ordem do Infante D. Henrique em razão das suas contribuições para o conhecimento, em particular no domínio da leitura e da literacia. Foi presidente do Comitê das Ciências Psicológicas da Academia Real da Bélgica e membro do Observatório Nacional da Leitura (França). Atualmente é professor emérito da ULB e permanece membro ativo do seu Centro de Pesquisa em Cognição e Cérebro (CRCN).

M827a Morais, José.
　　　　　Alfabetizar para a democracia / José Morais. – Porto Alegre : Penso, 2014.
　　　　　184 p. : il. ; 23 cm.

　　　　　ISBN 978-85-65848-95-4

　　　　　1. Linguística. 2. Educação. 3. Democratização. I. Título.

CDU 81'22:37.014.54

Catalogação na publicação: Ana Paula M. Magnus – CRB 10/2052

José Morais

alfabetizar para a DEMOCRACIA

2014

Obra originalmente publicada por
Fundação Francisco Manuel dos Santos (FFMS), Lisboa.
Direitos restritos ao Brasil.

Gerente editorial: *Letícia Bispo de Lima*

Colaboraram nesta edição

Editoras: *Lívia Allgayer Freitag e Priscila Zigunovas*

Capa: *Márcio Monticelli*

Preparação de originais: *Mônica Ballejo Canto*

Leitura final: *Elisângela Rosa dos Santos*

Editoração: *Formato Artes Gráficas*

Reservados todos os direitos de publicação, em língua portuguesa, à
PENSO EDITORA LTDA., uma empresa do GRUPO A EDUCAÇÃO S.A.
Av. Jerônimo de Ornelas, 670 – Santana
90040-340 – Porto Alegre – RS
Fone: (51) 3027-7000 Fax: (51) 3027-7070

É proibida a duplicação ou reprodução deste volume, no todo ou em parte,
sob quaisquer formas ou por quaisquer meios (eletrônico, mecânico, gravação,
fotocópia, distribuição na Web e outros), sem permissão expressa da Editora.

Unidade São Paulo
Av. Embaixador Macedo Soares, 10.735 – Pavilhão 5 – Cond. Espace Center
Vila Anastácio – 05095-035 – São Paulo – SP
Fone: (11) 3665-1100 Fax: (11) 3667-1333

SAC 0800 703-3444 – www.grupoa.com.br

IMPRESSO NO BRASIL
PRINTED IN BRAZIL

Apresentação à edição brasileira

Este livro foi publicado em Portugal com o título *Alfabetizar em democracia*, em outubro de 2013, pela Fundação Francisco Manuel dos Santos. A edição brasileira é consideravelmente diferente da portuguesa: contém um novo capítulo dedicado à alfabetização no Brasil; os capítulos 5, 6 e 7 incluem novos temas das mesmas questões, mas com mais profundidade; enfim, em todo o livro, aproveitei a ocasião para fazer algumas modificações mesmo que superficiais.

O reconhecimento que deixei expresso a todos os que me fizeram comentários e críticas na edição portuguesa (Régine, meus filhos, assim como amigos e colegas) estende-se a esta edição: eles sabem disso. Acrescentarei apenas um agradecimento ao Professor João Batista Oliveira, pela leitura que fez de algumas partes do livro, em particular do capítulo sobre o Brasil.

Nos últimos 10 anos, tive várias oportunidades para comunicar, debater, conversar com alfabetizadores brasileiros. Não fiquei com nenhuma dúvida sobre sua motivação, seu entusiasmo pela causa da alfabetização, sua vontade de refletir sobre a sua ação e de torná-la mais eficiente.

A alfabetização no Brasil vai mal, está doente, precisa urgentemente de medicina apropriada, não porque os alfabetizadores não queiram, mas porque não podem. Não podem, porque não recebem a formação, o apoio e o reconhecimento social de que carecem. Não podem, porque a política de alfabetização que os enquadra é totalmente anticientífica. Esta política tem de ser mudada. Não se trata de revê-la cosmeticamente. Trata-se de elaborar e pôr em prática uma política baseada nas descobertas da ciência.

Apelo aos governantes para que façam a si mesmos esta pergunta crucial: "estaremos errados?". A mudança pode e deve vir deles. Porém, apelo também aos universitários, a todos os outros educadores e às famílias dos alunos, ou seja, ao povo brasileiro, para que iniciem um processo de nova e autêntica alfabetização que seja continuamente democrático: porque a democracia é debate entre todos, é decisão racional e coletiva, e a alfabetização universal é geradora de democracia.

Nos países que utilizam o alfabeto, alfabetizar é uma ferramenta de literacia. A literacia é caminho para uma democracia autêntica, daí o título do presente livro. Esta é uma perspectiva política, mas também se deve enfatizar a perspectiva pessoal, aquela que transcende o cidadão. Como amplamente se explica neste livro, a literacia é necessária para o pleno desenvolvimento da mente e das suas capacidades, e por isso deve ser reivindicada por todos para cada um.

José Morais
Bruxelas, Bélgica

Sumário

Introdução 9

Parte I – O que é alfabetizar

1. Alfabetismo e literacia 12
2. Muito aquém da alfabetização 27
3. Como se lê e como se aprende a ler... 37
4. Alfabetizar no Brasil.. 51

Parte II – O que é a democracia

5. Democracia e pseudodemocracia... 76
6. A liberdade 89
7. A igualdade 113
8. Falsos amigos, falsas democracias 133

Parte III – Criar letrados, criar democratas

9. Ideias sobre a educação 138
10. Perspectivas de ação... 156
11. Por favor, desenha-me um futuro 164

Conclusão 169

Referências.. 171

Introdução

Sabemos como começa a Declaração Universal dos Direitos Humanos: "Todos os seres humanos nascem livres e iguais em dignidade e em direitos". Mas também sabemos que, apesar da boa intenção dos seus autores, os seres humanos não nascem e nunca se tornam livres e iguais.

Entre os direitos humanos, deveria ser universal o direito à alfabetização – nos países que utilizam o alfabeto – e, de modo geral, os direitos à literacia, à instrução e à cultura. Porém, as potencialidades de acesso a esses direitos são desiguais desde o nascimento. Precisamos saber se isso resulta de uma fatalidade biológica ou da natureza do sistema social, e em que medida e até quando a plasticidade do cérebro permite que a instrução e a ação educativa conduzam ao desenvolvimento cognitivo.

Este livro trata da alfabetização e da literacia no contexto de uma forma de organização política e social das comunidades humanas: a democracia. Inventada em Atenas há mais de dois milênios e meio, e depois abolida, a democracia é hoje considerada a única forma política e social coerente com os princípios de liberdade e de igualdade que foram – no discurso, muito mais do que nos fatos – a bandeira da Revolução Francesa e da independência norte-americana.

O que é hoje a democracia? Os fatos correspondem aos valores? Estará a democracia ainda por ser construída? Se está, como se constrói? Em vez de um Estado a criar, será a democracia um movimento real, uma prática? Ganhará progressivamente todas as instituições e comunidades? Passará pela universalização da literacia e da educação? Virá a confundir-se, em cada indivíduo, com o exercício pleno da cognição e dos valores éticos (na relação do indivíduo com os outros) e estéticos (na relação do indivíduo com as suas percepções)?

Neste livro, a ação de alfabetizar, de fazer de todos os seres humanos leitores e letrados, não é concebida apenas como um instrumento para a democracia, mas como uma afirmação e uma manifestação de democracia real. Nele, separo ciência e opção ideológica, e passo de uma à outra sem pretender que a segunda derive da primeira.

A parte científica é transdisciplinar; trata das ciências da vida e das ciências humanas e sociais. Tal como na visão do arco-íris, traçar fronteiras entre elas seria artificial. Nesse sentido, uma vez comprovado o respeito das regras da atividade científica, não há ciências de primeira e de segunda classe. No contexto daquelas ciências, muitos instrumentos de análise têm sido criados, desenvolvidos por meio da colaboração com matemáticos e físicos, e contribuído para transformá-las. Há menos de dois séculos, o astrônomo belga Adolphe Quételet (aliás polímato, pois foi também matemático, estatístico e sociólogo) escreveu um livro intitulado *Sur l'homme et le développement de ses facultés, ou essai de physique sociale*. É de bom grado que utilizo o termo "física social" para deixar marcado o caráter científico das descobertas a que me refiro. E é no usufruto de um direito moral que me aventuro muito além da ciência.

PARTE I

O que é alfabetizar

1

Alfabetismo e literacia

Alfabetizar é ensinar a ler e a escrever num sistema alfabético.
Tem-se dito que é alfabetizado quem sabe ler e compreender um texto simples, bem como escrever de maneira inteligível o que quer comunicar. Essa definição é demasiado imprecisa. De acordo com a psicolinguística cognitiva, é alfabetizado quem é capaz de ler e escrever com autonomia. A definição científica, partilhada por muitos alfabetizadores, especifica a aquisição e posse de uma *habilidade* (no sentido de *skill*, competência técnica cuja aquisição requer treino) que pode ser avaliada objetivamente sem que os critérios da avaliação variem segundo o indivíduo. Ser alfabetizado é ter um nível mínimo de habilidade que permita, por um lado, ler palavras e textos independentemente da sua familiaridade, mesmo sem compreender o que se lê, e, por outro lado, escrever qualquer enunciado mesmo sem conhecer o conteúdo do que se escreve. Veremos no Capítulo 3 que esse mínimo requer processos – na leitura – de decodificação controlada e sequencial da escrita e – na escrita – de codificação da linguagem. São os "níveis básicos" da leitura e da escrita. Só depois de alguns anos de prática é que se atingem os "níveis hábeis", que correspondem à ativação automática de representações ortográficas lexicais. Veremos também o que isso significa. Dadas as caraterísticas do código ortográfico do português, e supondo um ensino apropriado e um desenvolvimento cognitivo e linguístico normal, os níveis básicos podem ser atingidos no fim do 1º ano de instrução e os níveis hábeis no decurso do 4º ano.

A LITERACIA

Literacia, termo utilizado em Portugal e Espanha e, tal como o francês *littératie*, adaptado do inglês *literacy*,[1] não é equivalente a alfabetismo por duas razões. Porque se pode ser letrado, no sentido de saber ler e escrever, e analfabeto – é o caso dos que só adquiriram um sistema não alfabético de escrita, como o *kanji* (ideográfico) e os *kana* (silabários) no Japão – e porque literacia pressupõe uma utilização eficiente e frequente da leitura e da escrita. Quem aprendeu a ler e a escrever, mas o faz mal e pouco, não é letrado, tal como não é músico quem aprendeu a tocar um instrumento, mas o faz raramente e com esforço. Nos países que utilizam o alfabeto, a alfabetização abre o caminho à literacia, isto é, à utilização das habilidades de leitura e de escrita em atividades que vão além do alfabetismo, atividades de aquisição, transmissão e, eventualmente, produção de conhecimento.

A literacia pode ser entendida em dois sentidos. No sentido de *habilidade*, vai além do nível básico do meramente alfabetizado (ler e escrever com autonomia) e caracteriza os "níveis hábeis ou eficientes", aqueles em que lemos e escrevemos *automaticamente* as palavras da língua, isto é, sem termos de construir intencional e sequencialmente o seu reconhecimento (na leitura) e a sua forma visual (na escrita). Tal como os níveis básicos, também os hábeis podem ser avaliados de maneira rigorosa. No sentido de *prática produtiva* da leitura e da escrita, a literacia varia segundo os conteúdos em que se exerce e segundo o aproveitamento que o sujeito de literacia, o "letrado", retira dela. Essencialmente, podemos distinguir quatro tipos de literacia: a pragmática, com fins utilitários; a de divertimento; a de conhecimento, que inclui a científica; e a estética, que compreende a literária. Essas formas de literacia confrontam-se com exigências de natureza muito diferentes do ponto de vista dos processos mentais conscientes.

No Brasil, pouco depois do fim da ditadura militar, começou a ser utilizado o termo "letramento", num sentido que, à primeira vista, corresponde ao de literacia, isto é, de uso ou prática das habilidades com algum dos objetivos que acabamos de indicar. Letramento, em seu sentido mais geral, pode ser entendido como a influência que a cultura escrita tem no desenvolvimento da criança, por meio da sua exposição frequente a letras e a textos, por meio das interações verbais já marcadas pela escrita que ela tem com os outros e por meio das ações intencionais dos pais e professores destinadas a tornar-lhe acessível a compreensão e o domínio do sistema escrito de representação da linguagem. Nesse sentido, tal como o termo alfabetização, letramento indica um processo, ao passo que literacia evoca, sobretudo, o estado ou a função que dele resultam. No entanto, letramento difundiu-se na comunidade linguística e educacional com uma intenção ao mesmo tempo mais engajada politicamente e mais redutora. Ele se refere tão somente ao uso social da leitura e da escrita (SOARES, 1998)[2] e não contempla, portanto, todas as atividades de leitura e de escrita que são determinadas por necessidades e fins meramente pessoais (nesse caso, deveria excluir, por exemplo, o diário íntimo, destinado a ser lido só por quem o escreve), como se o indivíduo, como ser letrado, não tivesse outra dimensão do que a social. Por ser mais abrangente, e atendendo também à vantagem de homogeneizar os conceitos – o português europeu não utiliza letramento, mas sim literacia –, é literacia que adoto neste livro.

Dito isso, não há dúvida de que esse conceito tem sido central num debate que envolve, de maneira geral, as aprendizagens e a formação do indivíduo na sua relação com a sociedade e em que se opõem orientações epistemológicas, metodológicas e ideológicas. São os chamados modelos cultural, do capital humano e das capacitações.

O MODELO CULTURAL

Segundo o modelo cultural (STREET, 1984), as aprendizagens, como a leitura, a escrita e a matemática, são práticas sociais que devem ser interpretadas na relação com o contexto cultural de sua aquisição. Essa opção relativista é criticável. Não é o fato de as descobertas e as invenções ocorrerem em contexto social que determina as suas caraterísticas intrínsecas. Os algoritmos que intervêm nas operações aritméticas não dependem de fatores sociais. Do mesmo modo, a invenção do alfabeto e a emergência da habilidade de ler e de escrever nesse sistema só foram possíveis por serem consistentes com propriedades biológicas da linguagem e da cognição.

As letras representam unidades da estrutura fonológica da língua tornadas possíveis pelas características da fonação, e a sua combinação em palavras reflete a potencialidade generativa do sistema cognitivo e a sua capacidade de organizar padrões segundo regras. O aproveitamento das capacidades biológicas é uma constante das grandes aquisições culturais. O cérebro não evoluiu para que pudéssemos processar as letras, mas, ao percebê-las, recorremos a mecanismos cerebrais inatos que se desenvolveram ao longo da evolução da nossa espécie para processar formas visuais.

Considerar o ser humano um ser social e cultural não é incompatível com o fato de o cérebro e a mente terem raízes biológicas e resultarem de processos seletivos e adaptativos. Sem as capacidades que tornaram possível a linguagem, por exemplo, a coarticulação[3] das consoantes e das vogais, o alfabeto não teria sido inventado. Elas explicam as caraterísticas essenciais dessa escrita, além das condições históricas que a permitiram. Resumindo: os fundamentos da escrita e da literacia alfabéticas são biológicos e cognitivos, mas a sua invenção é social e cultural.

O modelo cultural é promovido pela "pedagogia crítica", inspirada por Paulo Freire (FREIRE, 1974), que apresenta a alfabetização e a literacia como construções sociais alicerçadas num projeto ético e político: segundo a ideologia, conservadora ou progressista, elas seriam, respectivamente, técnicas puras e formas de conscientização política dos povos.

As políticas de alfabetização e de promoção da literacia são certamente influenciadas por ideologias. Porém, não é legítimo inferir daí que a sua eficácia só depende da ideologia que as inspira. Num estudo sobre a alfabetização de adultos no Brasil (BARTLETT, 2008), o interesse da autora incidiu quase exclusivamente no fato de a participação na escola ter permitido criar redes de relacionamento social e de aumentar a autoestima e o envolvimento em atividades militantes. Esses resultados são positivos. Infelizmente, ela não considerou importante dizer como é que as pessoas foram ensinadas a ler e a escrever nem se aprenderam e qual nível de habilidade atingiram. Comentou apenas que a literacia não é uma propriedade da cognição individual e que os métodos fônicos de ensino (ver Capítulo 3) são fenômenos sociais influenciados por privilégios de classe. O modelo cultural menospreza o processo de aprendizagem e ignora o que a ciência experimental tem revelado sobre as exigências e as consequências cognitivas dessas aquisições.

O MODELO DO CAPITAL HUMANO

O conceito de "capital humano" refere-se ao conjunto de habilidades, qualificações e experiências que influenciam a produtividade e o rendimento do indivíduo na economia capitalista. Walsh (1935) formulou-o como o investimento realizado nas capacidades profissionais (isto é, na educação) e comparou-o ao investimento no capital material. A ideia de que "[...] a teoria do capital aplica-se ao ser humano [...]" (WALSH, 1935, p. 284) tem implicações para a alfabetização e a educação em geral. Na década de 1960, os estudiosos do crescimento passaram a incluir o capital humano (SCHULTZ, 1961) entre as suas causas e calcularam a parte do crescimento que é devida à educação (DENISON, 1962). Esse conceito foi elaborado de maneira mais aprofundada por Becker (1964), que, em 1992, recebeu o prêmio Nobel de Economia (mais exatamente, prêmio do Banco da Suécia em honra de Nobel).

O saber e a habilidade contribuem, sem dúvida, para aumentar o valor de uso dos bens e a qualidade dos serviços em que intervêm. Já a sua repercussão na retribuição da força de trabalho é bastante limitada. De outro modo, como imaginar, por exemplo, que, tendo só em conta o investimento realizado na formação, a grande perícia de um cirurgião adquirida através de longo estudo e prática produza muito menos benefício em remuneração do que o capital humano acumulado pelo executivo de uma grande corporação?

O modelo do capital humano tem grande valor de uso para a sociedade e a economia capitalistas e, nesse sentido, os acadêmicos que o propuseram, à parte Becker, não receberam por ele a justa recompensa do seu trabalho. A economia da educação, instrumento principal do desenvolvimento do capital humano, tornou-se uma questão crucial para o crescimento e a produção de lucros. A gestão dos recursos humanos nas sociedades, nas empresas e nas instituições tornou-se um componente essencial da sua atividade.

Quais são as consequências da aceitação do modelo do capital humano e do domínio que ele exerce atualmente sobre a educação?

Primeiro, a imagem que dá dos seres humanos é a de produtores econômicos e de cidadãos consumidores, movidos pelo seu autointeresse, racionais, calculadores do melhor *ratio* custo-benefício, com padrões de preferências relativamente homogêneos e comportamentos previsíveis (WALKER, 2012). O indivíduo assume-se como um valor econômico e procura otimizá-lo. Tem um preço, o que se manifesta hoje abertamente na compra e venda de jogadores de futebol e na compensação financeira das ofensas à dignidade. Receptáculo de capital humano, o indivíduo torna-se mercadoria, objeto de transação. Julga-se ator num mercado (o de trabalho), investidor dele mesmo, possuidor de valor e de meios para se afirmar.

Segundo, desvirtua-se o conceito de capital, que, conforme Marx, refere-se à riqueza obtida através da não remuneração de uma parte do valor criado pelo trabalho. Ao subsumir aptidões, saberes, habilidades e experiências individuais num conceito geral de capital que é equivalente ao conjunto das forças produtivas, escamoteia-se o papel específico do capital (material) na economia e na sociedade capitalistas. O trabalhador não se crê diferente do capitalista, não se dá conta de que o capitalista não coloca o seu próprio capital humano no mercado, só o seu capital material e financeiro.

Terceiro, a educação deixa de ser orientada para a formação de indivíduos livres, sujeitos e criadores de conhecimento, portadores de valores éticos e de capacidade crítica, para se tornar "investimento em capital humano". É oportuno assinalar a esse respeito que uma coleta de dados, realizada no Brasil por Flores-Mendoza et al. (2012), confirmou o fraco Quociente de Inteligência (QI)[4] médio do país e mostrou que o QI da população dos estudantes do ensino superior que frequentam universidades públicas é muito superior ao daqueles que frequentam universidades privadas e é comparável ao dos estudantes dos países desenvolvidos. Ora, as universidades públicas, que são as melhores, são frequentadas por apenas 10% dos estudantes. Por conseguinte, para os autores do estudo, o "capital humano" de alto nível do Brasil corresponderia aproximadamente a 10% da população, o que equivale a 20 milhões de indivíduos, e 20 milhões bastariam para garantir a liderança que o Brasil exerce atualmente na América Latina, o que tornaria inútil a criação de outras universidades públicas. Não dizem nem uma só palavra a respeito da educação dos restantes 180 milhões. A mensagem implícita é que não se justifica criar boas universidades para um mau capital humano.

Na perspectiva do capital humano, os objetivos da educação das crianças e dos adolescentes são o crescimento econômico, a competitividade, o rendimento e a empregabilidade, isto é, os valores instrumentais do mercado. A educação para a empregabilidade, única via para se alcançar uma vida boa, cria indivíduos sem outra dimensão, à parte o refúgio em consumos de luxo ou lazer. Os jovens das classes baixas são educados para a aceitação das normas sociais e a adaptação ao mercado, e os das elites para serem "[...] lobos solitários [...]", "[...] indomáveis indivíduos sem necessidade de mais ninguém do que deles mesmos [...]" (BAPTISTE, 2001, p. 197), ativos, empreendedores e flexíveis. Estes podem escolher os melhores empregos na sociedade internacional global, orgulhosos de serem presas na caça realizada pela nova meritocracia aos cérebros e aos talentos (BROWN; TANNOCK, 2009).

Quarto, a mercadização da sociedade, com a sua lógica de produtividade e de competição, estendeu-se aos bens comuns como a saúde e a educação e tem conduzido à sua privatização crescente com a consequente diminuição do investimento público. Os poderes públicos, rendidos ao ultracapitalismo (ver Capítulo 5), favorecem a privatização da educação e aplicam nas escolas públicas os princípios da nova educação para o mercado. As consequências desse processo para o aumento das desigualdades sociais e para o confinamento da maioria desfavorecida em sua condição social serão consideradas nas Partes II e III deste livro.

Quinta consequência, enfim, da dominação estrutural e ideológica do modelo do capital humano: a linguagem da produtividade, da competitividade, dos ganhos de eficiência, da criação de mais-valia, das metas, dos indicadores de desempenho, das auditorias, da inovação, da tomada de riscos, que se infiltra em todos os setores, incluindo o da educação e até o da investigação científica, passou a ser aceita e utilizada como evidente, como se esse modelo fosse o único possível. Ouvida constantemente, afeta a maneira como pensamos e conduzimos as nossas vidas (ROSE, 2009).

O MODELO DAS CAPACITAÇÕES

Os modelos ideológicos dominantes que ferem a dignidade humana acabam sempre por suscitar reações que, não sendo menos ideológicas, mantêm a chama consoladora da resistência em nome dos valores humanistas. É o caso do modelo das capacitações em relação ao do capital humano. As capacitações são os poderes que cada pessoa deveria poder desenvolver a fim de realizar aquilo a que normalmente, em condições socioeconômicas e socioculturais favoráveis, ela atribuiria valor.

Proposto por Amartya Sen (1985, 1992, 1999, 2009), o modelo das capacitações baseia-se na ideia de que aquilo que determina o desenvolvimento e a qualidade de vida de um país não é o crescimento econômico, mas o que as pessoas são capazes de fazer e de ser com base nas suas capacitações, tendo em conta o contexto econômico, social e político em que vivem e sobre o qual podem eventualmente agir. O bem essencial que uma sociedade deveria promover para os seus membros é um conjunto de liberdades substanciais – combinações acessíveis de funcionamentos – que os indivíduos poderão decidir exercer ou não. Uma sociedade que não fornece educação nem estimula o desenvolvimento das capacidades mentais de uma parte da população não lhe oferece uma liberdade substancial.

Para Sen, há capacitações, como a saúde e a educação, que são mais importantes do que outras. Martha Nussbaum (2011) estabeleceu uma lista precisa e uma hierarquia de capacitações centrais e defendeu a necessidade de a sociedade assegurar um nível mínimo de capacitação. Essa exigência repousa num princípio de justiça perante as desigualdades crescentes.

Assim, a educação é essencial para o desenvolvimento e o exercício de numerosas capacitações, é um "funcionamento fértil" da maior importância para afrontar a questão das desigualdades. Na Índia, por exemplo, as mulheres que aprendem a ler podem comunicar-se com outras mulheres que enfrentam os mesmos problemas e modificar a dinâmica do poder no seio do lar. Nessa perspectiva, a alfabetização e a literacia fazem parte das condições mínimas universais sem as quais não se pode alcançar o bem-estar. Por um lado, ajudam a reduzir o desemprego, a insegurança e o sentimento de privação, e, por outro lado, contribuem para aumentar o nível de saúde e de participação nas atividades políticas.

Nussbaum (2010) diz-nos que estamos mergulhados numa crise tremenda, prenhe de graves consequências mundiais, e esclarece-nos que não se trata da atual crise econômica, mas de uma crise que passa despercebida como um cancro no seu início e que pode ser bem mais devastadora para a democracia: a crise mundial da educação. Os Estados enveredaram por sistemas educativos que desprezam os instrumentos indispensáveis à sobrevivência da democracia e que produzirão máquinas eficazes, mas não cidadãos capazes de pensar por si mesmos e de compreender o que significam os sofrimentos e os êxitos dos outros. As artes e as humanidades foram amputadas em todos os ciclos de ensino. Preferindo cultivar as qualificações técnicas altamente especializadas para se manterem competitivos no mercado mundial, os decisores políticos desembaraçaram-se de todos os elementos que consideravam inúteis, fazendo-os desaparecer também da mente e do coração dos pais e das crianças. Ora, o estudo das humanidades e das artes promove o pensamento crítico, a capacidade de ultrapassar os interesses locais para enfrentar os mundiais e a capacidade de reagir com empatia às dificuldades dos outros.

O QUE OS MODELOS IDEOLÓGICOS DESCURAM

Enquanto os modelos cultural e de capital humano, de força desigual, refletem posições essencialmente ideológicas, o modelo das capacitações também tem uma fundamentação filosófica e axiológica. Embora seja cativante, ele apresenta poucas pistas para uma transformação do mundo no sentido que augura; contrapõe valores ideais à realidade angustiante dos fatos, o que não deixa de ser positivo. Em relação à educação e ao papel que a alfabetização desempenha no desenvolvimento da literacia, nenhum dos três modelos integrou o conhecimento que a psicologia cognitiva e as neurociências têm construído sobre o desenvolvimento dessas capacidades. Como se não existisse, ou se tratasse de uma narração pouco pertinente.

Devemos distinguir claramente entre ideologia e análise científica. Alfabetismo e literacia são aquisições cognitivas, conhecimento instrumental, funções de comunicação que estruturam o pensamento. Não faz parte da sua natureza intrínseca serem utilizados para servir interesses gerais ou particulares.

Já as políticas de alfabetização, literacia e educação são ideologicamente determinadas; e, de fato, alfabetizar crianças para alimentar o mercado de trabalho não é a mesma coisa que alfabetizá-las para lhes abrir o mundo da literatura ou da ciência.

Alfabetizar é tornar alguém capaz de utilizar o alfabeto. Não se pode compreender o que faz uma pessoa alfabetizada quando lê e escreve, nem a dificuldade que pode ter tido em se alfabetizar, sem saber o que é o alfabeto. Não basta saber que este é um conjunto ordenado de letras, e é errado pensar que as letras representam sons. Uma habilidade só pode ser plenamente compreendida quando conhecemos as propriedades do material sobre o qual ela se exerce.

O ALFABETO E OS FONEMAS

O alfabeto não foi inventado de uma só vez. Ninguém teria tido a ideia luminosa de atribuir um símbolo visual (letra) a cada unidade elementar (fonema) da corrente da fala. Provavelmente, a consciência de que a linguagem pode ser concebida como uma sequência de fonemas apareceu somente depois da invenção do alfabeto, visto que a consciência fonêmica só emerge na criança quando ela aprende a ler numa escrita alfabética. Para saber ler nesse sistema, é crucial compreender que as letras representam fonemas, e é a situação de aprendizagem da leitura dessa escrita que conduz à consciência fonêmica.

Essa afirmação foi demonstrada comparando-se, em Portugal, adultos iletrados a ex-iletrados que aprenderam a ler em aulas de alfabetização (MORAIS et al., 1979). Depois de exemplos e situações práticas de treino, as tarefas consistiram em subtrair o fonema inicial de uma expressão ou em juntar um fonema no início de uma expressão: na tarefa de subtração, "bala" dá lugar a "ala" e, inversamente, na de adição, "ala" dá lugar a "bala". Os iletrados foram incapazes de realizar essas tarefas,[5] enquanto os ex-iletrados as efetuaram com poucos erros ou mesmo nenhum.

Por que não tomamos consciência dos fonemas espontaneamente? A palavra "bala" contém duas sílabas. A primeira é "bá", consoante e vogal. É fácil dizer apenas a vogal. Podemos dizer um "á" curto, um "ááá" longo numa só emissão de voz. Contudo, é impossível dizer apenas a consoante. Podemos começar, "b...", e não terminar a sílaba. Mas não é só "b..." o que dizemos; ao "b" segue-se uma vogal fechada, reduzida, como a que se pode ouvir vagamente entre o "b" e o "s" em "absurdo".

Fizeram-se experiências com sílabas como "bá", gravadas, às quais se iam cortando pedacinhos de som a partir do início até que só ficou "á". Ao cortar, a partir do fim, quando se deixou de ouvir "bá" com um "á" muito breve, o som era irreconhecível. No início de "bá", "bu" e "bi", há qualquer coisa que designamos por "b", mas "b" não existe isoladamente.

Os adultos que nunca aprenderam a ler e escrever no sistema alfabético não sabem que no início de "bá", "bu", "bi" há "b". A nossa certeza de que essas sílabas começam pelo mesmo "som", "b", é uma convicção de pessoa alfabetizada. Quando começamos a aprender as letras e a fazê-las corresponder a pequenas unidades abstratas da fala, a fim de podermos representar por escrito sílabas como /ba/, criamos a falsa impressão de que "bá" são dois sons: "b" e "á"; ora, é só um som.

O fonema /b/ corresponde aos movimentos articulatórios que efetuamos quando dizemos "bá", "bu", "bi". Ele é produzido fechando-se e abrindo-se os lábios, por isso se diz que é uma consoante oclusiva labial. No caso de "d...", quando abrimos os dentes para deixar passar o ar, produzimos uma oclusiva dental. Nós, alfabetizados, transformamos em conceito, em "som" e até em coisa, o que é uma maneira particular de produzir fala. Na fala, há o que chamamos coarticulação de consoantes e vogais, isto é, as configurações e os gestos articulatórios que produzem a consoante não são separáveis dos que permitem pronunciar a vogal. Por quê? Porque, antes de abrirmos a boca para dizermos "bá", "bu" ou "bi", a língua não está na mesma posição em relação ao palato. Como se compreende pela decomposição morfológica da própria palavra, a consoante acompanha uma soante (a vogal). As letras (mais exatamente os grafemas[6]) representam fonemas e os fonemas representam movimentos articulatórios complexos.

AS ORIGENS DO ALFABETO

O nosso alfabeto latino provém do alfabeto "inventado" pelos gregos. Ou adaptado, já que eles o receberam dos fenícios, utilizando algumas letras para representar as vogais. A representação isolada das vogais, prescindível para as línguas semitas, era crucial para a língua grega.

O aparecimento do alfabeto fenício esteve associado às migrações de povos do Oriente Médio em direção ao Egito. A escrita egípcia já continha os elementos que iriam permitir a invenção do alfabeto. Ao lado das muitas centenas de hieróglifos que designavam objetos familiares, cerca de vinte simbolizavam sons. Assim, um desenho de tapete (pronunciado *pê*) representava várias sílabas começadas por /p/.

A representação por um símbolo único das sílabas consoante-vogal que partilham a mesma consoante não pode ser considerada alfabética no sentido estrito. É uma notação categorial e pré-alfabética de sílabas que têm em comum um fonema, a consoante. Por isso, os sistemas de escrita baseados nesse princípio são chamados de alfa-silabários e alfabetos consonânticos. Como representam subgrupos de sílabas que têm a consoante em comum sem especificar a vogal, chamo-lhes "silabários pseudoconsonânticos".

Não há, contudo, evidência de que quem os utilizava tivesse tido consciência da unidade comum, no sentido de poder representá-la como segmento separável do resto da sílaba. Muitas crianças pré-alfabetizadas são sensíveis à semelhança entre as sílabas que partilham a consoante e podem apontar o desenho de uma pena quando se lhes pede que indiquem, entre vários objetos, aquele cujo nome começa da mesma maneira que "pato" ou "poço". Porém, são incapazes de dizer quantos "pedacinhos de som" há em "pé", "uva" ou "selo" (contagem de fonemas) ou quais são (segmentação em fonemas). São sensíveis à presença dos fonemas na língua oral, mas não os representam enquanto unidades. Só se tornam capazes de isolar os fonemas uns dos outros quando começam a aprender os valores fonológicos das letras, isto é, a associar-lhes segmentos fônicos e a decodificar as sílabas escritas.

Voltando à história. Ao longo do milênio II a.C., os povos semitas foram criando escritas que eram silabários pseudoconsonânticos. Por quê? Porque em suas línguas a sequência de consoantes era a mesma em palavras morfologicamente aparentadas (em hebraico, a sequência de símbolos correspondente a KTB é comum a "escrever", "letra", "livro") e porque o contexto frásico permitia uma facilidade de acesso ao significado que talvez dispensasse a vantagem de uma representação não ambígua da palavra.[7]

O conjunto de 22 letras dos fenícios foi invejado por seus parceiros comerciais, muitos deles iletrados, e teve reconhecimento internacional desde cerca de 1000 a.C. A sua origem pode estar numa escrita que teria aproveitado o componente fonográfico da escrita híbrida dos egípcios, o que é sugerido pela descoberta no Egito central de duas inscrições talvez anteriores a 1650 a.C. e gravadas em pedra por falantes de uma língua semita mais antiga.

Por volta de 800 a.C., os gregos adaptaram o silabário categorial dos fenícios à sua língua, que utilizava muito as vogais para distinguir significados (como, em português, "mala", "mola", "mole", "mula", "mal", "mel", "mil", etc.) e, ao início de palavra, com valor de sílaba (p. ex., "ave") ou não ("arte"). Para representar as vogais, aproveitaram caracteres fenícios correspondentes a consoantes que não percebiam. Assim, transformaram a escrita fenícia em alfabeto, sistema em que todos os fonemas, consonânticos e vocálicos, são representados. Ao representarem as vogais, os gregos libertaram as consoantes do seu contexto e puseram-nas em evidência.

Desde então, têm "nascido" alfabetos uns dos outros. Os caracteres são formas físicas adaptáveis. Depois de copiarem as letras fenícias, os gregos viram o seu alfabeto ser adaptado pelos etruscos (cerca de 700 a.C.), e estes inspiraram os romanos (cerca de 600 a.C.). No entanto, o grego e o fenício pertenciam a famílias de línguas diferentes, o etrusco era tão diferente do grego, ou quase, quanto este do fenício e o latim não se assemelhava ao etrusco. A enorme maioria dos falantes de suaíli ou de vietnamita não compreendem a língua de Júlio César e de Virgílio; porém, como mais de uma centena de povos em todos os continentes, também eles utilizam o alfabeto latino. O alfabeto permite escrever todas as línguas porque representa aquilo de que as línguas naturais são feitas, a coarticulação de fonemas consonânticos e vocálicos.

A "SUPERIORIDADE" DO ALFABETO

Começo por evocar o contexto em que se pensou nos últimos dois séculos a relação entre o alfabeto, as outras escritas, a linguagem e o pensamento.

Desde o fim do século XVIII e ao longo do século XIX, acreditava-se que o uso de letras distingue as pessoas civilizadas das hordas de selvagens incapazes de reflexão (GIBBON, 1776). As outras escritas eram consideradas inferiores, e os povos que não utilizam o alfabeto eram tidos por menos inteligentes. Disso testemunha Massias (1828), que refere a correspondência sobre a escrita chinesa entre o linguista prussiano Wilhelm von Humboldt e o sinólogo francês Abel-Rémusat.

Para Humboldt, a escrita ideográfica teve grande influência na mente e na língua do povo chinês, fazendo com que a língua parasse em seu desenvolvimento: a "[...] ausência de formas gramaticais, que lembra a fala das crianças [...] faria da gramática chinesa a gramática primitiva do gênero humano [...]" (MASSIAS, p. 77). Abel-Rémusat respondeu-lhe: "é mesmo provável que, em lugar de adquirir sons, a língua falada tenha perdido alguns" (MASSIAS, p. 50).

Para Massias (1928, p. 62-63), "os primeiros mestre-escola chineses, sem aperceberem-se da influência da escrita sobre a fala, e da fala sobre o pensamento, fecharam a língua nos caracteres que inventaram e nos quais se deleitaram [...]" (p. 62-63). Nisso "[...] está a causa da eterna inferioridade à qual está condenado o povo chinês se não vier a sacudir o jugo do seu idioma e se não for conduzido pela força das coisas à língua alfabética [...]" (MASSIAS, 1828, p. 83). A expressão "língua alfabética" atribui à língua um qualificativo que pertence à escrita. Essa associação é reveladora da tendência a considerar que a escrita "faz" a língua.

Até perto do final do século XX, a dupla ideia de que a escrita evolui, atingindo o seu estágio superior com o alfabeto, e de que é grande o seu impacto na língua e no pensamento, continuou a ter defensores. Goody (1987), entre outros, apresentou a escrita alfabética como a mais propícia ao pensamento analítico.

Alguns autores propuseram que a "evolução" dos sistemas sociais determinaria a dos sistemas de escrita: ter-se-ia passado da oligarquia, à qual é apropriada uma escrita como a chinesa, de acesso difícil, aprendizagem longa e alcance apenas de uma minoria privilegiada, à democracia, que requer uma escrita de acesso fácil, aquisição rápida e que, uma vez compreendido e memorizado o código, permite ler e escrever tudo (DIRINGER, 1948). Segundo uma metáfora redutora, para se visitar a "casa das palavras escritas", o primeiro tipo de escrita exige que se tenha a chave de todas as portas, ao passo que o segundo requer a chave de uma só porta que abre para um espaço infinito.

A supremacia tecnológica e econômica do mundo ocidental nos últimos séculos está na origem do sentimento dos ocidentais de terem o sistema de escrita mais perfeito e eficiente. De fato, o sistema alfabético tornou-se preponderante. Por ser o mais inteligente, como afirmara Hegel, ou por os europeus terem colonizado o mundo? Independentemente da proeza que a criação e a utilização do alfabeto representam como forma de análise da estrutura fonológica da linguagem, a segunda alternativa parece mais verossímil.

Para Coulmas (2009), uma análise de méritos que tenha em conta o que a escrita representa em processamento para quem escreve e para quem lê não permite concluir pela superioridade absoluta do alfabeto.

Vejamos o critério de conveniência. A introdução de letras maiúsculas, no tempo de Carlos Magno, multiplicou por dois o inventário de símbolos, mas permitiu aumentar a legibilidade. Do mesmo modo, os símbolos *kanji*, ideográficos, são mais numerosos e complexos do que os caracteres *kana*, que representam sílabas,[8] mas os japoneses leem mais depressa os textos em que esses dois sistemas são combinados do que aqueles que são escritos apenas num deles.[9]

Outro critério é o equilíbrio entre a adequação a uma língua e o poder de generalização às outras. O *kana*, adequado às estruturas silábicas do japonês, não convém para línguas com sílabas complexas como o inglês. O alfabeto latino, para representar o vietnamita, teve de incorporar até seis marcas de tom para cada vogal. Nenhuma escrita é independente de uma certa língua, embora cada uma possa ser adaptada às outras com maior ou menor facilidade. A escrita não cria a língua; são as caraterísticas desta que influenciam o seu desenvolvimento.

O critério de simplicidade é uma moeda de duas faces, conforme se trate de aprendizagem ou de uso. O número de caracteres é pertinente para quem aprende, mas na escrita alfabética, embora haja poucas letras, as correspondências grafema-fonema (p. ex., em português s, ss, c, ç para /s/) podem ser inúmeras. São cerca de 1.700 para o inglês, quase tantas quanto os dois mil caracteres *kanji* do japonês. Em contrapartida, no chinês há sete traços a partir dos quais se formam pouco mais de duas centenas de radicais[10] que permitem organizar milhares de palavras nos dicionários. Não foi por acaso que a escrita chinesa persistiu apesar de a China ter conhecido vários alfabetos.

Enfim, há o critério de estabilidade no tempo, pertinente para a compreensão ao longo das gerações. Hoje, um texto chinês escrito há um milénio é mais compreensível do que um dessa época em francês ou em português.

Resumindo: os méritos dos diferentes sistemas de escrita dependem da língua, da aprendizagem e da utilização.

Entre os grandes sistemas de escrita atuais, não se pode dizer que um seja superior aos outros em absoluto. É óbvio que o sistema alfabético não tem o privilégio exclusivo de representação da linguagem abstrata. A ideia que, em japonês, se escreve すべての人間は、生れながらにして自由であり、かつ、尊厳と権利とについて平等である, é a mesma que, em português, se lê *todos os seres humanos nascem livres e iguais em dignidade e em direitos*.

A ALFABETIZAÇÃO NA GRÉCIA ANTIGA

Em que medida a Grécia era uma sociedade oral ou letrada é um tema que tem dividido os historiadores. Análises recentes (PEBARTHE, 2006) contrariam várias ideias: (1) que a taxa de alfabetização não ultrapassava 10% da população, (2) que só excepcionalmente as mulheres, os trabalhadores rurais e os escravos eram alfabetizados e (3) que só Atenas conhecera uma alfabetização importante. Admite-se hoje que as práticas de escrita foram diversas desde o século VIII a.C. e com grandes diferenças individuais em vários grupos sociais. A semialfabetização (capacidade de ler, mas não de escrever), devida a uma passagem demasiado breve pela escola ou à perda de prática da escrita, teria caraterizado muitos indivíduos. O analfabeto (iletrado, *agrammatos*) era o que não conhecia as letras, o que não sabia ler nem escrever. A partir do século IV a.C., o termo passou a designar também o indivíduo inculto.

Os mais pobres saberiam pouco, além das letras do alfabeto. Entre os sexos, as diferenças de alfabetização não deviam ser muito grandes. O fato de uma mulher saber ler e escrever não causava estranheza. Era frequente a mulher desempenhar um papel importante na gestão doméstica, o que exigia alguma instrução. As moças não iam à escola; aprendiam em casa com a mãe, um irmão ou um escravo.

Quanto aos escravos, muitos dos que tinham nascido livres podiam já ser alfabetizados, assim como os que trabalhavam no comércio e em bancos, atividades que exigiam saber escrever e calcular. Havia também escravos públicos encarregados das inscrições e da escrita de documentos.

A atitude oficial em relação à literacia foi muito diferente em Atenas e Esparta.

Em Esparta, era proibido o uso de leis escritas e a inscrição do nome nos túmulos (com exceção dos mortos na guerra). Havia, no entanto, uma lei escrita desde o começo do século VII. No século V, a cidade utilizava documentos escritos: tratados, listas de efetivos militares, nomes de vencedores. As informações disponíveis atestam a qualidade da alfabetização, pelo menos em certas camadas sociais, e a utilização da escrita na vida pública e privada. As críticas dos atenienses aos espartanos não se referiam ao seu analfabetismo, mas à sua incultura e ignorância, à sua falta de capacidade discursiva e de livre exercício da fala pública.

Em Atenas, a escrita era considerada uma marca de cultura. Abundavam os livros, rolos de papiro que podiam atingir dezenas de metros, enquanto a sua confecção e venda requeriam copistas e "livreiros". Obras históricas como as de Tucídides testemunhavam o recurso a arquivos e o conhecimento de documentos escritos. Na vida cotidiana, era frequente a correspondência privada gravada no chumbo ou em cacos.

A aprendizagem das *grammata* (a arte das letras do alfabeto) era obrigatória e oferecida na escola para os rapazes. Uma lei fixava a hora a que a criança de condição livre devia chegar, o número de condiscípulos, a hora de saída. Em um texto, afirmava-se que a criança que recebia uma boa educação se tornaria um cidadão útil à cidade. Há cenas de leitura na cerâmica ática: num vaso, vê-se o mestre-escola sentado diante de um adolescente que recita, enquanto o texto na mão do mestre sugere que ele segue a recitação. As primeiras representações desse tipo remontam ao fim do século VI, antes da época áurea. Para ensinar as letras, o professor desenhava um modelo e o aluno copiava; para ensinar a escrever, fazia-o pensar nos sons das palavras; para ensinar a ler, fazia-o reconhecer as letras mais fáceis e frequentes nas sílabas. O ensino durava três anos. Uma vez adquiridos os fundamentos, o aluno devia ler os versos dos grandes poetas e memorizá-los. Num estágio mais avançado, aprendia a arte oratória, o que lhe permitiria fazer discursos políticos.

NOTAS

1   A língua inglesa não tem, ou não tinha, outra palavra do que *literate* para se referir a alguém que é alfabetizado. *To alphabetize* (MACDONALDS, 1972) designa a ação de seriar itens (letras, palavras) na ordem do alfabeto. Letrado, em sua acepção mais antiga, refere-se, como no francês *lettré*, ao erudito, alguém que tem muitos conhecimentos.
2   Nesse sentido, o letrado visado no termo letramento é aquele que, tendo dominado a leitura e a escrita, "[...] envolve-se nas práticas sociais de leitura e de escrita [...]". O efeito do letramento no indivíduo não é de mudar a sua classe social, mas sim "[..] o seu modo de viver na sociedade, a sua inserção na cultura [...]" (SOARES, 1998). Se, por um lado, discordo de Magda Soares na sua preocupação em reservar um neologismo – "letramento" – ao processo que faz de alguém um "letrado social", e parece-me suficiente considerar que é letrado quem pratica a leitura e a escrita de maneira produtiva, por outro lado, concordo com ela quando considera como hipótese a ideia de que "tornar-se letrado é também tornar-se cognitivamente diferente" (essa hipótese é examinada no Capítulo 9). Quanto às consequências negativas que teve e continua a ter no Brasil a concepção do letramento como um processo que praticamente dispensa a alfabetização – concepção que Soares veio a criticar –, elas serão abordadas no Capítulo 4.
3   Na fala, os fonemas – as menores unidades fonológicas – não são pronunciados um por um separadamente. A realização de cada fonema depende da identidade dos seus vizinhos. Ao pronunciarmos uma sílaba constituída por consoante e vogal, a configuração do aparelho vocal é influenciada desde o início pelas características articulatórias de cada uma delas.
4   Os autores utilizaram como medida da inteligência um teste de raciocínio lógico, as Matrizes Progressivas, no qual, perante uma sequência ordenada de estímulos visuais, deve-se escolher, entre várias continuações possíveis, aquela que corresponde à regra subjacente. Os itens mais fáceis exigem apenas uma discriminação perceptiva enquanto os mais difíceis exigem capacidades de raciocínio abstrato sobre o material visual. O desempenho nesse teste tem sido considerado como uma medida pura da inteligência humana; porém, como mostraremos no Capítulo 8, depende da escolarização e da literacia.
    Os valores de QI encontrados por Lynn e Vanhanen (2002) com esse tipo de teste foram de 54 para os habitantes de Calaári na África do Sul e 62 para os aborígenes da Austrália, até 99 para os europeus e 105 para os asiáticos do sul, ficando os brasileiros num modesto 87. Flores-Mendoza et al. encontraram uma alta correlação (2012, p. 79) entre o QI e os níveis de leitura para os 59 países do inquérito PISA de 2009 (ver Capítulo 4). Lembram que se encontraram associações entre a inteligência, a educação, a saúde e a riqueza; contudo, depois de dizerem que as relações entre essas variáveis não são conhecidas, afirmam que o capital mental influencia a prosperidade das nações. Citam um estudo anterior (COLOM; FLORES-MENDOZA, 2007), no qual, tendo utilizado o mesmo teste com crianças de uma escola pública de Belo Horizonte, concluíram que os resultados escolares são preditos pela inteligência, mas não pelo rendimento da família e pelo nível de instrução dos pais. Essa

conclusão contradiz muitas evidências de um papel considerável das últimas variáveis nos resultados escolares (ver Capítulo 2). Aquele resultado pode dever-se à influência niveladora da escola, que pertence à Universidade Federal de Minas Gerais. Na realidade, Flores-Mendoza et al. (2012) partem do pressuposto de que a "inteligência" – conceito da psicologia tradicional que nunca pôde ser definido de maneira precisa e que a psicologia cognitiva atual só utiliza, na falta de outro melhor, para efeitos práticos de emparelhamento de amostras – é uma variável primária, causa do desenvolvimento dos indivíduos e das nações. Ora, nem existe medida pura de inteligência, nem a inteligência é um conceito que possa sintetizar as inúmeras combinações possíveis das muitas capacidades cognitivas que constituem a mente humana.

5   O exame de um poeta iletrado, hábil na produção de rimas, mas incapaz de subtrair o fonema inicial de uma expressão, abona no mesmo sentido (ver MORAIS, 1994). No entanto, os iletrados que, apesar de não saberem ler palavras, conhecem pelo menos uma dezena de letras conseguem dar algumas respostas corretas no teste de subtração de fonema.

6   Os grafemas são as unidades gráficas que correspondem aos fonemas. Por exemplo, em português, o fonema /k/ pode ser realizado na escrita por meio de três grafemas, que dependem da posição e do contexto na palavra: "k" em kilowatt, "c" em "cultura" e "qu" em "quilo". Na leitura, um mesmo grafema, p. ex., "s", pode corresponder a dois ou mesmo três fonemas diferentes (como em "casa", "saco", "pus").

7   Nesse tipo subdeterminado de representação, a identificação da palavra pertinente é realizada tendo-se em conta o contexto frásico.

8   Os caracteres japoneses *kana* representam, para além das sílabas, a consoante N e as consoantes duplas (não existentes em português, mas com valor fonêmico, por exemplo, em italiano).

9   Para a maior rapidez da leitura mista contribui o fato de a maior parte das palavras serem formadas por um *kanji* e um ou mais *kana*. Assim, as diferentes formas do verbo *kuru* (vir) são indicadas por *kana* diferentes (chamados *okurigana*) associados a um mesmo *kanji*. Além disso, como não há separação física entre as palavras, o leitor identifica o início de palavra de cada vez que encontra um *kanji* na sequência de caracteres.

10 Na escrita chinesa, os radicais (unidades de sentido) são palavras que servem para formar outras palavras. Por exemplo, o radical semântico que representa "arroz", formado pela combinação de seis traços, pode combinar-se com outro radical semântico para representar "pó", que se pronuncia /fan/. Ele também pode funcionar como índice fonético dando a sua pronúncia (/mai/) à combinação com outro radical. Ver em Morais (1994) uma figura que ilustra esses dois tipos de combinação.

2

Muito aquém da alfabetização

Na Introdução, escrevi que não nascemos todos com os mesmos direitos. O direito a adquirir e praticar a literacia é um direito frágil: depende do direito ao desenvolvimento das capacidades cognitivas, que depende do direito à saúde e do direito a frequentar uma escola de boa qualidade, os quais dependem do direito a nascer numa família que vê satisfeitos os seus próprios direitos ao trabalho e a uma remuneração justa. Os direitos não se contam em lista, entretecem relações, e as infrações numa ponta têm efeitos em outras.

O fato de os direitos serem reconhecidos por lei não implica que eles possam ser exercidos em sua plenitude. Alguém pode não estar em condições de exercer plenamente o direito à literacia por sofrer de uma anomalia genética irreparável. É o caso da dislexia de desenvolvimento, transtorno da aquisição da habilidade de identificação das palavras escritas.

A biologia tem as suas injustiças, embora não nos pareçam tão injustas como as sociais. Em ciência, não se fala de injustiça, mas de desigualdade. Na origem das desigualdades entre os indivíduos estão os genes e as experiências. Veremos em que medida as desigualdades associadas ao "*status* socioeconômico" (SSE) influenciam o direito à literacia. O SSE é uma variável multidimensional que compreende índices de recursos econômicos (p. ex., rendimento) e de *status* social (p. ex., nível de instrução).

GENES, EXPERIÊNCIA E *STATUS* SOCIOECONÔMICO (SSE)

A importância do laço de apego para o desenvolvimento afetivo e cognitivo da criança, por meio da relação precoce com a mãe, tem sido amplamente documentada. Menos conhecida é a sua importância no desenvolvimento dos fatores de proteção contra os riscos de doença. Abordo essa questão porque a saúde condiciona indiretamente o desenvolvimento das aprendizagens, incluindo o da literacia.

Os estudos com animais permitem introduzir controles que, por razões éticas óbvias, não são aplicáveis ao ser humano. Assim, o caso extremo de privação de mãe foi examinado comparando-se na *Macaca mulatta* os indivíduos que haviam sido separados da mãe, mas que conviviam com os seus pares desde o nascimento, com aqueles que, além dos pares, tiveram uma mãe inanimada de substituição. Quais são os mecanismos pelos quais essa privação precoce, ocorrida durante os primeiros meses de vida, tem efeitos no organismo na idade adulta? Há provas de aumento na expressão dos genes envolvidos nos processos inflamatórios e na ativação de linfócitos T (glóbulos brancos que intervêm na imunidade celular), assim como da supressão de genes envolvidos em defesas antimicrobianas inatas (COLE et al., 2012).

As experiências mudam-nos porque somos plásticos. Em particular, o nosso cérebro, constantemente ativo, modifica-se em função dessa atividade. A plasticidade é uma caraterística genética: somos geneticamente determinados para sermos mais ou menos plásticos, o que faz com que alguns indivíduos adaptem-se melhor do que outros às estimulações. Assim, as crianças com comportamentos de oposição na escola e certa variante do gene DRD4 (que codifica um receptor da dopamina, relevante para os mecanismos da atenção, da motivação e da gratificação) demonstraram menos comportamentos de oposição um ano após terem participado em sessões em que as mães, previamente treinadas, reagiam de maneira pronta e adequada, segundo estratégias de disciplina e de reforço positivo. Isso não aconteceu com as crianças que não tinham a variante do gene (BAKERMANS-KRANENBURG et al., 2008). Pode-se concluir, portanto, que há uma interação entre o gene e a intervenção que influencia a mudança de certos comportamentos.

Na determinação das diferenças de desempenho entre os indivíduos, a contribuição dos genes é variável segundo o nível do SSE. De acordo com um estudo realizado com gêmeos, nas famílias de SSE baixo, uma parte importante (60%) da variância no QI era explicada pelo ambiente comum, sendo a contribuição dos genes quase nula; nas famílias de SSE alto, observou-se a relação inversa (TURKHEIMER et al., 2003). Em outro estudo, com gêmeos testados aos 2 anos de idade, os quais deviam puxar uma corda para fazer soar um sino, repetir sílabas e agrupar objetos em função da cor, verificou-se que os genes influenciaram o desempenho e que a parte de variabilidade no desempenho devida aos genes foi maior para os bebês de famílias de SSE alto (TUCKER-DROB et al., 2011). O SSE baixo limita o aproveitamento das potencialidades genéticas, ao contrário do SSE alto.

Com a mesma amostra de crianças, Tucker-Drob (2012) comparou as que ingressaram na pré-escola aos 4 anos com as que não ingressaram. A parte da influência do SSE no desempenho em matemática (M) e em leitura (L) aos 5 anos foi maior para as que não estiveram na educação pré-escolar

(72 e 73% da variabilidade para M e L) do que para as outras (47 e 43%), o que mostra que a pré-escola reduz a influência do SSE. O ensino pré-escolar é, ou deve ser, um instrumento de democracia, de redução das desigualdades.

SSE, ESTRESSE E ESPERANÇA DE VIDA

O direito à literacia não é tão crucial como o direito à vida. No entanto, por falta de literacia, pode-se viver pior e viver menos, como se demonstra pela seguinte cadeia de fatos: o estresse crônico associado a um SSE inferior conduz a um declínio mais rápido do funcionamento fisiológico, influenciado pelo envelhecimento celular; este, estimado pelo comprimento dos telômeros dos leucócitos,[1] está associado à educação dos pais em crianças de 7 a 13 anos, mesmo depois de se ter em conta o rendimento da família (NEEDHAM et al., 2012). Comparadas às crianças que tinham pelo menos um genitor com educação superior, aquelas com pai e mãe que nunca chegaram a frequentar o ensino superior tinham telômeros mais curtos, preditivos de uma redução de longevidade de seis anos. Assim, as disparidades no envelhecimento celular são evidentes desde a infância, muito antes do aparecimento das doenças relacionadas com o envelhecimento do indivíduo, e parecem estar associadas a um componente do SSE, ou seja, o nível de instrução dos pais. Os nossos pais dão-nos a vida, mas, ao longo da infância, ela é hipotecável pelo *status* social. Como consequência de um encadeamento de efeitos, se eles têm menos instrução, vivemos menos; se têm mais instrução, vivemos mais.

O direito à vida inclui o direito à saúde. Ora, saúde e SSE são interdependentes: o SSE influencia a saúde, e vice-versa. Essas influências são transmitidos entre as gerações: o SSE dos pais influencia a saúde, o desenvolvimento cognitivo e o nível de instrução dos filhos. A má qualidade da nutrição e das condições pré-natais de saúde e de trabalho da mãe, assim como da assistência pós-natal, o precário acesso da família à informação, as más condições de alojamento e de alimentação são fatores que, sendo típicos dos níveis de SSE mais baixos, conduzem a uma saúde mais frágil nessas crianças. As condições de saúde para adquirirem as habilidades básicas, aprenderem na escola, manterem atividades desportivas e estabelecerem boas relações socioemocionais são, portanto, piores.

Note-se, porém, que a escolarização pode compensar em parte a influência do SSE. O aumento na Suécia, em 1949, de oito para nove anos da escolaridade obrigatória conduziu a uma redução da mortalidade observada aos 40 anos (LAGER; TORSSANDER, 2012). Na Noruega, numa situação análoga de aumento da escolaridade de sete para nove anos, observou-se que os escores de QI medidos aos 19 anos mostraram um efeito positivo substancial (BRINCH; GALLOWAY, 2012). Em matéria de esperança de vida e de desempenho cognitivo, o que um SSE baixo tira, a escola pode de algum modo repor, pelo menos parcialmente.

SSE E DESENVOLVIMENTO

A riqueza da estimulação precoce tem efeitos positivos no desenvolvimento do cérebro. Por exemplo, o apoio maternal, avaliado entre os 3 e os 5 anos de idade, prediz o volume dos hipocampos, estrutura profunda situada sob o córtex, entre os 7 e os 13 anos (LUBY et al., 2012). Os hipocampos, que intervêm na consolidação das informações na memória, fornecem ao córtex pré-frontal um conjunto de cenários possíveis que este pode utilizar como material em seus processos de raciocínio.

Acontece que tanto o hipocampo, que se situa em profundidade no cérebro, sob o córtex quanto o córtex pré-frontal são perturbados pelo estresse fisiológico crônico (EFC), que aumenta nas situações de pobreza. Uma medida do EFC é a "carga alostática", que integra vários fatores de risco (p. ex., pressão arterial, cortisol noturno) e reflete a mobilização de múltiplos sistemas fisiológicos perante as exigências do ambiente. Quanto mais duradoura for a situação de pobreza, menor será a quantidade de informação que os jovens mantêm na memória de trabalho (MT). Esse efeito é mediado pelo EFC, isto é, a pobreza provoca estresse, e o estresse afeta a MT. Analisando o efeito da pobreza na expressão fisiológica do estresse, Evans e Kim (2012) mostraram que a exposição cumulativa ao risco,[2] avaliada até os 13 anos de idade, medeia o efeito da pobreza na carga alostática medida aos 17 anos. O que se passa entre os 13 e os 17 anos já não modifica esse efeito.

Os estudos são concordantes sobre os efeitos que a pobreza na infância e na adolescência têm sobre a cognição. Najman et al. (2009), por exemplo, demonstraram, com mais de sete mil filhos únicos, que a pobreza em qualquer fase da vida até os 14 anos tem efeitos negativos no desempenho em testes de raciocínio lógico e de leitura de palavras. Segundo outros estudos, quanto mais precoce for o período de pobreza, piores serão as suas consequências (p. ex., DUNCAN et al., 1998).

Convém ter em conta que os efeitos a longo prazo do SSE são observados nas médias dos grupos. Apesar da pobreza em que viveram, há indivíduos que, no desempenho cognitivo, e sem dúvida também em nível neural e fisiológico, não se distinguem, ou pouco se distinguem, daqueles que viveram em condições favoráveis. Esse fenômeno de resiliência é mal-conhecido. Há talvez fatores de proteção relativos ao temperamento, ao dinamismo, à ambição, que contrariam os efeitos psicossociais e fisiológicos do estresse associado à pobreza e à inferioridade de *status*. Segundo Chen (2012) e Chen e Miller (2012), as crianças e os jovens de SSE baixo podem escapar dos efeitos da adversidade quando conseguem regular as emoções nessas situações ao mesmo tempo em que procuram compreendê-las e são otimistas em relação ao futuro. De qualquer modo, a capacidade de alguns indivíduos para resistirem aos efeitos da pobreza não pode servir de álibi para manter a pobreza na sociedade. Estimular os fatores psicofisiológicos que protegem dos efeitos da pobreza sem procurar eliminá-la não faria mais sentido do que não erradicar uma doença só porque se conhece o seu antídoto.

SSE, INVESTIMENTO PARENTAL E AMBIENTE FAMILIAR

O investimento parental pode ser particularmente importante quando a plasticidade da criança é maior, isto é, em seus primeiros anos de vida. Um estudo realizado na Alemanha (CONEUS; LAUCHT; REUSS, 2012) acompanhou crianças desde os 3 meses até os 11 anos. Os investimentos parentais precoces influenciaram as habilidades cognitivas (QI verbal, não verbal e motor) e as "temperamentais" (persistência e atividade), mas não as emocionais (aproximação *versus* afastamento, adaptabilidade e humor dominante). O impacto nas habilidades cognitivas deixou de se manifestar por volta dos 4 anos e meio, e nas "temperamentais" aos 8 anos, definindo assim dois períodos críticos de diferente duração. Os investimentos feitos durante a gravidez revelaram-se cruciais (confirmando o impacto negativo da pobreza, da depressão e do tabagismo nesse período). As medidas das habilidades cognitivas permitiram prever o sucesso na escola desde os 3 meses, uma relação que aumentou com a idade.

Esses resultados vão, no sentido da proposta de James Heckman, prêmio Nobel de Economia de 2000, de melhorar as condições das crianças desfavorecidas desde muito cedo, isto é, durante a gestação. Heckman (2006) insistiu em duas ideias: (1) a aprendizagem precoce conduz a uma motivação autorreforçadora para aprender mais e (2) o domínio precoce de um conjunto de competências cognitivas, linguísticas, sociais e emocionais aumenta a eficiência das aprendizagens ulteriores. Com base nas provas disponíveis, afirmou que o ambiente familiar é a variável que melhor prediz as habilidades cognitivas e linguísticas e que as famílias que não cultivam essas habilidades numa idade precoce colocam desde cedo as crianças em situação desfavorecida.

O que explica no meio familiar a transmissão do SSE entre as gerações? Em que função ou capacidade da criança ela se manifesta? Tem-se observado, nas práticas familiares e parentais, o efeito de variáveis como a qualidade das interações verbais, a incitação à autonomia e ao questionamento, a existência de livros em casa, a ajuda na aprendizagem de letras, números e formas e a frequência de atividades como idas a teatros e museus.

No domínio da linguagem, até os 3 anos de idade, os pais mais instruídos falam aos filhos com um vocabulário mais extenso, variado e preciso do que o dos menos instruídos, o que se reflete nas crianças (HART; RISLEY,

1995). Quando elas ingressam na escola, o efeito do SSE no vocabulário já é muito forte (FARKAS; BERON, 2004). Além disso, a linguagem e a cultura das crianças de SSE alto ou médio-alto são mais apropriadas às exigências escolares do que as de SSE baixo. O SSE avaliado pela educação da mãe e pelo rendimento familiar influencia as habilidades de linguagem oral medidas no último ano da pré-escola, que, por sua vez, influenciam os resultados em leitura e matemática do 2º ao 4º anos de escola (DURHAM et al., 2007).

Um componente do ambiente familiar que favorece o gosto pela instrução e pela cultura é a biblioteca. O impacto de crescer numa casa com livros foi examinado em 27 países (EVANS et al., 2010).[3] As pessoas interrogadas indicaram, em uma escala, o tamanho da biblioteca familiar quando tinham 14 anos. Para alguém cujos pais não foram escolarizados ou não o foram mais do que três anos e não tinham livros em casa, o número de anos de instrução alcançado foi em média de 7,6. Para uma família com 25 livros, a média foi de mais dois anos de instrução e para uma com 500 foi de mais quatro anos. Esse fenômeno é universal, dado que foi observado nos países com uma economia de mercado e nos que tinham uma economia totalmente centralizada ao longo da segunda metade do século XX. Façamos, pois, com que cada família tenha centenas de livros e os leia; nas próximas gerações, todos serão leitores e estarão mais instruídos. Por que uma família com livros representa um fator de sucesso escolar? Porque fornece instrumentos utilizáveis nas aprendizagens: vocabulário, informação, abertura à história e ao presente, habilidades de compreensão, familiaridade com a escrita, sobretudo a boa escrita, consciência da necessidade de fatos na argumentação, etc.

Pode opor-se a essa proposta o argumento de que as novas tecnologias da informação e da comunicação em breve tornarão obsoletos os livros e as bibliotecas. No entanto, o suporte material e os modos de acesso e de navegação não são o elemento decisivo. Os livros de papel e as estantes podem tornar-se maioritariamente digitais, e os *videogames* podem substituir completamente a bola de gude e o lego, mas, tanto num caso como no outro, a cultura letrada e o jogo subsistirão como instrumentos de desenvolvimento mental.

SSE, LINGUAGEM, MATEMÁTICA E CAPACIDADES COGNITIVAS

A língua oral não é a língua escrita; ler não é calcular. No entanto, entre linguagem, literacia e matemática há interdependências que são influenciadas pelo SSE. Em crianças da pré-escola de 3 a 5 anos, o vocabulário e o conhecimento da escrita em um ano predizem o escore em cálculo no ano seguinte (PURPURA et al., 2011). Reciprocamente, as crianças que participaram de um currículo de formação matemática foram mais capazes, quatro meses depois, comparadas com o grupo-controle, de utilizar palavras-chave para recordar uma história e recontá-la com frases mais complexas. Uma explicação provável é o fato de o currículo insistir na explicação verbal: se a criança identifica um quadrado entre outras formas, o professor pergunta-lhe "como sabes que é um quadrado?", e ela, no fim do currículo, em vez de dizer "porque parece um quadrado", é capaz de dar respostas como "porque tem quatro lados e quatro ângulos retos". Esse efeito foi maior nas crianças de SSE baixo do que nas de SSE alto, porque no início o nível linguístico é mais fraco nas escolas de SSE baixo.

Na base dos progressos realizados em literacia e em matemática no pré-escolar estão, sem dúvida, capacidades cognitivas de raciocínio abstrato. Em um estudo de Pasnak et al. (2009), um grupo de crianças recebeu no início do ano um ensino explícito e progressivo sobre a identificação da singularidade, a inserção numa série e a conservação do número; no fim do ano, comparado com grupos que receberam ensino na identificação de letras, na pronúncia de letras e grupos de letras (L), na identificação de números e contagem (N) ou no desenho e coloração de imagens (arte: A), aquele grupo foi tão bom em literacia como o grupo L e melhor do que este em numeracia; tão bom em numeracia como o grupo N e melhor do que este em literacia; enfim, melhor em ambos os domínios do que o grupo A. O ensino do pensamento abstrato cria condições para compreender as discriminações e correspondências que intervêm na literacia e na numeracia.

Uma análise do estudo PISA[4] de 2003 mostrou que, para o conhecimento matemático, os adolescentes de SSE alto foram favorecidos em cada um de 15 países da União Europeia. Portugal foi o mais fraco no nível de instrução dos pais (a Dinamarca e a Suécia ficaram no topo) e no desempenho em matemática (a Finlândia e a Holanda foram os melhores) e ficou entre os países em que o efeito do SSE foi maior. Também foi o país em que os livros estão sobretudo na posse das famílias mais favorecidas. A posse ou não de livros na família foi um fator importante das disparidades de desempenho em matemática em Portugal. Enfim, enquanto os países nórdicos foram os que revelaram maior mescla social na escola no nível de instrução dos pais, Portugal demonstrou a menor mescla (MARTINS; VEIGA, 2010). A existência de refúgios elitistas para os filhos de pais instruídos parece não favorecer o desempenho médio em matemática em nível nacional.

SSE, ALFABETIZAÇÃO E DISLEXIA

Muito antes de as crianças serem ensinadas a ler, a sua preparação para a aprendizagem da leitura é influenciada pelo meio sociocultural. A consciência fonológica[5] avaliada na pré-escola está muito mais avançada nas crianças de SSE alto do que nas de SSE baixo, e isso se reflete na rapidez de aprendizagem da leitura (DUNCAN; SEYMOUR, 2000; McDOWELL; LONIGAN;

GOLDSTEIN, 2007). É, portanto, necessário (1) insistir na pré-escola em atividades que estimulem a consciência fonológica de todas as crianças e (2) conduzir programas de sensibilização e formação junto às famílias de SSE baixo.

No desenvolvimento das habilidades da literacia, observa-se o "efeito Mateus", uma referência à parábola da Bíblia a respeito dos ricos e pobres (STANOVICH, 1986): os melhores progridem bem e os piores menos, de maneira que o atraso destes em relação aos melhores aumenta. Nas últimas décadas, parece crescer a porcentagem de alunos com desempenhos insuficientes em leitura e escrita. O National Assessment of Educational Progress (NAEP) concluiu em 2005 que, para o conjunto dos Estados Unidos, 27% dos alunos do 4º ano liam abaixo do nível básico; para algumas escolas de centros urbanos, a proporção desses alunos era de quase 70%. O NAEP sublinhou ainda que a pobreza (e essa também tem crescido) é uma das razões mais importantes dessas insuficiências.

Uma pessoa com suficientes capacidades cognitivas pode não aprender a ler por razões socioculturais ou genéticas, além da insuficiência do ensino ou de alguma patologia no campo dos afetos. O termo "disléxico" costuma ser aplicado aos casos de anomalia genética e o termo "mau leitor" aos outros casos de fraca habilidade de leitura. O padrão de dificuldades é diferente: o mau leitor está atrasado na decodificação e no desenvolvimento linguístico, o que dificulta o trabalho de compreensão do texto, isto é, as suas dificuldades são gerais; o disléxico apresenta anomalias na decodificação que perturbam a constituição de fonogramas[6] e de representações ortográficas lexicais que só são parcialmente compensadas por boas capacidades linguísticas – sem problemas na compreensão do discurso oral, o seu déficit é, portanto, específico da leitura.

Em 20 escolas de Paris foram testadas mais de 1.000 crianças: um terço por nível de SSE (alto, médio e baixo), quase todas do 2º ano e com pelo menos 18 meses de instrução, motivo pelo qual deveriam ser capazes de ler a maior parte das palavras e compreender textos simples (FLUSS et al., 2009). Os alunos que se revelaram maus leitores, segundo o critério de pelo menos 12 meses de atraso nos testes de leitura, isto é, que ao fim de 18 meses não liam sequer como um leitor normal com apenas seis meses de instrução, foram comparados a leitores normais. Revelaram-se inferiores em leitura de palavras (12% *versus* 40%) e pseudopalavras[7] (20% *versus* 81%) e em compreensão de texto (11% *versus* 53%). Apesar de os três níveis de SSE estarem igualmente representados na amostra inicial, 3% dos alunos de meio alto, 11% dos de meio médio e 24% dos de meio baixo eram maus leitores. Assim, a criança de SSE baixo corre sete a oito vezes mais riscos de se tornar má leitora do que a de SSE alto. Como a dislexia é geneticamente determinada, conclui-se que os disléxicos constituem uma minoria entre os "maus leitores" e não devem ultrapassar 3% na população geral.[8]

É particularmente preocupante que, na França, cerca de um sétimo das crianças do 2º ano apresentem um atraso tão importante na alfabetização. Isso se deve sobretudo ao SSE baixo e à dificuldade do sistema escolar em fazê-las ler em um nível que elas teriam merecido. Não, não nascemos todos iguais em direitos.

SISTEMAS DE APOIO AOS MAUS LEITORES

O que nos diz a análise dos sistemas de apoio aos maus leitores? Foram realizados estudos a respeito desses sistemas em seis países europeus (ISE et al., 2010). Segundo o PISA de 2006, dois países apresentam baixas porcentagens de maus leitores aos 15 anos: Finlândia (5%) e Holanda (15%), sendo os outros quatro Alemanha (20%), Hungria (21%), França (22%) e Portugal (25%). Com exceção da Holanda, aumentaram os maus leitores entre o 3º e o 6º anos. Como a leitura fica mais exigente quando se torna necessário ler para aprender e não apenas aprender a ler, pode haver mais alunos que mostrem grandes atrasos (ARAÚJO; COSTA, 2012).

Os professores do ensino normal que recebiam formação ou supervisão para as dificuldades de leitura eram 81% na Finlândia e somente 38% em Portugal. Apenas 1% dos professores finlandeses não recebiam nenhum apoio da escola para ensinar os maus leitores do 3º ano, o que acontecia com 24% dos professores portugueses. Além disso, Portugal foi o único, entre esses países, em que os professores, para identificarem os alunos com grande dificuldade de leitura, recorriam muito mais ao seu julgamento do que a testes estandardizados.

Os sistemas de apoio mais eficientes (Finlândia e Holanda) são aqueles que oferecem aos professores formação e/ou *coaching* por especialistas exteriores à escola, assim como uma pessoa de contato na escola para consulta e em que os leitores em dificuldade, além de serem avaliados por meio de testes estandardizados e diagnosticados por psicólogos ou educadores especializados, recebem lições extras ou outra forma de reeducação na escola. Nesses sistemas há também uma corrente regular de comunicação entre o professor, a escola e o especialista exterior.

Um aspecto primordial da maneira como o sistema educacional leva em consideração o problema dos maus leitores é a formação dos professores. Vários estudos têm mostrado que muitos professores não sabem o suficiente sobre o modo como a criança aprende a ler e como se deve ensiná-la, nem têm conhecimento explícito aprofundado da língua e do código ortográfico. Esses professores são mais numerosos nas escolas públicas de baixo SSE.

NOTAS

1 Os telômeros, sequências de bases nas extremidades dos cromossomas e que não codificam proteínas, funcionam como capa protetora do material genético, evitando que as pontas dos cromossomas unam-se e que as proteínas degradem o DNA.
2 Essa variável inclui condições de vida no meio físico, conflitos familiares, separação da família e exposição à violência.
3 O Brasil não estava incluído.
4 O PISA (Program for International Student Assessment, organizado pela OCDE de três em três anos) consiste numa avaliação do desempenho dos jovens de 15 anos em matemática, leitura e ciências.
5 A consciência fonológica é o conhecimento consciente da fonologia da língua. Inclui a consciência das unidades (fonemas, sílabas), das relações (por exemplo, de rima) e das regras a que obedecem as sequências de unidades. Nesse sentido lato, a consciência fonológica compreende a consciência fonêmica. Porém, é costume distingui-las claramente, dada a relação interativa crucial que se desenvolve entre a alfabetização e a consciência dos fonemas. De fato, como veremos mais tarde, por um lado, a alfabetização suscita a emergência da consciência fonêmica, e, por outro lado, o seu desenvolvimento é um fator poderoso do êxito da alfabetização.
6 Fonograma é o padrão ortográfico de uma parte de palavra que ocorre frequentemente na língua e que corresponde, em geral, a um constituinte morfológico, prefixo, sufixo ou desinência verbal (*des*crer, s*omente*, am*ava*).
7 Pseudopalavra é uma sequência de letras (sons) que poderia ser uma palavra escrita (oral) na língua porque respeita as regras que tornam uma sequência permissível. Assim, em português, "tango" é uma palavra, "ganto" é uma pseudopalavra porque não existe, mas poderia existir, e "antgo" não é palavra nem pseudopalavra (diz-se que é uma não palavra).
8 Esse raciocínio supõe que não há diferenças genéticas entre as classes sociais. As diferenças de classe resultam de mecanismos históricos recentes na história da humanidade. Além desse argumento, uma observação comum é que os disléxicos não provêm sobretudo das classes baixas, ao passo que é nestas que se encontra um grande número de maus leitores.

3

Como se lê e como se aprende a ler

O processo de alfabetização, ainda que seja rápido quando comparado à aprendizagem da escrita chinesa, é exigente se levarmos em conta as aquisições sucessivas e a prática necessárias para atingir o máximo de habilidade.

Neste capítulo, depois de definida a leitura e explicados os seus dois componentes, será feito um retrato do leitor hábil e serão apresentados os princípios gerais dos processos de aprendizagem e de ensino.

A DEFINIÇÃO DE LEITURA

Na intenção de sobrevalorizar o objetivo, que seria a "construção de sentido", pedagogos de diferentes países – felizmente, muito menos hoje do que há algumas décadas – têm menosprezado os mecanismos da leitura e afirmado que "ler é compreender". Essa concepção conduziu a uma metodologia de ensino que consiste em recusar tanto a explicitação do princípio alfabético, incluindo as atividades que conduzem à tomada de consciência dos fonemas, como o ensino das correspondências grafofonológicas.[1] O material de base é o texto, constituído às vezes por frases produzidas oralmente pela criança. As frases são analisadas em grupos de palavras e a sua forma escrita memorizada. Só mais tarde se ensina o alfabeto e se chama a atenção para a expressão sonora das letras.

Essa orientação pedagógica chegou a ser dominante nos Estados Unidos (*whole-word approach*), em países da América Latina, incluído o Brasil (onde foi chamado de "construtivismo", como veremos adiante), na França e na Bélgica francófona ("método funcional") e teve um surto em Portugal em escolas ditas de vanguarda. Geralmente associada à ideologia humanista de respeito pela criança como sujeito de direitos e à militância progressista, opõe-se aos métodos fônicos, que têm sido vistos como politicamente de direita.

Os métodos fônicos são baseados na ideia de que o aluno, logo de início, deve ser conduzido por atividades adequadas a compreender o princípio alfabético; em seguida deve ser ensinado e levado a praticar, pela decodificação na leitura e pela codificação na escrita, as correspondências grafema-fonema e fonema-grafema e outras correspondências grafofonológicas, incluídas nas regras do código ortográfico da língua. Os métodos fônicos foram, por isso, considerados "tecnicistas", destituídos de sentido. Tratariam a criança como um ser passivo, afastando-a assim da compreensão do mundo real e do papel que viria a ter em sua transformação.

Tal situação mudou em consequência de três fatores: (1) os maus resultados obtidos no ensino da leitura nas escolas públicas (nas escolas particulares, a mesma abordagem não tinha efeitos tão nefastos porque a maioria das crianças ingressava na escola com maior desenvolvimento linguístico e recebia estimulação e explicações em casa), (2) a difusão dos conhecimentos científicos sobre a leitura e sua aprendizagem por investigadores ciosos de esclarecer os professores e os responsáveis educacionais e, enfim, (3) o acolhimento positivo dessa ação por parte das autoridades desejosas de melhorar os resultados, o que se manifestou por iniciativas em diversos países.

Na França, por exemplo, a definição oficial da leitura, "ler *é* compreender", foi substituída por "ler *para* compreender".[2] Explicitando o objetivo, subentendia-se que ler não é compreender, mas sim a atividade que precede e condiciona a compreensão do material escrito. De fato, também existe compreensão quando se ouve o mesmo material lido por outrem. Por conseguinte, a compreensão não pode ser a caraterística específica da leitura. A definição deve indicar o que se faz quando se lê e o que não se faz quando se escuta.

Embora não se fale em "construção", a propósito da compreensão de discurso, apresentou-se a compreensão em leitura como "construção de sentido". O termo "construção" é inapropriado, porque o texto existe independentemente do leitor; o seu sentido não é construído como se constrói uma casa. E "reconstrução" implicaria que a casa tivesse sido derrubada para ser construída de novo.

"Extração" é o termo que utilizo. Evoca a atividade mineira: trata-se de ir buscar na mina o que lá está. Um autor "escondeu" num texto uma informação com certa intenção e o leitor, ao lê-lo, recupera essa informação e a intenção subjacente. O objetivo é extrair do texto o sentido que o autor quis transmitir, o que faz da fidelidade à intenção do autor o critério da compreensão. Depois podem seguir-se outros processos mentais: a interpretação, a apreciação e a análise crítica, que ultrapassam a compreensão. Compreender um texto, esteja-se ou não de acordo com ele, é respeitá-lo.

A leitura é a transformação da representação sensorial de uma mensagem escrita na representação do seu sentido e da sua pronúncia, o que permite compreender a mensagem e dizê-la em voz alta. Na escrita, depois de elaborada mentalmente a frase que corresponde a uma intenção de comunicação, são ativadas as representações ortográficas que permitem transcrevê-la.

OS DOIS COMPONENTES DA LEITURA

Os processos de leitura utilizam dois tipos de conhecimento. Um intervém também na escuta da fala: é o conhecimento linguístico e cognitivo, que inclui o vocabulário, os processos de análise sintática e de integração semântica, a enciclopédia mental (a que, no Brasil, chama-se "conhecimento do mundo"), a capacidade de estabelecer associações, de fazer inferências, etc. É obrigatório para se compreender o que se lê. O outro é o conhecimento utilizado pela habilidade de *re*conhecimento ou identificação da palavra escrita.[3] É ele que permite a leitura no sentido estrito. Só serve para a leitura, e sem ele o primeiro tipo de conhecimento não pode ser aplicado.

Em 2006, foi publicado na França o primeiro romance de Maurice Baron, que se intitulava *L'illettré*. O autor, então com 68 anos, criou e dirigiu uma associação de luta contra o iletrismo. O herói da novela, Christophe, aparentemente pouco esperto, vive numa aldeia com a mãe e sobrevive graças a pequenos trabalhos. Como muitos outros, poderia ter aprendido a ler se tivesse sido estimulado e ensinado. Torna-se amigo de um misterioso vizinho que viera para se vingar de crimes cometidos durante a ocupação nazista por algumas das personalidades locais. É um romance bem-construído, de grande sensibilidade, que retrata o mundo mental do analfabeto. O narrador é o próprio Christophe, que descreve um colóquio sobre iletrismo a que assistiu com o vizinho. No fim do colóquio, depois de uma senhora ter falado sobre o seu método para ensinar a leitura e repetido que "ler é compreender, é dar sentido", um homem pedira a palavra para falar de um poeta inglês, Milton, que ficara cego no fim da vida e que, para ter acesso aos clássicos, encontrara como solução ensinar as filhas a decodificar textos escritos em outras línguas. Elas só pronunciavam as palavras sem compreender, mas ele compreendia ao escutá-las, como teria feito um analfabeto. E o homem perguntara: quem lia nessa história? Segundo o que ouvira no colóquio, não podiam ser as filhas, que pronunciavam sons sem compreender, nem o pai, que só escutava e compreendia, tal como as pessoas na sala o escutavam e compreendiam. Se nessa história ninguém lia, era de ficar maluco. E assim terminara.

A resposta correta é: havia alguém que lia. As filhas de Milton liam no sentido de transformar linguagem escrita em linguagem oral. Milton não lia, compreendia o que ouvia, tal como nós não lemos as notas de alguém que nos lê um discurso escrito. Contei a história de Milton (não fui o primeiro a fazê-lo) no meu livro *A arte de ler*, com muito menos graça do que Baron. É uma história de dissociação entre os dois componentes da leitura que também estão presentes na leitura silenciosa, na qual, para compreendermos, transformamos linguagem escrita em fala interior (*inner speech*). Com ou sem compreensão, com ou sem oralização da escrita, não há leitura sem a intervenção de uma dimensão obrigatória da linguagem que é a fonologia.

Segundo a "teoria simples da leitura" (GOUGH; TUNMER, 1986), a compreensão em leitura (CL) é função da *relação multiplicativa* entre a compreensão auditiva (CA) e a identificação das palavras escritas (IPE). De fato, as correlações entre o desempenho na CL e o *produto* dos desempenhos em CA e IPE são altíssimas, iguais ou superiores a 0,85 nos três primeiros anos de ensino (HOOVER; GOUGH, 1990). Os casos em que um dos componentes é muito fraco e o outro normal – os disléxicos têm transtornos graves em IPE, mas não em CA, enquanto os hiperléxicos[4] adquiriram os mecanismos da IPE apesar de terem enormes dificuldades em CA – confirmam aquela relação. Ambos os componentes são necessários para a compreensão em leitura e nenhum é suficiente.

Os dois componentes da leitura com compreensão são independentes, mas não totalmente, porque a identificação das palavras escritas é em geral facilitada pelo conhecimento lexical (certas palavras são familiares) e porque as informações morfológicas e semânticas ativadas na fase final da identificação canalizam os processos de compreensão. Entre a identificação das palavras e a compreensão há, portanto, uma zona fronteiriça de influências mútuas.

O desenvolvimento da habilidade específica da leitura é crucial para a aquisição de conhecimento e para o desenvolvimento cognitivo de maneira geral. Isso foi confirmado através do exame longitudinal de crianças do 1º ao 12º ano de estudos em leitura e em QI (na base do WISC-Revised, uma bateria de testes verbais e não verbais) (FERRER et al., 2010). Utilizando um modelo matemático para calcular as inter-relações dinâmicas entre a cognição e a leitura ao longo do tempo em três grupos (maus leitores recuperados, maus leitores persistentes[5] e leitores normais), observou-se que as influências da leitura no QI foram maiores do que as do QI na leitura e que essas influências foram muito maiores entre os leitores normais do que entre os maus leitores. Assim, entre os leitores normais, as diferenças interindividuais resultam de influências bidirecionais entre a leitura e a cognição. Entre os maus leitores, parece que falta, ou é pouco operante, o mecanismo que liga o desenvolvimento da leitura ao da cognição. Uma recomendação importante que ressalta desse estudo é a necessidade de assegurar que a leitura seja praticada para adquirir conhecimento.

O ensino básico tem duas missões importantes no que se refere à linguagem: contribuir para desenvolver os conhecimentos linguísticos e cognitivos que a criança traz ao entrar nela e fazê-la adquirir a habilidade de identificação das palavras escritas. Isso requer que os três termos da relação CL = CA x IPE tenham de ser avaliados. Se só se avalia o produto, não se sabe de onde provém a eventual dificuldade de CL, não é possível apurar, sem avaliação separada de CA e de IPE, se o aluno compreende mal os textos porque compreende mal a linguagem, ou porque tem dificuldade em identificar as palavras escritas.

Como um leitor hábil lê? Os mecanismos que utiliza são inconscientes: ele sabe ler, mas não sabe como. Nós não sabemos como lemos. Só o descobrimos pela investigação.

O LEITOR HÁBIL

O registo dos movimentos oculares durante a leitura de textos mostrou que nós, leitores hábeis, lemos através de uma sequência de fixações oculares, a maioria das quais duram entre 150 e 300 milésimos de segundo (ms), separadas por movimentos sacádicos, geralmente de 25 a 30 ms, que permitem avançar ao longo da linha e, ao fim desta, passar à seguinte. Em média, o número de fixações é de aproximadamente uma por palavra, mas há palavras curtas e familiares que "saltamos" com frequência e outras, compridas e raras, que necessitam de mais do que uma fixação.

Também fazemos, em média, tantas fixações quantas palavras há no texto por causa de uma dupla limitação: fisiológica e cognitiva. O grau de resolução da informação visual é máximo na pequena região central da retina, onde há a maior concentração de cones, células que permitem a análise dos detalhes das formas visuais, e diminui drasticamente para a periferia. Porém, se a limitação fosse apenas de ordem fisiológica, só as características físicas e gráficas do texto influenciariam a relação entre o número de palavras e o número de fixações. Não é o caso. O impacto da dificuldade cognitiva do texto é muito grande: a duração média das fixações é muito maior, assim como o número de movimentos de regressão, ao lermos um artigo científico do que um de jornal, e o número de palavras lidas por minuto muito menor. Além disso, dois leitores igualmente hábeis, mas com graus muito diferentes de conhecimentos no domínio do texto, não precisam do mesmo tempo para o lerem. Assim, não tem sentido falar de rapidez de leitura sem especificar o tipo de material que é lido e o tipo e o nível de conhecimento do leitor.

Durante a leitura, ativamos, de maneira inconsciente e automática, representações ortográficas e fonológicas de estruturas sublexicais: grafema-fonema (simples, p. ex., "b", ou complexo, p. ex., "ch", "ou"),[6] ataque (uma consoante ou mais no início de sílaba: "g" em golo, "gr" em grilo), rima (constituinte silábico[7] que vai da vogal ou vogais até à eventual consoante: "é" em pé, "éu" em céu, 'és' em pés ou "es" em "peste") e sílaba. Esse tipo de processamento inclui, portanto, uma análise estrutural da palavra para a sua identificação que não é a mesma que a decodificação grafofonológica intencional, progressiva e controlada, típica do leitor principiante, embora se pense, como veremos, que o processamento automático resulte da repetição frequente, com sucesso, das operações conscientes de decodificação. Uma diferença importante entre as duas é que a análise estrutural realizada durante a decodificação é progressiva, do início para o fim da palavra, enquanto a análise estrutural do leitor hábil se faz em paralelo ou quase. Essa análise e a consequente organização em unidades parecem ser guiadas pela natureza consonântica ou vocálica das letras (CHETAIL; CONTENT, 2012).

Pode haver outro tipo de processamento que funcione com base na simples ativação de pares de letras. Como dispomos de um léxico mental ortográfico (o conjunto das representações ortográficas das palavras que conhecemos), basta a ativação de alguns pares de letras na ordem correta para que a representação lexical correspondente seja ativada. Assim, a ativação dos digramas "ca-", "-al", "lo-" e "-or" conduziria ao reconhecimento de "calor". Com outra vantagem: como na palavra as letras estão muito próximas, esse *crowding* ou "aperto" pode conduzir a erros perceptivos; assim, a redundância que resulta da representação de cada letra em dois digramas (por exemplo, o "a" de calor em "ca-" e em "-al-") faria diminuir o risco de erro. Um argumento a favor desse mecanismo é o fato de muitos disléxicos lerem melhor quando se aumenta um pouco a distância entre as letras, o que demonstra que eles são muito sensíveis ao *crowding* (ZORZI et al., 2012).

Estas são questões sobre as quais se trabalha intensamente. Nada impede que o sistema de identificação das palavras escritas utilize simultaneamente esses dois tipos de processamento (por digramas e por unidades linguísticas). A minha hipótese é que ambos têm lugar, talvez em fases diferentes do processo perceptivo de leitura.

Não esqueçamos que esses processos, além de inconscientes, são automáticos. A identificação da palavra escrita, que conduz a uma percepção consciente, é irreprimível. Isso está evidente no chamado "efeito Stroop".[8] Se tivermos de dizer o mais rapidamente possível a cor física com que é apresentada uma palavra na tela de um computador, somos mais lentos se apresentarmos em vermelho a palavra "azul" do que se apresentarmos na mesma cor outro adjetivo sem relação com cores como "ágil". No primeiro caso, de início até cometemos erros que consistem em dizer a cor designada pela palavra em vez da cor física. Compreendemos imediatamente que deveríamos evitar ler a palavra, mas não conseguimos. Tentamos não prestar atenção na palavra e só na cor; porém, embora sejamos cada vez mais eficazes, há sempre uma interferência que resulta do fato de o nosso sistema de identificação das palavras escritas ter funcionado automaticamente e produzido uma "resposta interna" que compete com o resultado do processo de identificação da cor física.

Para além dos processos automáticos de reconhecimento e de identificação das palavras escritas, estas, sobretudo quando são pouco familiares ou mesmo novas para o leitor, também podem ser lidas utilizando processos de decodificação grafofonológica. Tal como o leitor principiante, mas de uma maneira muito mais eficaz, na base de sílabas e fonogramas. A coexistência desses dois tipos de processos é conhecida como "modelo da dupla via" (COLTHEART et al., 1993).

O que tem lugar na mente tem lugar no cérebro.[9] Assim, a identificação das palavras escritas é possível porque uma área na região occipitotemporal ventral do hemisfério esquerdo intervém na representação da forma visual das palavras e está conectada, por um lado, a áreas que tratam as caraterísticas físicas do estímulo visual e, por outro lado, a áreas que se ocupam da forma fonológica das palavras, do seu significado e da sua produção oral (COHEN et al., 2000). Essa área é mais ativada por palavras escritas do que por faces, casas ou utensílios. Todos os bons leitores a ativam qualquer que seja o sistema de escrita.

A habilidade de identificação das palavras escritas apresenta grande especificidade funcional e cerebral. Cada palavra deve poder ser identificada sejam quais forem as variações não pertinentes em sua forma física. Essa exigência de especialização funcional faz com que certos neurônios ou grupos de neurônios respondam igualmente a "m" e "M" e diferentemente a "m" e "n".

A "área da forma visual das palavras" ou *Visual Word Form Area* (VWFA) é ativada por palavras e por pseudopalavras escritas (formadas como as palavras, p. ex., "gatido"), mas não por sequências de consoantes ilegíveis como "gvtfdv". A VWFA é especializada, no sentido posterior-anterior, para uma hierarquia de operações que correspondem à passagem do processamento físico das letras à representação da forma abstrata das palavras. Durante a leitura, quando as palavras estão degradadas, mas reconhecíveis, ou quando são necessárias deslocações da atenção (para as palavras longas, que requerem mais do que uma fixação), é ativada também uma região occipitoparietal bilateral na parte dorsal do cérebro (COHEN et al., 2008).

A especialização da VWFA desenvolve-se na criança à medida que aprende a ler e pratica a leitura. Durante a aprendizagem, há uma correlação positiva entre a amplitude da ativação da VWFA em resposta a palavras e o desempenho em testes de decodificação grafofonológica, o que revela o papel causal da decodificação na constituição da VWFA. No mesmo sentido, a criança disléxica, que tem dificuldades nas habilidades fonológicas pertinentes para a leitura, apresenta ativações de fraca amplitude na VWFA que aumentam depois de reeducação fonológica. Quanto à região occipitoparietal, ela também é ativada nos primeiros estágios da aprendizagem da leitura em que é necessário um esforço de atenção, em particular de atenção sequencial.

APRENDER A LER

Como se passa de analfabeto a alfabetizado e letrado? Três condições devem ser satisfeitas.

A primeira condição é a *compreensão do princípio alfabético* ou princípio de correspondência entre fonemas e grafemas. Compreender que os fonemas são representados graficamente por letras ou grupos de letras requer uma análise introspectiva da estrutura fonológica da fala, combinada à identificação de letras. A tomada de consciência dos fonemas não é espontânea. A criança pré-leitora não descobre o princípio alfabético por mera exposição ao material escrito. Tem de ser ajudada com exercícios apropriados a tomar consciência dos fonemas.

As crianças ensinadas a ler por meio de métodos que insistem na análise explícita da fala em fonemas e na aprendizagem das correspondências grafema-fonema (métodos fônicos[10]) mostram, nas tarefas de contagem, subtração ou adição de fonemas, desempenhos muitos superiores aos das crianças ensinadas segundo os métodos (ditos globais) que tratam as palavras como unidades não segmentáveis. E o que está amplamente demonstrado é que as habilidades de manipulação de fonemas são preditivas do êxito na aprendizagem da leitura.

Os efeitos benéficos do treino fônico na leitura são observados na leitura de palavras e na compreensão de textos em todas as crianças, independentemente do meio sociocultural e de terem ou não dificuldades de aprendizagem (EHRI et al., 2001). Essas conclusões influenciaram os programas escolares de países como os Estados Unidos, a Grã-Bretanha e a França, em que uma proporção inquietante de crianças tinha maus resultados em leitura. Em 2003, o ministro francês da Educação apresentou os novos programas dizendo que estes insistem na necessidade de fazer descobrir muito cedo o princípio alfabético.

Assegurar a compreensão do princípio alfabético desde as primeiras semanas, se não dias, do ensino da leitura é a primeira de três condições sequenciais, cada uma devendo ser suficientemente cumprida, sem necessitar atingir a maturidade plena para que a seguinte comece a instalar-se. Trata-se de um processo em cascata.

A segunda condição é *aprender a decodificar* (para ler) *e a recodificar* (para escrever), o que implica adquirir progressivamente o conhecimento do código ortográfico da língua e o domínio dos procedimentos de decodificação e recodificação.

Depois de compreender o princípio alfabético, a criança tem de progredir no conhecimento das correspondências e, por via do ensino explícito e da prática da leitura, tornar-se capaz de associar os grafemas que encontra nas palavras aos fonemas correspondentes com rapidez e precisão cada vez maiores. A decodificação grafofonológica das palavras escritas compreende (1) a decomposição da palavra escrita numa sequência de grafemas e (2) o emparelhamento destes com os fonemas correspondentes. Porém, essas duas operações não são suficientes para que haja leitura. A terceira operação, a que "faz" leitura, é (3) a integração ou fusão dos fonemas sucessivos de cada sílaba de maneira a obter a pronúncia da palavra. Esse mecanismo de leitura baseado no conhecimento das regras do código ortográfico[11] é intencional, controlado, e progride ao longo da palavra, utilizando-se primeiro as unidades linguísticas menores (os grafemas e os fonemas correspondentes) e depois as unidades maiores (os ataques consonânticos complexos, as rimas, as sílabas).

As regras complexas do código dão conta do fato de que, dependendo da posição e do contexto, a mesma letra pode corresponder a diferentes valores fonológicos e diferentes letras ao mesmo valor. Também pode haver regras morfossintáticas. A proporção das regras complexas e morfossintáticas varia muito segundo as línguas, assim como a proporção das exceções às regras. O código do português é "semitransparente", sendo muito mais simples para a leitura do que para a escrita (por exemplo, a criança que conhece os valores fonológicos das letras não deve errar na leitura de "caça", mas pode hesitar em escrever "caça" ou "cassa"). A rapidez da aprendizagem da leitura é influenciada pelo grau de transparência[12] do código. A comparação do escore de leitura de palavras no fim do 1º ano em 13 línguas europeias mostrou grandes diferenças entre as crianças que aprendem a ler em códigos transparentes (finlandesas: 2% de erros; gregas, alemãs: 3%; italianas: 5%; espanholas, suecas: 6%; dinamarquesas: 7%; norueguesas: 8%), semitransparentes (portuguesas: 23%; francesas: 28%) e opacos (inglesas: 67%) (SEYMOUR; ARO; ERSKINE, 2003).

Como já mencionei, no debate sobre a leitura tem havido uma tensão entre os meios e os fins. Há quem reivindique: e o sentido dos textos? E há quem sugira que se ensine a decodificação e a compreensão ao mesmo tempo. Acontece que, enquanto a criança precisa trabalhar a decodificação, essa atividade é mais produtiva quando não inclui um esforço adicional de compreensão (SAMUELS; FLOR, 1997). Quando duas tarefas realizadas ao mesmo tempo exigem atenção ou os mesmos recursos, o desempenho numa delas ou em ambas ressente-se. As crianças que estão na fase da aprendizagem do código só dificilmente podem gerir uma atividade de compreensão durante a leitura. As atividades de compreensão devem ocorrer a partir da leitura oral pelo professor. À medida que a identificação das palavras escritas torna-se mais fácil, a compreensão pode começar a fazer-se juntamente com a decodificação. A comparação de dois métodos de formação de futuros professores do último ano da pré-escola e no 1º ano do ensino fundamental confirmou essa ideia (AL OTAIBA; LAKE et al., 2012). Ambos os métodos atribuíam a mesma importância à extração do sentido do texto (em leitura partilhada); porém, enquanto em um código era ensinado em sessões específicas, no outro era ensinado durante a leitura partilhada. Os alunos dos dois grupos de professores obtiveram os mesmos ganhos em compreensão, mas os que aprenderam segundo o método que dava atenção separada ao código tiveram maior progresso na aprendizagem da decodificação.

Para além da aprendizagem explícita das regras do código, há uma aprendizagem implícita, não consciente, realizada durante a prática da leitura. A aprendizagem implícita de sequências que obedecem a regras estatísticas é um fenômeno bem-conhecido. No caso do código ortográfico, essa aprendizagem é um instrumento poderoso de aquisição das representações mentais das unidades grafofonológicas maiores do que o grafema-fonema.

A terceira condição é a *constituição do léxico mental ortográfico*. Este é o conjunto das representações mentais estruturadas da ortografia das palavras que conhecemos. É a essas representações, que fazem parte de uma forma específica de memória de longo prazo, que temos acesso automaticamente e sem tomarmos consciência das operações mentais que realizamos.

A decodificação, sendo sequencial, é demasiado lenta. Por isso, a leitura hábil utiliza o acesso automático e em paralelo à forma ortográfica memorizada da palavra escrita. A automatização da identificação das palavras escritas é muito importante porque liberta recursos linguísticos e cognitivos para as operações de análise sintáxica e de integração semântica que fazem parte do processo de compreensão dos textos. Porém, para adquirirmos aquele mecanismo, temos de passar pela decodificação.

Segundo a teoria de autoensino[13] (SHARE, 1995), apoiada por estudos experimentais, as representações ortográficas das palavras são adquiridas como resultado das ocasiões repetidas de decodificação da mesma palavra. Quando a representação ortográfica de uma palavra que foi várias vezes decodificada com êxito se forma no léxico mental, o acesso a ela se torna rápido e automático, dispensando a decodificação. O leitor que lê as palavras compridas tão depressa quanto as curtas ultrapassou a decodificação e atingiu o estágio da leitura hábil.

A passagem à leitura automática das palavras é possível porque a decodificação evolui ao longo da prática da leitura. A criança começa a reconhecer sílabas constituídas de uma consoante e uma vogal sem necessidade de representar esses fonemas e de fundi-los na sílaba correspondente, depois sílabas em que o ataque e/ou a rima são complexos (*brin*-co, na-*ção*) e grupos de letras que formam um fonograma.[14] Essas formas de decodificação menos fragmentadas tornam a identificação mais eficiente, o que facilita a constituição de representações ortográficas lexicais.

Muitos professores estranham a importância que atribuímos às pseudopalavras no ensino e na avaliação da aprendizagem. O objetivo é ler textos e estes contêm palavras, não pseudopalavras. No entanto, as pseudopalavras são importantes por duas razões. Em primeiro lugar, a sua leitura põe em evidência a habilidade de decodificação grafofonológica que é o caminho para a identificação automática das palavras. Em segundo lugar, há palavras que, para o leitor que não as conhece, são como pseudopalavras. Ler tais palavras é crucial para a aquisição de vocabulário e de conhecimentos.

É útil ler em voz alta as palavras novas que se encontram nos textos. Pediu-se a crianças do 5º ano com dificuldades de leitura que, ao lerem textos em silêncio, dissessem as palavras novas em voz alta. Verificou-se depois que as reconheciam melhor e tinham memorizado melhor o seu significado do que as crianças que não tiveram de as pronunciar (ROSENTHAL; EHRI, 2011). O papel da fonologia é constante do princípio ao fim do processo de aquisição da leitura. Sendo a nossa escrita fonográfica, não é lógico que assim suceda?

ENSINAR A LER

As principais recomendações relativas ao ensino da leitura referem-se às três condições da sua aprendizagem.[15]

O que é que o professor tem de saber para fazer compreender o princípio alfabético? A cada letra está associado um, ou mais de um, valor fonológico. Quando se pronuncia o segmento fônico correspondente ao valor fonológico, por exemplo, da letra B/b, pronuncia-se uma sílaba – constituída pela consoante "b" e uma vogal neutra reduzida que, no português europeu falado, mas não no do Brasil, pode-se representar pela letra "e" tal como ela aparece, por exemplo, em "beliche" ou na primeira sílaba de "beleza" – e quando se combinam segmentos fônicos combinam-se sílabas. Os segmentos fônicos da sílaba escrita ba são "be" e "a". A sua combinação faz "bea" e não "ba". Para fazer "ba", o valor fonológico da letra *b* tem de ser representado como algo de abstrato e não como som.

A tomada de consciência dos fonemas faz-se mais facilmente no contexto de atividades que consistem em estabelecer correspondências entre grafemas (que, de preferência, correspondam a uma só letra) e fonemas, apresentadas em sílabas (a sílaba escrita "fa" lida /fa/ pelo professor, "fi" lida /fi/, "va" lida /va/), de maneira a conduzir a criança a inferir que, perante a sílaba escrita "vi", esta deve ser lida /vi/. Assim, o conhecimento de algumas letras está normalmente presente na fase de aquisição da consciência fonêmica e necessariamente presente na de compreensão do princípio alfabético. Para aprender a ler, a criança precisa conhecer o conjunto das letras, discriminá-las (inclusivamente as minúsculas *d/b* e *p/q*, em espelho uma da outra) e conhecer o seu valor fonológico, o que vai ajudá-la em suas tentativas de decodificação. E também precisa tomar consciência de que cada letra tem uma identidade para lá da diversidade das suas formas possíveis, resultantes do modo de produção (impressa, manual cursiva), do estilo tipográfico (a, a) ou, ainda, das funções lexicais e textuais que lhe estão associadas, como a distinção minúscula-maiúscula (a, A).

O ensino das regras de correspondência grafema-fonema deve ser sistemático e ordenado por parte do professor, baseado no princípio de uma progressão do mais acessível ao menos acessível e do mais simples ao mais complexo. Por exemplo, a decodificação de sílabas iniciadas por uma consoante fricativa é mais acessível do que a de sílabas iniciadas por uma consoante oclusiva (gerada mediante uma oclusão rápida da passagem do ar na boca), porque o valor fonológico das fricativas pode ser facilmente modelado, arrastando a pronúncia (ffff..., ssss....), o que não é possível com as oclusivas. E é mais fácil aprender os grafemas constituídos por uma letra do que por duas (*ch, lh, nh, ss,*...), aqueles que têm uma relação biunívoca com o fonema (*b, d, f, j,*...) do que os que podem receber mais do que um valor fonológico (*c, s, x,*...) segundo a sua posição e as letras adjacentes (é o caso de *m* ou *n* precedidos de vogal e seguidos de consoante) e os grafemas simples do que os que incluem um diacrítico (como ç, ã) ou os que representam ditongos (*ai, ui, ao, ão*, etc.).

A passagem da decodificação grafofonológica fortemente segmentada e controlada à identificação automática das sílabas e dos fonogramas traduz-se num grande progresso na velocidade ou fluência da leitura oral e silenciosa. Na leitura de texto, uma fluência insuficiente na identificação das palavras que o constituem limita as possibilidades de compreensão. Por isso, o professor deve exigir que o aluno aumente a sua fluência de leitura, o que só é possível pela prática da leitura e pela detecção dos constituintes das palavras que colocam dificuldades. O aluno deve então ser confrontado com pseudopalavras e palavras em lista e em texto que incluam esses constituintes.

O professor deve estar atento à melhoria progressiva da fluência oral de leitura do aluno. Os números de palavras de texto corretamente lidas oralmente por minuto, que são exigidos em Portugal pelas Metas Curriculares de 2012, são de 55 no fim do 1º ano e de 150 no fim do 6º ano. Não são de modo nenhum exagerados se o processo de alfabetização for conduzido por professores corretamente formados. Correspondem aproximadamente ao que tem sido proposto em muitos estudos realizados com outras línguas e, no que se refere à nossa língua, ao que foi observado em Portugal num estudo psicolinguístico realizado no quadro do Plano Nacional de Leitura (PNL). São também muito semelhantes aos que propõe no Brasil o Instituto Alfa e Beto.

O professor deve verificar se o aluno já dispõe da habilidade de identificação automática das palavras escritas. Basta comparar a latência (entre o momento de apresentação da palavra e o início da resposta) da leitura oral correta de palavras dissilábicas e trissilábicas com o mesmo número de letras. O aluno que ainda decodifica tem um tempo de latência muito maior para as trissilábicas do que para as dissilábicas. Aquele que já não precisa decodificar, mas reconhece as palavras de forma automática, tem sensivelmente o mesmo tempo de latência. Os dados obtidos no estudo do PNL mostram que a maioria dos alunos no final do 2º ano ainda decodifica e que a maioria no final do 5º ano já identifica as palavras automaticamente. O desenvolvimento dessa habilidade depende fortemente da prática de leitura. Porém, o professor pode contribuir para o desenvolvimento do léxico mental ortográfico suscitando a repetição dos encontros, quer em texto quer isoladamente, com palavras que o aluno ainda tem de decodificar, e fazendo-o escrever e memorizar a sua forma ortográfica.

A escrita deve estar presente desde o início da aprendizagem da leitura. A escrita manual das letras fornece índices que contribuem para o reconhecimento das letras, a aquisição da consciência fonêmica e o conhecimento das correspondências grafema-fonema e fonema-grafema. Aprender a escrever é um dos melhores meios de aprender a ler, e vice-versa. A escrita consolida a representação mental dos grafemas, das sílabas, dos fonogramas, das palavras, ao longo do processo de aprendizagem, seja durante a fase dominada pela decodificação, seja na fase da formação de representações ortográficas lexicais acessíveis automaticamente.

A compreensão de textos também deve ser trabalhada pelo professor. Porém, enquanto a habilidade de decodificação for insuficiente e não permitir uma fluência de leitura correta de pelo menos 95% das palavras do texto, esse trabalho deve ter lugar essencialmente em textos lidos em voz alta pelo professor. Quando a leitura com compreensão torna-se acessível ao aluno, o professor deve ensinar estratégias de compreensão, sempre em situação de leitura e mostrando como elas são eficazes. Um dos objetivos mais importantes do ensino da compreensão é permitir ao aluno a autorregulação, o que implica dar-lhe meios para gerir e controlar adequadamente ele mesmo a sua progressão na leitura do texto. O professor também mostrará ao aluno que a compreensão não é independente do seu aprofundamento do domínio de conhecimento a que se refere o texto.

Em todos os casos, o professor deve transmitir e fazer prevalecer a ideia de que o objetivo da compreensão de um texto é extrair dele o sentido que o autor quis transmitir. A interpretação, a apreciação e a análise crítica são atividades cognitivas que têm a sua justificação em relação com outros objetivos, mas elas não devem ser confundidas com a compreensão rigorosa do texto. O aluno deve dar conta de que compreender a intenção do autor é muitas vezes compreender o que há de implícito no texto e de que, quando são propostas várias interpretações divergentes, geralmente elas não podem ser todas corretas ou são pelo menos incompletas. Em resumo, o aluno deve aprender a respeitar o texto. O respeito ao texto é o respeito pelo seu autor, pelo outro. É uma manifestação de democracia.

NOTAS

1 Essas correspondências associam unidades gráficas a unidades fonológicas. Podem ser grafemas e fonemas, mas também unidades maiores, como o ataque consonântico (p. ex., "br-"), um ditongo (au), a rima (parte final da sílaba a partir da vogal) e a sílaba.
2 Essa mudança ocorreu antes mesmo da criação, em 1996, do Observatório Nacional da Leitura, de que fiz parte durante 12 anos desde o seu início. A comissão científica desse observatório, nomeada pelo Ministro francês da Educação e representativa tanto das disciplinas científicas relevantes quanto das diferentes correntes de opinião em matéria pedagógica, aprovou, por unanimidade menos um voto, os princípios subjacentes aos métodos fônicos. Estes foram depois explicados no relatório *Apprendre à lire*, preparado por mim mesmo e pelo inspetor-geral de educação Jean Robillart na base das contribuições dos outros membros da comissão. Esse relatório teve uma grande influência nos programas e outros textos adotados pelo Ministério da Educação nos anos seguintes.
3 Reconhecimento e identificação referem-se a dois processos diferentes. Reconhecemos as palavras escritas que já encontramos e das quais guardamos uma representação na memória. Identificamos aquelas que nunca encontramos ou que já encontramos, mas de que não guar-

damos uma representação suficientemente precisa, e também as pseudopalavras (como já vimos, as sequências de letras que não têm significado na língua, mas são pronunciáveis). O reconhecimento tem a vantagem de dispensar a identificação completa da palavra, tornando a leitura mais rápida.

4   Chamam-se hiperléxicos os leitores que apresentam uma compulsão para a leitura de grandes quantidades de texto sem, no entanto, compreender o que leem, devido a deficiências cognitivas graves, em particular de memória de trabalho.

5   Os maus leitores de cada ano tinham um desempenho em leitura de pelo menos um desvio-padrão e meio abaixo do desempenho predito pelo seu QI. Foram divididos em dois grupos: os que correspondiam a esse critério nos primeiros anos, mas não no 9º ano, e que, portanto, tinham se recuperado, e os que se mantiveram persistentemente maus leitores.

6   A ativação de unidades elementares abstratas não é exclusiva da leitura. Na escrita manual, entre a recuperação da forma ortográfica da palavra e a realização das letras são ativadas representações dos grafemas. São abstratas no sentido de que não dependem, por exemplo, do fato de as letras serem maiúsculas ou minúsculas (SHEN; DAMIAN; STADTHAGEN-GONZALEZ, 2013).

7   Deve ser distinguido da relação de rima entre duas palavras.

8   Stroop é o nome do investigador que descobriu o efeito em 1935.

9   Para ler mais sobre os processos cerebrais da leitura, recomendo Dehaene (2007), traduzido em português brasileiro por Leonor Scliar-Cabral.

10 Mais rigorosamente, métodos fônicos seriam todos aqueles em que se chama a atenção do aluno para a associação entre unidades fônicas, sejam elas sílabas ou fonemas, e os caracteres correspondentes. No entanto, tornou-se habitual restringir aquela designação ao ensino orientado para a compreensão do princípio alfabético, em que a unidade fonológica relevante é o fonema, e para o domínio das correspondências grafema-fonema respeitando-se as regras do código ortográfico da língua.

11 O código ortográfico de uma língua é o conjunto das regras, simples e complexas, de correspondência grafofonológica ou fonográfica, historicamente constituído para a língua em questão.

12 Há transparência máxima quando a cada letra corresponde uma só pronúncia, e reciprocamente (este é quase o caso do finlandês). No português, há correspondências biunívocas, é o caso das consoantes "b" e "f", mas para todas as vogais e muitas consoantes a pronúncia depende do contexto e da posição na palavra.

13 "Autoensino" significa que, quando o aluno pratica a leitura, ele se ensina a si mesmo por meio dos resultados das decodificações repetidas que vai fazendo. Não implica que se possa dispensar o ensino pelo professor.

14 Para a definição de fonograma, ver a nota 6 do Capítulo 2.

15 Ver *Aprendizagem da leitura e da escrita: Metas curriculares de português e Caderno de apoio, do Ministério da Educação e Ciência de Portugal* (2012). Fiz parte da comissão que redigiu as *Metas curriculares* assim como o texto do *Caderno de apoio*, do qual resumi aqui algumas passagens. Em Morais (2012), o alfabetizador encontra exemplos de atividades que pode praticar com os alunos.

4

Alfabetizar no Brasil

O Brasil foi um dos últimos países a abolir a escravatura. Será também um dos últimos a abolir o analfabetismo? Em tempos recentes, o Brasil conheceu – como Portugal – a ditadura, a repressão, a falta total de democracia. Escravagismo e analfabetismo são a negação absoluta da democracia. As razões pelas quais o povo brasileiro, perto de 30 anos depois de ter gritado e conquistado "diretas já!", continua a sofrer o analfabetismo completo ou funcional como um dos seus maiores flagelos fazem parte de uma questão que ainda espera a análise detalhada dos historiadores. Hoje, o sistema educacional no Brasil continua paralisado por interesses egoístas, por enormes desigualdades sociais e raciais, por políticas débeis, por burocracias de escrivão reprodutoras de certo genoma cultural português e por desvarios de pseudointelectuais anticientíficos, prontos a sacrificar a verdade à ideologia. O Brasil tem aberto a porta de suas instituições educativas a vários tipos de dogma: um caso particular é a difusão da crença criacionista (SILVA; PRADO, 2010); outro, com maiores consequências, é uma concepção fechada e opressiva da aprendizagem da leitura, que tomou posições no poder e as defende pretendendo-se humanista e progressista.

SITUAÇÃO DO ALFABETISMO E DA LITERACIA NO BRASIL

Antes de abordarmos a questão de como se está ensinando a ler no Brasil e de como se deveria ensinar, é necessário apontar aqui alguns dados quantitativos sobre a situação do país no que diz respeito ao (an)alfabetismo e à (i)literacia.

Segundo o IBGE, existem no Brasil 14 milhões de analfabetos, isto é, incapazes de ler e de escrever um bilhete simples, na população com mais de 15 anos. O analfabetismo é mais forte no Nordeste (quase quatro vezes mais do que no

Sul), nos municípios com menos de 50 mil habitantes, entre os não brancos e nas zonas rurais. Segundo o Indicador de Analfabetismo Funcional (INAF) de 2011, além de 6% de analfabetos, 21% da população é constituída por alfabetizados rudimentares e 47% por pessoas que não foram além da alfabetização básica. Assim, parece que só 26% dos brasileiros, aproximadamente 1 em 4, teriam atingido um grau de alfabetização que permitiria qualificá-los como bons leitores, isto é, leitores que leem automaticamente, sem necessidade de decodificar.

Os alfabetizados recrutam-se sem dúvida, em sua ampla maioria, nas camadas de SSE mais elevado. Essa situação discriminatória tende a reproduzir-se. Assim, segundo o Sistema de Avaliação do Rendimento Escolar do Estado de São Paulo (SARESP), nesse Estado a proporção de alunos com desempenho insuficiente em língua portuguesa (p. ex., escrever sem respeitar as correspondências do nosso código ortográfico) no final do 2º e do 3º anos era, em 2011, perto de 5 vezes maior nas escolas públicas do que nas privadas, ou seja, nas escolas do povo do que naquelas que são frequentadas quase exclusivamente pelas crianças de SSE elevado.

Uma literacia universal requer que todos, crianças e jovens, frequentem a escola até pelo menos o fim do ensino médio. Ora, em 2011, a taxa de frequência era de apenas 80% na faixa etária de 15 a 17 anos, e o ensino médio só havia sido completado por 51% dos jovens de 19 anos (cf. *Veja* de 16 de março de 2013).

As avaliações do PISA, que são realizadas desde 2000 em um número crescente de países, examinam a faixa etária de 15 anos e 3 meses a 16 anos e 2 meses e só incluem nas amostras os alunos que completaram, no mínimo, o 6º ano do ensino fundamental.[1] É óbvio que a amostra de um país como o Brasil, que tem uma alta taxa de abandono escolar e alunos de 15 anos em anos escolares inferiores ao 6º, mesmo respeitando-se os critérios indicados, não reflete a situação real do país em matéria de escolaridade.

Na primeira edição do PISA, em 2000, a média foi fixada, por convenção, em 500. O Brasil teve apenas 396 e manteve-se nessa gama de pontuação nas edições de 2003 e de 2006: 403 e 393, respectivamente. A sua pontuação teve uma pequena subida em 2009 (412) e estabilizou-se em 2012 (410). Porém, como assinala o último relatório, a variação entre 2000 e 2012, em particular depois de considerada a evolução dos fatores sociais e demográficos, não é significativa. Em 2012, o Brasil continua na cauda do pelotão: 55º entre 65 países. Está muito longe da média geral observada (496) e longíssimo dos países que lideram: a China, mais exatamente as regiões de Xangai e de Hong-Kong com 570 e 545, e Cingapura com 542. O Brasil ficou muito atrás de Portugal (488), não difere significativamente do Uruguai (411), da Tunísia (404) e da Colômbia (403) e, na América latina, só ultrapassou a Argentina (396) e o Peru (384). Essa vantagem sobre o Peru tem um sabor amargo porque, ao contrário do Brasil, o Peru tem subido fortemente: com 327 em 2000, alcançou 370 em 2009 e continuou progredindo.

O desempenho em leitura no Brasil difere muito conforme as regiões. Em 2012, tal como nas avaliações anteriores, os melhores resultados manifestaram-se nos Estados do Sul e Sudeste, no Distrito Federal, no Mato Grosso do Sul, e os piores nos Estados do Nordeste, do Norte e do Centro. A assimetria em torno da média foi flagrante em 2009, com apenas 9 Estados acima dela e 18 abaixo. Apesar dessa heterogeneidade, nenhuma região pode vangloriar-se: o Distrito Federal, que tinha obtido o maior escore (433), ficou abaixo do Chile (441), e o Estado de São Paulo (423) não fez melhor do que o conjunto do México (424).

O PISA analisa as diferenças individuais, isto é, entre os alunos, segundo 7 níveis de desempenho. Do nível 6, o mais elevado, só fazem parte menos de 0,1% dos alunos brasileiros, uma porcentagem 50 vezes menor do que a alcançada pelo país melhor representado, Cingapura. Considerando-se em conjunto os níveis 5 e 6 como indicadores de uma capacidade de leitura superior, tal leitura caracteriza um em cada quatro chineses (de Xangai) e pouco mais de 5% dos alunos portugueses, mas menos de 1% dos brasileiros. O nível 4, que exige uma leitura suscetível de permitir a compreensão ampla e integrativa do texto, incluindo o reconhecimento conceitual e abstrato do tema, é alcançado por mais de 60% dos alunos chineses (Xangai) e por cerca de 25% dos portugueses, mas por menos de 5% dos brasileiros.

Perante esses dados, é legítimo considerar com alguma ironia a proposta de Flores-Mendoza et al. (2012), referida no Capítulo 1, segundo a qual 10% dos alunos brasileiros são suficientes para assegurar o futuro do Brasil. O "capital humano" requer, sem dúvida, capacidades inatas, mas o desenvolvimento dessas capacidades através das experiências vividas na família e na escola é indispensável. O futuro do Brasil não fica assegurado com menos de 5% de adolescentes brasileiros que leem no nível 4 ou acima. O futuro do Brasil precisa de todos os brasileiros. Por isso – e porque, acima do interesse nacional, toda criança, brasileira ou não, tem o direito de se tornar uma excelente leitora –, a escola deve ser a melhor possível para todas elas.

Voltemos à crueza dos fatos e da sua análise estatística. Rios-Neto e Rodrigues (2012) estimaram a evolução dos desempenhos globais, isto é, em leitura, matemática e ciência, entre o PISA 2000 e o PISA 2009 em relação à "linha de privação educacional", que é análoga ao limiar da pobreza e que corresponde a um nível de conhecimento e de habilidades básicas abaixo do nível exigível para a idade e o ano escolar. A proporção de alunos situados abaixo da linha de privação educacional diminuiu entre os dois inquéritos em 7% no Brasil, mas entre 12 e 19% nos três países (Indonésia, Albânia e Peru) que, em 2000, tinham tido piores desempenhos do que ele, o que é um mau indicador para o Brasil. Quanto à proporção de alunos situados muito abaixo dessa linha, isto é, com muito mau desempenho, a diminuição foi de menos de 1% no Brasil e situou-se entre 2 e 4% naqueles países. Também este é um mau indicador. A grande "pobreza educacional" entre os adolescentes é quase estável no Brasil e diminui mais fora dele.

É um fato que, nos últimos anos, tem havido no Brasil um aumento considerável da produção científica e da inovação tecnológica. Esse aumento resulta provavelmente de uma política mais decidida de investimento na pesquisa teórica e aplicada, que permite maior aproveitamento das capacidades adquiridas por uma parte de pesquisadores e técnicos de alto nível. Assim, a porcentagem de artigos publicados por autores brasileiros, em relação ao total, em periódicos científicos internacionais indexados no Institute for Scientific Information (ISI) aumentou de 0,81 em 1996 para 1,92 em 2006. No entanto, essa atividade é essencialmente a de um ilhéu no País: cerca de 61% dos artigos publicados entre 2005 e 2009 provêm das 10 instituições mais produtivas do Estado de São Paulo e quase 30% de duas delas, USP e Unicamp (SCHWARTZMANN; CHRISTOPHE, 2009). Isso indica que o potencial para o desenvolvimento científico e tecnológico do Brasil tem pés de barro.

Pé de barro continua a ser a atual e historicamente recente universidade brasileira. Os portugueses evitaram desenvolver o ensino superior no Brasil, preferindo enviar os filhos da aristocracia, dos altos funcionários e dos grandes proprietários de terras para Portugal, sobretudo para a Universidade de Coimbra. A primeira criação estável de universidade só ocorreu em 1920, foi a do Rio de Janeiro, que agregou uma escola politécnica e duas faculdades, Medicina e Direito. Mais de uma dezena de anos depois, constituiu-se a Universidade de São Paulo, segundo um modelo integrador em que a Faculdade de Filosofia, Ciências e Letras proporcionava uma base comum de ensino, pré-requisito para as diversas formações profissionalizantes, combinando ensino e pesquisa. A partir dos anos 1970, a demanda de formação universitária tornou-se muito forte. Embora isso fosse positivo, o poder público, infelizmente, foi incapaz de organizar esse grau de ensino. A par de novas universidades federais e estaduais, multiplicaram-se as universidades e faculdades de iniciativa privada, a maioria de má qualidade, simples fornecedora de diplomas, e para as quais a pesquisa era a menor das preocupações (SOUZA, 1991). Esta é ainda a situação atual. Como o poder público vai responder ao desafio de uma demanda cada vez maior de acesso ao ensino superior e universitário, de tal maneira que este seja capaz não só de transmitir o conhecimento mais atualizado, mas também de gerar novo conhecimento? Saberá ele entender que, nos dias de hoje, não basta uma elite para fazer um grande país e que é indispensável o envolvimento de todo o seu povo?

UMA IDEIA FALSA: A IDADE CERTA

Voltemos à alfabetização. O Pacto Nacional pela Alfabetização na Idade Certa (PNAIC), implantado pelo Ministério da Educação (MEC) brasileiro, estabeleceu uma idade máxima (8 anos de idade/3º ano do ensino fundamental) para a alfabetização dos alunos da rede pública de ensino. A essa idade máxima, chamou o MEC de "idade certa". Quando se sabe que, em colégios particulares, muitas crianças entram no 1º ano dominando os fundamentos do código ortográfico da língua e a maioria está alfabetizada no fim desse ano, o plano de postergar o prazo da alfabetização no setor público, de longe o maior do Brasil, para o fim do 3º ano pode revelar a impotência de uma motivação dificilmente confessável, isto é, não poder ou não querer dar aos professores atuais e futuros tanto a formação quanto o *status* que as exigências e a importância de sua missão requerem.

Será que, para a maioria das crianças, há em absoluto uma idade mais apropriada do que outras para o começo da alfabetização? A realidade é que a idade de começo da alfabetização varia muito segundo os países. Na maior parte deles, começa-se a aprender a ler aos 6 anos. Na Grã-Bretanha, onde o ensino formal começa já aos 5 anos, é frequente haver uma "hora de literacia" no segundo semestre do ano anterior.[2] E em alguns países, como os do norte da Europa, o ensino formal é iniciado aos 7 anos. Essas diferenças resultam de tradições históricas e/ou de reformas que não são motivadas por um consenso científico, mas por reações políticas à observação dos resultados escolares. Na base dos estudos científicos, não há *uma* idade certa. Há crianças que começam a aprender a decodificar a escrita com êxito a partir dos 3 anos, e muitas outras poderiam fazê-lo desde os 4 anos, o que não é necessariamente uma razão para começar nessa idade.

Um relatório do Parlamento britânico de 2005 concluiu, com justeza, que a evidência científica não permitia responder à questão da melhor idade para começar a alfabetização. Além disso, os estudos que comparam os efeitos de um começo precoce e de um começo tardio da alfabetização nos desempenhos medidos alguns anos depois não indicam que haja uma vantagem consistente de um ou do outro (SUGGATE; SCHAUGHENCY; REESE, 2013).

Por seu lado, o sistema educativo não pode deixar de fixar idades para a preparação à alfabetização e para o início e o fim da alfabetização propriamente dita. Dentro dos limites impostos pelo desenvolvimento cognitivo,[3] essa fixação baseia-se em critérios que são políticos. Se o objetivo é formar uma elite, deixa-se às famílias de SSE elevado e às escolas particulares em que elas matriculam os seus filhos a possibilidade de estes estarem alfabetizados no fim do 1º ano escolar (geralmente entre os 6 e os 7 anos de idade ou até antes) e decreta-se que as crianças do povo precisam de três anos para aprender aquilo que as outras aprendem em um ano. Assim, a consequência do mito da idade certa avançado pelo PNAIC é garantir a reprodução da divisão da nação entre elite e massa. Se, pelo contrário, o objetivo é alfabetizar todas as crianças nas melhores condições para cada uma, a decisão política deve ser preparar para a leitura pelo menos no último ano da pré-escola (5 anos) e alfabetizar durante o 1º ano escolar (entre 6 e 7 anos), assegurando que o aluno ao fim do 1º ano possa ler e escrever com autonomia textos típicos da sua idade (não particularmente do seu meio social). Atingir esse objetivo requer que as pré-escolas, as escolas e os professores respectivos sejam em todas as redes, federais, estaduais, municipais e particulares, de alta qualidade. Estas são alternativas e opções políticas que, repito, nada têm a ver com a ciência. A ciência não pode ser responsabilizada pela escolha que se faz em um sentido ou outro, e a atitude que consiste em querer valer-se da ciência para propor um ou o outro caminho é pura demagogia.

Por que razão é importante preparar para a alfabetização? A primeira vertente dessa preparação é o desenvolvimento da língua oral em todos os seus componentes (fonológico, lexical – isto é, o vocabulário –, semântico, sintáxico e pragmático – ou seja, a compreensão da situação de comunicação) e em suas formas receptiva e expressiva. Esse desenvolvimento inter-relaciona-se com a aprendizagem do sistema escrito na medida em que a escrita habitualmente presente nos textos não é uma pura transcrição da língua oral. A criança deve ser habituada a processar a linguagem que foi codificada nos textos antes mesmo de poder decodificá-los e a pensar e a exprimir-se oralmente de uma maneira que reflete a influência da linguagem escrita. A segunda vertente é a familiarização com as características próprias da escrita e da sua leitura: em particular, a disposição e a direcionalidade das palavras no texto, o fato de as palavras serem constituídas por letras e variarem segundo a forma, a identidade e a ordem das letras e de podermos referir-nos às letras associando-as a um segmento fônico. Esta última aquisição permite preparar a criança à tomada de consciência dos fonemas. No fim da pré-escola, a criança deve poder indicar que, por exemplo, os sons iniciais das palavras "rato", "foge" e "gato" contêm, respectivamente, os segmentos fônicos "rr...", "f..." e "g...". Isso não é ainda consciência dos fonemas, mas já mostra sensibilidade ao fonema. A consciência do fonema só aparece, em geral, quando a criança é iniciada ao princípio alfabético e aprende a fazer corresponder grafemas e fonemas, o que implica uma representação mental abstrata do fonema, isto é, independente da vogal que a acompanha. Penso que não podemos dar uma resposta única, válida para todas as crianças, à questão de saber se é melhor ou não fazer compreender o princípio alfabético ainda na pré-escola. Muitas crianças já estarão manifestamente em condições para isso, mas outras não. O importante é que haja um acompanhamento individualizado para garantir que todas elas possam compreender o princípio alfabético e iniciar a aquisição dos mecanismos de decodificação e de recodificação logo nas primeiras semanas do 1º ano.

Em princípio, no que diz respeito ao desenvolvimento das capacidades perceptivas e cognitivas, que são requisitos para se aprender a ler, a maioria das crianças já dispõe delas aos 5 anos. Porém, as diferenças interindividuais em relação ao domínio e à riqueza da compreensão e da produção da linguagem oral, assim como aos conhecimentos já adquiridos sobre a escrita e a leitura, são tão consideráveis que a decisão política certa é confiar à pré-escola (entre 5 e 6 anos) a tarefa de trazer as crianças menos bem-preparadas até o nível das mais bem-preparadas. Em todo o caso, uma vez iniciado na escola o ensino formal, a alfabetização juntamente com a numeracia e a aritmética devem ser as missões prioritárias, visto que a linguagem escrita e a quantificação da informação e a manipulação precisa das quantidades não se desenvolvem espontaneamente e que essas duas funções constituem, há alguns milênios, o instrumento básico imprescindível para a aquisição de conhecimento.

Do mesmo modo que o poder público deve decidir sobre uma idade única de começo da alfabetização, calculada em anos, que seja tal que as desigualdades socioculturais preexistentes afetem o menos possível o nível alcançado no termo da alfabetização, também a idade para o fim esperado da alfabetização deve ser fixada de maneira a contrariar, e não a incentivar, essas desigualdades. Deve ser objetivo do poder público que, ao fim do 1º ano de escola, todas as crianças satisfaçam os mesmos critérios de uma alfabetização básica (saber ler e escrever com autonomia), o que não quer dizer que não haja diferenças entre elas tanto em relação ao tempo e à ajuda necessários quanto ao desempenho alcançado no fim daquele ano.

OUTRA IDEIA FALSA: O ALFABETO-NOTAÇÃO

O segundo mito sobre o qual está construído o atual programa de alfabetização estabelecido pelo MEC para as escolas públicas brasileiras é a afirmação de que o sistema alfabético de escrita não é um código, mas sim uma notação. Essa questão parece acadêmica, porém na realidade considerar o alfabeto como um código ou como um "sistema notacional"[4] tem profundas implicações. Ao rejeitar liminarmente que o alfabeto seja um código, os autores dos textos ministeriais destinados aos professores quiseram desvalorizar a importância da compreensão do princípio alfabético logo no início da alfabetização e, sobretudo, que o componente central da alfabetização seja o que de fato ele é: a aprendizagem dos mecanismos de codificação e de decodificação das palavras da língua.

Todo alfabeto funda-se no mesmo princípio, o da representação de fonemas por grafemas. Os fonemas são os elementos de base do código da fala, e tem tanto sentido dizer que os grafemas codificam os fonemas como tem sentido dizer que, no código genético, os aminoácidos codificam na "escrita" da proteína a sequência de bases do DNA. Como sabemos, existem muitos alfabetos, mas todos eles foram criados ou transformados respeitando o mesmo princípio. E o que permite codificar cada língua que se escreve por meio do mesmo alfabeto não é só o princípio alfabético, já que este é geral e as línguas têm as suas especificidades. De fato, a cada língua corresponde um código ortográfico particular, formado historicamente, que regula a codificação dos fonemas em grafemas e a decodificação dos grafemas em fonemas.

A esse respeito, recomendo a leitura de um artigo científico básico, intitulado *Perception of the Speech Code* (LIBERMAN et al., 1967). Para os seus autores, a relação entre as unidades da forma original e da forma codificada de uma informação (nesse caso, a forma fonológica e a forma acústica da fala) não é completamente arbitrária e as unidades de ambas podem não corresponder em estrutura e número. Eles justificam a utilização do termo "código" para a fala pelo fato de os sons da fala serem uma reestruturação da sequência de fonemas. Na medida em que a compreensão do princípio alfabético implica "perceber" que os caracteres escritos correspondem aos fonemas subjacentes na fala, a criança, ao entender a relação entre a fala e a escrita alfabética, está desvendando um código.[5] Além disso, ao longo da alfabetização, ela tem de aprender um segundo nível de reestruturação, este exigido pelo código ortográfico, o qual compreende vários tipos de regras que são necessárias para ler e escrever corretamente, por exemplo, "saro" e "rosa", em que se utilizam as mesmas letras, mas pelo menos três delas representam fonemas diferentes nas duas palavras.

Os mentores que aconselham o MEC querem fazer a economia da dupla compreensão do código da fala e do código ortográfico. Não podem! Sem elas, sem a aquisição dos mecanismos de codificação e decodificação, e sem o treino, a prática que permite a fluência na escrita e na leitura, não há alfabetização e não se desenvolve a literacia.

ENSINAR A LER NO BRASIL: O CAMINHO ERRADO

Não há, em absoluto, idade certa ou errada para alfabetizar, mas há, sem dúvida alguma, caminhos errados e caminhos certos. O caminho indicado pelo MEC, há pelo menos uma quinzena de anos, portanto, da responsabilidade de todos os governos de várias cores políticas que se têm sucedido, faz parte dos caminhos errados. Os Parâmetros Curriculares Nacionais (PCNs) foram aprovados entre 1997 e 1998. Resumo abaixo o que diz a seu respeito o documento "Alfabetização infantil: os novos caminhos", apresentado em 2003 à Comissão de Educação e Cultura da Câmara dos Deputados[6] por um grupo de trabalho constituído por sete especialistas.[7]

Os PCNs adotaram uma concepção da aprendizagem e do ensino da língua escrita que é coerente com a doutrina anglo-saxônica chamada *Whole Language*, que ficou conhecida no Brasil por "construtivismo" e que se apoia na teoria veiculada no livro *A psicogênese da língua escrita*, de Ferreiro e Teberosky (1986). Essa concepção consiste essencialmente em três ideias:

1) Aprender a ler é um ato natural, tão natural quanto aprender a falar, e resulta de interações com textos e adultos.
2) As crianças aprendem a ler fazendo hipóteses sobre a escrita, sobre o conteúdo dos textos, sobre o significado das palavras que eles contêm e até sobre as relações entre as letras e a pronúncia dos constituintes das palavras, aproveitando-se dos índices múltiplos que a situação de leitura oferece, e é assim que elas "constroem" o sentido da escrita e apreendem o alfabeto.
3) As crianças devem aprender a ler lendo (textos).

Vejamos, sucessivamente, porque essas ideias sobre a aprendizagem da leitura são falsas.
1) Aprender a ler não é um ato natural. Embora utilize potencialidades e capacidades de origem biológica, é, sim, um ato cultural e ocorre em contexto de ensino mais ou menos sistemático. Essa afirmação é partilhada por toda a comunidade científica internacional e interdisciplinar.
2) Obviamente, as crianças são capazes de refletir sobre o material escrito e de procurar adivinhar baseando-se nos índices disponíveis, justamente porque ainda não sabem ler e, às vezes, até acertam. Em geral, as crianças que nasceram e desenvolveram-se num meio letrado dispõem de muitos mais índices do que os outros; e acertam mais. Mas também elas precisam ser ensinadas e, em particular, alfabetizadas. O alfabeto não foi descoberto pela humanidade; foi inventado, é o resultado de um longo processo histórico de transformação dos sistemas de escrita. Sabemos, com base de estudos científicos, que não se pode pedir às crianças que descubram por si mesmas o que o alfabeto representa. Não se aprende a ler fazendo hipóteses sobre a escrita.
3) A ideia de que as crianças devem aprender a ler lendo é paradoxal e errada. Obviamente, aprender a ler é um longo processo, que inclui muita prática. Contudo, não é possível ler um texto, por mais simples que seja, no verdadeiro sentido de ler, se não se souber identificar nenhuma ou mesmo poucas palavras do texto. Hoje sabemos que a habilidade de identificação das palavras escritas (no estágio inicial da aprendizagem, a identificação ainda se baseia em grande parte na decodificação) deve atingir um nível que já permita decodificar, identificar (portanto ler) a maioria das palavras de um texto para se poder lê-lo com suficiente compreensão.[8] É crucial que, antes mesmo de aprender a ler e em fase de aprendizagem, a criança seja exposta à escrita e à linguagem típica da escrita, incluindo a sua sonoridade, entoação, sintaxe e semântica, mas não se aprende a ler lendo. Se queremos que a criança leia realmente e não se limite a reconhecer palavras como reconhece uma forma ou o desenho de um objeto, temos de alfabetizá-la.

Os PCNs dizem não recomendar um método, mas sim uma filosofia sobre a maneira de ensinar as crianças a ler, mais precisamente de acompanhá-las em sua descoberta e "construção" da leitura e da escrita. De fato, nem nos PCNs nem nos documentos mais recentes do MEC sobre alfabetização[9] se propõe ou descreve qualquer método, seja ele bom ou ruim. O professor é deixado à sua espontaneidade e às suas crenças, mas com a instrução de que a sua crença seja a construtivista. Métodos não são necessários quando todo o processo de aquisição da linguagem escrita é visto como sujeito à singularidade das capacidades e das experiências individuais e orientado para objetivos de inserção social não menos indefinidos.

A adoção da concepção construtivista da aprendizagem da leitura e da escrita no Brasil fez-se, por um lado, falsificando a história e, por outro lado, ignorando completamente o conhecimento científico que desde os anos de 1970 já apontava claramente outro caminho e que se consolidou nos anos de 1980. Consideremos primeiro a falsificação da história. Segundo um livro organizado por Santos e Mendonça (2007) e editado pelo MEC, a alfabetização, definida como ensino das habilidades de codificação e decodificação, penetrou nas salas de aula, no fim do século XIX, através de métodos que procuravam padronizar a aprendizagem: métodos silábicos ou fônicos e métodos globais.[10] Os autores desse livro esquecem-se, ou não sabem, que os métodos fônicos assentam-se em princípios muito diferentes dos métodos alfabéticos (bê-á-bá) ou silábicos bastante utilizados antigamente: os seus princípios fundamentais são a tomada de consciência dos fonemas e o desenvolvimento de processos de codificação e decodificação baseados nas correspondências entre fonemas e grafemas e em unidades grafofonológicas maiores do que o grafema e o fonema.

Segundo o livro citado, os estudos de Ferreiro e Teberosky que chegaram na década de 1980 mostraram que as crianças, "[...] interagindo com a língua escrita através de seus usos e funções [...] e não a partir da leitura de textos 'forjados' como os presentes nas 'cartilhas tradicionais [...]'" (FERREIRO; TEBEROSKY, 1986, p. 15-16), passam espontaneamente por quatro fases de aprendizagem da escrita alfabética, que vão da pré-silábica à alfabética. Não julgo relevante alongar-me aqui sobre essa hipótese de quatro fases de aprendizagem. Ela foi posta de lado por estudos científicos rigorosos realizados no Brasil já neste século (CARDOSO-MARTINS et al., 2006; TREIMAN et al., 2013) e publicados em revistas internacionais de topo e reconhecidas como sendo de grande exigência. Assim, aquele que é o único argumento empírico no qual pretende fundar-se a proposta construtivista de Ferreiro e Teberosky para a alfabetização não existe mais.[11]

Como os desempenhos escolares no Brasil não melhoraram com a adoção dessa proposta, a sua ineficácia foi reconhecida por alguns de seus mentores ou simpatizantes. As crianças não aprendiam. Reconhecendo a realidade dos fatos, uma respeitada linguista, Magda Soares, publicou em 2003 um artigo intitulado "A reinvenção da alfabetização", no qual escreveu: "[...] a questão é grave. Não podemos deixar esses milhões de alunos, crianças e jovens, saírem da escola semialfabetizados, quando não saem analfabetos [...]" (SOARES, 2003, p. 16). No resumo, ela lembrou a necessidade de aprender uma técnica: "Chamo a escrita de técnica, pois aprender a ler e a escrever envolve relacionar sons com letras, fonemas com grafemas, para codificar ou para decodificar [...]" (SOARES, 2003, p. 15). Essa pedrada no charco fez com que os construtivistas reconhecessem a necessidade de desenvolver a consciência fonológica, de levar em conta as relações grafema-fonema, porém, à leitura dos textos do MEC, é forçoso concluir que essas concessões foram feitas a contragosto, através de leves referências, e que de modo nenhum eles se aproximaram de uma abordagem fônica da alfabetização. Como veremos mais adiante, a compreensão do fato de o alfabeto representar fonemas e de, dada a natureza do fonema, ele ser um código, e da necessidade de conduzir a criança a tomar consciência dos fonemas e de, a partir daí, ensinar-lhe a decodificar e a codificar, continuam a ser espantalhos para os construtivistas.

Expostos a tal clivagem entre alfabetização e letramento, os adeptos do construtivismo tentaram superá-la afirmando que se trata de alfabetizar letrando ou mesmo de aprender a ler letrando. Como chegaram a essa ideia? Segundo o livro organizado por Santos e Mendonça, há no Brasil "[...] um alto índice de analfabetos, mas não de 'iletrados', pois sabemos que um sujeito que não domina a escrita alfabética, seja criança, seja adulto, envolve-se em práticas de leitura através da mediação de uma pessoa alfabetizada [...]" (SANTOS; MENDONÇA, 2007, p. 16-17).[12] Como exemplo, mostram as crianças que escutam histórias lidas para elas por adultos e que depois pegam num livrinho e fingem que leem a história usando a linguagem típica desse gênero. No fundo, a ideia é de que basta viver em meio letrado para que todo o mundo seja letrado ou tenha algum grau de "letramento".[13]

Já tratei anteriormente da questão de saber a partir de quando, no decurso da alfabetização e tendo-se em conta o conhecimento do vocabulário e dos temas, é possível praticar a decodificação em um contexto de leitura de textos. Na fase inicial, a decodificação tem de ser ensinada com material que seja escolhido especificamente para esse fim e permita a inteira focalização da atenção nas correspondências grafema-fonema e no processo de integração da sequência de fonemas. A reinvenção construtivista da alfabetização é, na realidade, uma forma de continuar a negar a importância dessa fase inicial da alfabetização, com o enorme risco de que a criança, solicitada pelo sentido dos textos, não dedique as suas capacidades de atenção seletiva e de processamento cognitivo à componente específica da leitura. "O ideal seria alfabetizar letrando, ou seja: ensinar a ler e escrever no contexto das práticas sociais da leitura e da escrita [...]", escreveu Soares (1998, p. 47). Ideal por quê? É assim tão bizarro fazer a criança adquirir e treinar os processos da leitura e da escrita com toda a sua atenção voltada para eles e deixar-lhe outras ocasiões para ser confrontada aos textos de diferentes gêneros? Será inútil, contraproducente, mostrar a um jogador principiante, fora de uma partida verdadeira entre dois times, o que deve fazer e não fazer para driblar um adversário ou chutar com êxito um pênalti? Como no futebol, também na alfabetização muito treino específico é necessário, o que não impede que algum tempo seja dedicado à leitura de textos acessíveis, pelo tonificante e gratificante prazer de ler.

O construtivismo brasileiro na educação tornou-se possível porque ele soberbamente desprezou informar-se sobre o conhecimento científico.[14] São poucos, mas existem os artigos científicos escritos por pesquisadores brasileiros e publicados em revistas internacionais depois de passarem pelo crivo do parecer dos seus pares. De qualquer modo, não são citados nos textos construtivistas, e talvez nem sequer tenham sido lidos. Quanto aos artigos científicos publicados por pesquisadores estrangeiros, geralmente em língua inglesa, é raríssimo encontrar referência a eles nesses textos ou nos extensos documentos ministeriais. Será intencional, ou será ignorância de que existe um vasto corpo de conhecimentos sobre a aprendizagem da leitura e da escrita? Por que o MEC só conhece meia dúzia de autores, todos construtivistas, que por sua vez não conhecem mais ninguém? São atacados de maneira anônima os muitos pesquisadores que, baseando-se nesses conhecimentos, têm defendido a adoção de métodos fônicos, mas não são expostos os seus argumentos (sem dúvida porque os seus trabalhos não foram lidos), e o que é dito sobre esses métodos é significativamente deturpado e ridicularizado. No fim de contas, também os textos não construtivistas têm utilidade social num debate que deveria ser aberto e, portanto, também eles deveriam ser propostos aos professores para que estes formem suas próprias opiniões por meio da livre reflexão.

Em que, essencialmente, as pesquisas construtivistas e as pesquisas da psicologia e da neurociência cognitivas diferem do ponto de vista metodológico? As primeiras utilizam a observação de comportamentos individuais guiada por hipóteses e procuram a confirmação dessas hipóteses. As segundas utilizam sobretudo situações experimentais, geralmente comparando grupos submetidos a tratamentos diferentes, mas que são semelhantes em relação a todas as outras variáveis que se suspeita poderem influenciar os resultados; enfim, os resultados obtidos são objeto de análises estatísticas rigorosas e as exigências para sua publicação são muito fortes. Não deveriam os responsáveis pela política de alfabetização no Brasil informar-se na fonte sobre a metodologia e os resultados das muitas pesquisas pertinentes para a alfabetização infantil, ou, visto que elas são demasiado numerosas, reunir os mais prestigiados cientistas do domínio para escutá-los? Até quando os níveis brasileiros do PISA em leitura deverão manter-se tão baixos para que haja, enfim, uma mudança de política que leve em conta as evidências científicas?

O que dizem (ou não dizem) os autores construtivistas e o que recomendam (ou não recomendam) os documentos do MEC que vão contra as evidências científicas? Não sendo possível dedicar neste livro todo o espaço que tal questão mereceria, relevo uma só ideia.

Eles dizem que alfabetizar uma criança (ou um adulto) é fazer com que ela (ele) se aproprie do "Sistema Alfabético de Escrita". Muito bem, todo o mundo está de acordo. Mas o que é o sistema alfabético de escrita? Nós sabemos, mas os construtivistas não o dizem, que é um sistema de escrita que representa os fonemas da língua oral e que as regras de codificação dos fonemas em grafemas formam o código ortográfico da língua. Cada palavra dessa definição mereceu a minha atenção nos Capítulos 1 e 3 deste livro e, portanto, remeto o leitor para eles. Porém, lembro que não se pode saber o que é o alfabeto sem saber o que são fonemas, uma vez que o alfabeto representa fonemas. Li um grande número de textos do MEC e em nenhum deles encontrei uma explicação do que são fonemas nem, por conseguinte, do que são grafemas, embora algumas vezes, poucas, fale-se em correspondências entre grafemas e fonemas.[15] Isso explica, sem dúvida, o fato de os seus autores aconselharem que se façam com os alunos exercícios sobre palavras que, na realidade, não os incitam a descobrir a unidade abstrata do fonema: são exercícios que põem em evidência letras, sílabas e rimas.[16]

A ignorância é grave porque conduz ao erro. Assim, quando no *Caderno de formação 1º ano – 1* se diz que "[...] as letras notam segmentos sonoros menores que as sílabas orais que pronunciamos [...]" (BRASIL, 2012a, p. 21), cometem-se dois erros: primeiro, as letras não notam segmentos sonoros; segundo, há unidades menores do que a sílaba que não são fonemas (no português brasileiro, pode ser o caso do ataque consonântico e da rima, por exemplo em "br-eu").[17] Mais adiante, sugere-se um instrumento de registro da aprendizagem (BRASIL, 2012a, p. 38), o que em princípio é uma ótima ideia. Só que, dos 13 itens considerados, não há nenhum que permita avaliar se o aluno adquiriu a consciência dos fonemas, o que é uma omissão gravíssima, já que nós vimos que a tomada de consciência dos fonemas, que é um componente necessário para a compreensão do princípio alfabético, é a primeira aquisição no processo de alfabetização. Não só não se prevê nenhum item para avaliar a tomada de consciência dos fonemas, como também não se prevê nenhum exercício para suscitá-la.

No *Caderno de formação 1º ano – 3*, p. 10, apresenta-se um quadro (cuja fonte é A. Morais, 2012, que obviamente não sou eu) com dez propriedades do Sistema Alfabético de Escrita.[18] Seis referem-se às letras ou às marcas dos acentos, um à já indicada "pauta sonora da palavra", outro repete a confusão entre letra (ou som) e parte menor do que a sílaba, outro insiste em que as letras notam sons e o último fala das diferentes estruturas das sílabas. E o fonema, onde o esconderam? Será esta uma conspiração antifonema, ou ele é simplesmente desconhecido? Na p. 16 do mesmo *Caderno*, podemos encontrar um pequeno parágrafo que merece ser reproduzido e analisado:

> É preciso compreendermos que a criança ainda não pensa em 'fonemas isolados', tal como o faz um linguista. Ela sabe, por exemplo, que cavalo e cofre 'começam parecido', mas não precisa ser capaz de pronunciar o fonema /k/ isolado, para ter tal conhecimento e escrever com uma convencionalidade mínima, que nos permite ler e entender o que ela notou. (BRASIL, 2012b, p. 16).

Nessas linhas há uma afirmação justa e várias incorretas. De fato, a criança não pensa como um linguista, nem sequer teria sentido falar-lhe de fonema. Contudo, ela precisa ter a intuição daquilo a que chamamos de fonema e deve poder representar essa intuição (mesmo que lhe chame "pedacinho de som") de maneira isolada para, como já disse, vir a adquirir o processo de decodificação na leitura (e de codificação na escrita). Acrescento que ter a intuição do fonema /k/ isolado não significa ser capaz de pronunciá-lo, pois ninguém é capaz de pronunciá-lo isolado. Na produção, ele é necessariamente acompanhado por uma vogal, e o que produzimos é uma sílaba. De qualquer modo, o que aquele parágrafo revela é que, mesmo que os seus autores não tenham conhecimentos precisos em alguns campos da fonologia e sobre a escrita alfabética (deveriam ter), eles certamente leram textos sobre os métodos fônicos e, ou não compreenderam bem, ou quiseram ridicularizar esses métodos atribuindo-lhes a insana intenção de tratar as crianças como se fossem linguistas.

Sempre na mesma veia, os autores falam de maneira positiva em consciência fonológica (BRASIL, 2012b, p. 17), um conceito geral, e dizem que "[...] não devemos nunca reduzir consciência fonológica à consciência sobre os fonemas das palavras" (p. 22), o que, posso tranquilizá-los, ninguém faz.[19] Onde a má-fé transparece é quando, para apoiar essa ideia, acrescentam, sem que haja relação lógica, que

> [...] mesmo crianças já alfabetizadas (inclusive por métodos fônicos) são praticamente incapazes de segmentar [...] uma palavra [...] em fonemas, contá-los sem estar pensando sobre as letras [...], adicionar ou subtrair fonemas no início de uma palavra. (BRASIL, 2012b, p. 22).

Ora, a maioria das crianças é capaz de tudo isso no fim do 1º ano, aparentemente não na maior parte das escolas públicas do Brasil, mas certamente em muitos outros países, incluindo Portugal, e até no Brasil quando se trata de escolas onde a alfabetização não vai pelo caminho errado.

Como esperar que, depois de voltar do avesso os resultados de toda uma literatura experimental publicada, o *Caderno de formação* do MEC informe corretamente sobre os métodos fônicos?

> Nos métodos fônicos, os alfabetizandos são treinados a pronunciar isoladamente os fonemas das palavras. Seus autores e defensores acreditam que, segmentando oralmente os fonemas das palavras e memorizando as letras a eles correspondentes, as crianças dominariam a escrita [...] (BRASIL, 2012b, p. 23).

Este é o retrato, irreconhecível, dos métodos fônicos feitos por alguns construtivistas, infelizmente aqueles que se entrincheiraram no MEC.

O objetivo do 3º ano em matéria de "apropriação do sistema alfabético", segundo o *Caderno de formação* respectivo, é a "consolidação das correspondências letra-som" (cf. Sumário, p. 3, e seguintes), confirmando o fato já assinalado de que o MEC quer que os alunos brasileiros da rede pública alcancem em três anos o que poderiam adquirir em apenas um, isto é, ler e escrever com autonomia. Os autores do *Caderno* previnem que "[...] não é difícil encontrarmos situações em que o professor se depara com alunos que chegam ao ano 3 sem o domínio inicial [sic!] do SEA." (BRASIL, 2012c, p. 7). Dito de outro modo, é como se no 3º ano ainda fossem começar a alfabetização. Depois de tanta exposição a textos de todos os gêneros, de as crianças fazerem de conta que leem e de os professores fazerem de conta que as crianças são letradas, pelo menos dois anos perderam-se para a alfabetização, deixando esses alunos desencorajados e conscientes de não saberem ler. Que propõe o MEC? Que se desenvolvam "[...] estratégias de trabalho (para que), ao término do ano, [...] pelo menos [...] tenham aprendido muitas das correspondências letra-som de nossa língua" (BRASIL, 2012c, p. 7). Nessas estratégias de trabalho não figuram certamente as atividades que permitem a tomada de consciência dos fonemas, a aquisição do conjunto das correspondências grafema-fonema e a passagem a unidades grafofonológicas maiores, de modo que, ao fim do 4º, ao fim do 5º, e quiçá até o fim da sua vida, muitos desses alunos continuam sem saber ler. Espera-os, quando forem adolescentes e adultos, a triste condenação social a que foram conduzidos pela mística do uso supostamente social dos textos e dos gêneros. De qualquer modo, os alunos que seguiram o percurso considerado normal pelos autores do *Caderno de formação 3º ano – 3* não estão muito mais avançados, já que o objetivo do 3º ano é ensinar a ortografia, isto é, "[...] chamar a atenção dos alunos para algumas [sic!] relações som-grafia presentes na norma [...]" (BRASIL, 2012c, p. 20).[20]

ENSINAR A LER NO BRASIL: O CAMINHO CERTO

O construtivismo é um caminho errado para a alfabetização, mas há um caminho certo, apoiado por dados científicos. O caminho certo para a alfabetização é, em primeiro lugar, fazer os alunos compreender que o princípio alfabético é a representação dos fonemas por grafemas (letras, uma ou mais) e promover, através de atividades apropriadas, representações fonêmicas suficientemente precisas e robustas que sustentem eficazmente as operações mentais de decodificação (na leitura) e de codificação (na escrita). É, em segundo lugar, mostrar-lhes que a representação dos fonemas por grafemas se faz segundo regras, isto é, segundo o código ortográfico da língua, e, através do ensino direto e da prática acompanhada da leitura, fazê-los dominar o código, seja por um conhecimento explícito, seja por um conhecimento implícito dessas regras.

Esta é a essência dos métodos fônicos. A concretização desses princípios pode ser diversa, por exemplo, com insistência maior ou menor na abordagem analítica da compreensão do princípio alfabético (fazer descobrir os fonemas na sílaba, falada e escrita) ou na abordagem sintética (fazer "sentir" o fonema através de várias pistas acústicas, articulatórias, e mostrar como dois fonemas sucessivos – consoante e vogal – podem fundir-se numa sílaba, falada e escrita). Em qualquer dos casos, a atenção do aluno é chamada para as duas formas, a falada e a escrita, e para a relação que elas mantêm através de todos os exemplos utilizados.

Todo método fônico exige uma intervenção diretora da reflexão do aluno por parte do professor, exige um trabalho sistemático, uma progressão do simples ao complexo e a verificação regular da solidez das aquisições. Este é o caminho certo, mas em todo caminho há obstáculos e há também as características do caminhante, sobretudo o seu equipamento cognitivo e linguístico, as suas motivações, os seus afetos. Cabe ao professor descobrir, para cada aluno, onde ele deve pôr os pés, como evitar que tropece e como levantá-lo quando cai. Tudo isso pode e deve ser objeto de pesquisa pedagógica. Não faz parte dos propósitos deste livro.

Existe, há mais de duas décadas, uma literatura científica de autores brasileiros, baseada em trabalhos experimentais e publicada em revistas internacionais com comitê de leitura, que o MEC parece desconhecer, mas que confirma a importância da abordagem fônica ou põe em evidência a evolução dos desempenhos segundo variáveis contempladas nessa abordagem. Assim, Cláudia Cardoso-Martins (1991, 1995) da UFMG, chamou a atenção, baseando-se em dados obtidos com amostras de crianças brasileiras, para o papel determinante da consciência fonêmica na alfabetização.[21] Ângela Pinheiro (1995) e Tatiana Pollo, Brett Kessler e Rebeca Treiman (2009) publicaram estudos relevantes sobre o desenvolvimento da leitura e da escrita, respectivamente.[22] Leonor Scliar-Cabral, linguista e professora emérita da Universidade Federal de Santa Catarina, publicou em 2003 uma obra da maior importância para os professores da língua portuguesa, *Princípios do sistema alfabético do português do Brasil*, e acaba de propor um novo método específico (Scliar-Cabral, 2013) e material para a alfabetização, no âmbito da abordagem fônica, fundamentado nas descobertas recentes das neurociências. Porém, globalmente, a universidade brasileira tem sido, sobretudo ao longo de todos esses anos, um bastião do dogma construtivista. Penso que isso se deve em grande parte à debilidade, no Brasil, da psicologia cognitiva e experimental e da psicologia do desenvolvimento e da educação e à falta de tradição científica consistente nesses domínios.[23]

Fora da universidade, deve salientar-se a ação do Instituto Alfa e Beto [(2014)],[24] que, sob a direção do seu presidente, o professor João Batista Araújo e Oliveira, tem promovido a abordagem fônica da alfabetização em muitas escolas públicas situadas em vários Estados do Brasil e já alfabetizou mais de um milhão de crianças na idade certa, isto é, entre os 6 e os 7 anos.

Dando mais uma vez a palavra à ciência, mostrarei em seguida, através de alguns exemplos, como os estudos mais recentes realizados no âmbito da ciência e da neurociência cognitivas têm confirmado os princípios do método fônico de alfabetização.

Um componente do potencial elétrico registrado sobre o crânio em resposta a um estímulo auditivo ou visual, a N170, reflete a perícia perceptiva que resulta de uma experiência acumulada no processamento desse estímulo. Já se sabia que a N170 é observada no hemisfério esquerdo em resposta a palavras escritas e corresponde à atividade neural da VWFA, a área occipitotemporal que processa a forma das palavras escritas. Também já se sabia que a N170 pode ser modulada pela focalização da atenção sobre as representações linguísticas associadas às características da forma do estímulo e que o efeito da perícia sobre a N170 no que diz respeito às palavras escritas emerge durante a aprendizagem da leitura. Isso conduziu a formular a hipótese de "mapeamento fonológico", segundo a qual esse efeito deve-se à operação tantas vezes repetida da decodificação grafema-fonema das palavras escritas.

Recentemente, Yoncheva et al. (2012) treinaram dois grupos de adultos alfabetizados a lerem palavras da língua inglesa (todas CVC, isto é, consoante-vogal-consoante) escritas por meio de um outro alfabeto, artificial e, portanto, desconhecido de todos eles. Os grupos recebiam exatamente os mesmos estímulos e só diferiam pelas instruções dadas no início do treino. Um dos grupos devia criar associações globalmente entre cada forma escrita e a palavra que ela representava, enquanto o outro grupo era convidado a focalizar a sua atenção nas três partes da palavra escrita. A única manipulação consistia, portanto, em um simples *slide* apresentado antes do treino, que orientava a atenção para a forma global ou para os constituintes da forma. As "letras" eram apresentadas verticalmente, para evitar qualquer semelhança com as palavras escritas conhecidas, e estavam ligadas fisicamente a fim de permitir a sua integração numa figura e facilitar o processamento global. A N170 era registrada depois do treino, durante uma tarefa de verificação da capacidade de leitura em que se apresentava uma palavra escrita por meio desse alfabeto artificial juntamente com uma palavra oral, e o participante tinha apenas de apertar uma tecla para indicar se correspondiam ou não. Essa tarefa incluía 16 palavras já treinadas e 16 palavras novas, construídas com as "letras" já vistas.

Com as palavras já treinadas, o grupo "global" foi mais preciso do que o grupo "grafema-fonema" (95% de respostas corretas, contra 89%) e mais rápido. Porém, com as palavras novas, a precisão do grupo "global" não diferiu significativamente do nível do acaso (58% de acertos), enquanto o grupo "grafema-fonema" foi muito melhor (78,5% de acertos). Moral da história (já demonstrada em muitos trabalhos anteriores): o processamento global permite ler palavras já conhecidas (desde que não sejam muitas), enquanto a decodificação grafema-fonema permite ler todas as palavras possíveis de se escrever com base em determinado alfabeto.

Nos dois grupos, a N170 estava topograficamente associada a uma atividade neural na região occipitotemporal inferior. O grupo "global" mostrou, em reação às "palavras" escritas do teste, uma N170 mais ampla no hemisfério direito (aquilo que se tem observado em outros estudos quando se apresentam imagens de faces e de objetos, como, p. ex., carros), refletindo a sua familiaridade com as figuras[25] já conhecidas. Ao contrário, o grupo que focalizou a sua atenção nos constituintes grafema-fonema mostrou uma N170 lateralizada no hemisfério esquerdo, isto é, decorrente da atividade na VWFA. Esses resultados indicam que ambos os modos de processamento conduzem a aprendizagens, mas que só o processamento grafema-fonema, característico da alfabetização, conduz à emergência da atividade neural típica da perícia em leitura.

É possível aprender a reconhecer palavras como se aprende a reconhecer objetos, ou seja, de maneira global; foi o que fizeram os participantes do grupo "global". Porém, ler é um tipo particular de reconhecimento. Por duas razões: porque utiliza processos específicos de decodificação durante a aprendizagem e de acesso automático a uma memória ortográfica lexical no estágio hábil; e porque esse processamento específico, no caso dos sistemas fonográficos, permite ir além do reconhecimento, permite identificar aquilo que não é conhecido, em duas palavras, permite ler tudo, tanto o que já é familiar quanto o que ainda é novidade.

ALGURES, LÁ LONGE...

Obviamente, não é só a natureza do método de alfabetização que determina o processo de aprendizagem da leitura e da escrita e o seu desfecho. O meio sociocultural da família e próximo da família, as interações com os outros e sobretudo com os pais, as experiências na pré-escola, o próprio meio escolar, as características do professor e, naturalmente, as do aluno, assim como a interação complexa entre essas características e o tipo de instrução, tudo isso tem influência. O Brasil é um país com uma elite rica, uma parte da qual é culta, uma classe média crescente, mas ainda em grande parte inculta, e uma enorme massa popular que é pobre ou muito pobre. Para terminar este capítulo sobre o Brasil, evocarei um país longínquo de características socioeconômicas muito diferentes, a Nova Zelândia: a maioria goza de um nível socioeconômico médio, médio-alto ou alto, e a pobreza afeta especialmente uma população inferiorizada pela dominação infligida aos autóctones e aos migrantes de outras ilhas do Pacífico.

No PISA de 2012, no que se refere à leitura, a Nova Zelândia ficou com uma pontuação muito desejável para os brasileiros: 512, em equidade com a Austrália, um país com características históricas semelhantes, também de expressão inglesa e com os seus 'índios" ou os seus "negros". Muitos dos seus alunos são bons leitores. Porém, as desigualdades em leitura são muito grandes.[26] O que se critica principalmene é o fato de muitas crianças de SSE baixo, ou filhas de Maoris e de oriundos de ilhas do Pacífico, como Samoa, Tonga e Cook, ficarem para trás no processo de alfabetização e de literacia.[27]

Nos últimos 25 anos, a orientação pedagógica dominante na Nova Zelândia tem sido uma combinação de construtivismo, de *Whole Language* e da teoria dos índices múltiplos (esta fora proposta nos anos de 1960 pelo psicólogo norte-americano Ken Goodman). A ideia é de que basta uma informação mínima, um índice parcial, sobre a palavra para que o leitor (e o aprendiz de leitor), tendo elaborado uma ou mais hipóteses com base no que sabe a respeito do texto, das frases anteriores, das eventuais imagens e dos seus conhecimentos prévios, possa obter a confirmação que lhe permita avançar na leitura. Nessa concepção, a leitura é, portanto, uma sequência de adivinhações. A educadora Marie Clay tornou-se a figura de referência dessa pedagogia da leitura e da escrita que deixa pouco ou nenhum papel à tomada de consciência dos fonemas e ao ensino explícito e sistemático da decodificação e codificação com base nas correspondências grafema-fonema.

Em 1999, o Ministério da Educação da Nova Zelândia criou um Grupo de Peritos em Literacia para aconselhar a Literacy Taskforce, instância encarregada de redefinir a política da alfabetização e, em particular, o programa de Reading Recovery, destinado aos alunos em dificuldade. Esse programa, delineado ainda nos anos 1970, portanto antes do grande surto de pesquisas científicas sobre a leitura, foi introduzido no fim dos anos 1980 e é supervisado pelo Marie Clay Literacy Trust, responsável pela marca registada e pelos direitos de todos os materiais, os quais não podem ser modificados sem o seu consentimento. O Grupo de Peritos defraudou as expectativas da *Taskforce*, porque recomendou mais ênfase na promoção da consciência fonológica e no uso dos padrões grafofonológicos para identificar as palavras não familiares. Essas recomendações foram rejeitadas. O Ministério da Educação neozelandês insistiu nas estratégias para melhorar a compreensão que os alunos deveriam demonstrar e desencorajaram os professores a efetuar avaliações sistemáticas das habilidades relacionadas com o princípio e com o código alfabéticos. Nenhuma avaliação dessas habilidades deveria ser feita antes do fim do 1º ano porque as crianças precisariam de tempo para se adaptar à escola e ter ocasiões de desenvolver atividades de literacia (no sentido de letramento). Lembrando a necessidade de uma avaliação inicial logo à entrada, Wagner (2008) chamou essa atitude de *"wait-to-fail"* (esperar para falhar).

De acordo com um documento de 2013, intitulado "Por que tem falhado a estratégia nacional da literacia na Nova Zelândia e o que se pode fazer" (TUNMER et al., 2013),[28] os professores neozelandeses são em geral muito bons e as grandes desigualdades em leitura são sobretudo o resultado das decisões políticas do Ministério da Educação nos últimos 15 anos. Este deixou de atacar tão frontalmente o papel da fonologia, mas editou em 2003 um texto intitulado *Sound sense: phonics and phonological awareness*, no qual insistiu na ideia de que é mais provável que as crianças associem as habilidades fonológicas à leitura de textos se estiverem envolvidas em atividades de descoberta por elas mesmas. Continuou vigente o preceito de Clay, segundo o qual, se a criança mostrar uma tendência a utilizar as letras para identificar as palavras desconhecidas, o professor deve orientá-la para o significado do texto e para o seu conhecimento da estrutura da linguagem como base da sua tomada de decisão.

A metanálise do National Reading Panel mostrou em 2000 que a instrução fônica tem efeitos muito mais benéficos para as crianças de SSE baixo do que para as de SSE alto. Por quê? Porque grande parte delas, quando começam a aprendizagem da leitura na escola, já dispõe de uma bagagem de conhecimento da linguagem e da escrita, incluindo as letras do alfabeto, que é muito mais rica do que a das outras. Com o que já sabem acerca das bases do alfabeto e da sua associação com a fonologia, estão em condições de compreender o princípio alfabético mais facilmente e de utilizar as correspondências grafema-fonema. Por conseguinte, para essas crianças, as atividades de leitura, mesmo de textos, tornam-se mais acessíveis e gratificantes. Ao contrário, a maior parte das crianças de SSE baixo, sem tal bagagem, fica desmotivada para tentar compreender textos cujas palavras nem sequer conseguem ler, e instaura-se nelas a certeza de sua incapacidade.[29]

Se esse encontro com outro país e outras personagens fizesse parte de uma narrativa fictícia, este capítulo poderia ser encerrado com o habitual aviso: toda e qualquer semelhança com lugares e pessoas reais é inteiramente mera coincidência...

PARE, ESCUTE E OLHE

Parar, escutar e olhar é o que devemos fazer antes de atravessarmos uma via férrea. No Brasil, o MEC e as secretarias estaduais de Educação, que se amarraram aos seus dogmas sobre a alfabetização, decidiram não olhar, não escutar e, sobretudo, seguir em frente, doa a quem doer. Sigam em frente, professoras, professores, meninas e meninos...

Disse anteriormente que, em 2003, tinha sido apresentado à Comissão de Educação e Cultura da Câmara dos Deputados da República do Brasil um documento intitulado "Alfabetização infantil: os novos caminhos", que mostrava a necessidade de mudar a política de alfabetização neste País. O documento foi ignorado. Mais recentemente, em 2011, a Academia Brasileira de Ciências publicou um estudo estratégico intitulado "Aprendizagem Infantil. Uma abordagem da neurociência, economia e psicologia cognitiva", sob a coordenação de Aloisio Araújo (2011). O estudo inclui, no que se refere à alfabetização, um artigo de João Batista Araújo e Oliveira e de Luiz Carlos Faria da Silva (2011, p. 81-133), em que – são as palavras do coordenador – os autores "[...] arguem que é importante que se introduzam práticas do método fônico nos processos de alfabetização das crianças brasileiras. A ausência de tal prática tem provocado vários prejuízos para o processo de alfabetização no Brasil [...]" (OLIVEIRA; SILVA, 2011, p. xi). Não retomarei aqui esse extenso e aprofundado artigo, que aborda, além de outras questões, muitas das que tratei neste livro, nem outro, sobre "[...] as bases neurobiológicas da aprendizagem da leitura [...]" (p. 37-78), de Erasmo Barbante Casella, Edson Amaro Jr. e Jaderson Costa da Costa (2011) (veja-se, em nota de rodapé, uma frase de cada um dos artigos sobre a especificidade da alfabetização).[30] Sublinho, no entanto, algumas das "conclusões e recomendações do grupo de trabalho sobre educação infantil": "Alfabetização: devem ser utilizados métodos baseados em evidências científicas." (ARAÚJO, 2011, p. 5). "Reforçar a importância da capacidade de decodificação fonológica no início da alfabetização." (ARAÚJO, 2011, p. 6). "Estimular a leitura em voz alta, considerando que isso contribui para a ativação da área cerebral relacionada ao processamento auditivo, favorecendo o desenvolvimento da capacidade da associação fonema-grafema." (ARAÚJO, 2011, p. 6). "Rever as orientações sobre formação de professores alfabetizadores, assegurando que essa formação seja feita de forma teórica e prática e em consonância com princípios científicos atualizados, consistentes com a ciência cognitiva da leitura." (ARAÚJO, 2011, p. 7).

Difundido em 2011, não há o menor traço dessas ideias e sugestões nos documentos mais recentes do MEC brasileiro, que citei anteriormente. O MEC não escutou, não olhou, nem a Comissão da Câmara de Deputados, nem a Academia brasileira de Ciências. Continuou na sua. *Quousque tandem...?*

NOTAS

1   Em princípio, a amostra deveria refletir a proporção de alunos nessa faixa etária que, no conjunto da população, frequentam os diferentes anos escolares entre o 6º e o 9º.
2   Nos Estados Unidos, o programa *Early Reading First* também visa promover a preparação às habilidades de leitura desde a pré-escola.
3   Quais são esses limites? Aqui estão alguns no que diz respeito à alfabetização básica. A criança deve ter uma capacidade de discriminação visual que lhe permita distinguir entre as letras e uma capacidade de categorização visual que lhe permita identificar cada uma apesar das diferenças irrelevantes de forma. A criança deve ter uma capacidade de discriminação auditiva que lhe permita distinguir entre pares de sílabas que só diferem por um fonema e uma capacidade de categorização perceptiva da fala consistente com as fronteiras acústico-fonéticas entre fonemas que são características da sua língua. A criança deve ter a capacidade de abstração suficiente para poder representar os fonemas da língua isoladamente, mesmo quando estes não são fisicamente isoláveis. A criança deve ter a capacidade de associar corretamente letras a fonemas sem fazer confusões. A criança deve ter capacidades de atenção, de memória e de velocidade de processamento que a ajudem nas operações de decodificação sequencial e subsequente integração dos fonemas sucessivos.
4   Essa expressão é paradoxal, porque um sistema é um conjunto de elementos interconectados de maneira a formarem um todo organizado. Uma simples notação não deixa ver as relações que existem entre os elementos, em particular uma característica definidora da especificidade do alfabeto, a saber, a existência de duas classes de letras e grafemas com propriedades diferentes (as consoantes e as vogais) e, por conseguinte, também não dá conta da escrita de semivogais nos ditongos.
5   Os "construtivistas" associados ao MEC não conhecem a diferença entre código e cifra. Dão como exemplo de código a associação a cada letra de um outro símbolo e argumentam que alguém já alfabetizado que decore essa associação não teria muita dificuldade em ler um texto em que as letras tivessem sido substituídas pelos símbolos respectivos. Ora, isso não é um código, é uma cifra. Os construtivistas consideram que o alfabeto é uma notação, por analogia como o sistema numérico, e explicam que "um 5 sozinho, significa 5 unidades; um 5 colocado ao lado esquerdo de outro 5, significa 50". Nessa citação, respeitei o posicionamento das vírgulas entre sujeito e verbo porque estão no original, uma publicação oficial da Secretaria de Educação Básica do MEC (BRASIL, 2012b, p. 8). destinada à formação dos professores e com uma tiragem de mais de 120 mil exemplares. Muito mais do que o posicionamento das vírgulas, é triste encontrar numa publicação oficial um desconhecimento tão

flagrante das propriedades de dois sistemas de escrita, o alfabético e o numérico de base 10, a base do ensino fundamental. De fato, tal afirmação é incorreta. O 5 colocado à esquerda significa 5, assim como o seu colega da direita, mas tendo em atenção o contexto refere-se a dezenas e não a unidades. A identidade de cada dígito não é modificada por sua inserção em contextos diferentes; nesse caso, o que muda é a sua função. A posição da letra, pelo contrário, pode afetar a identidade do fonema (por exemplo, "s" em "saca" e em "casa; "n" em "nada" e em "anda"). De modo mais fundamental, os autores da publicação ministerial não compreenderam que os fonemas que o alfabeto representa não são uma cifra, mas sim algo que é reestruturado de maneira extremamente complexa na corrente acústica da fala e na nossa percepção consciente desta e que as crianças só aprendem a "decodificar" a fala em fonemas quando são confrontadas com atividades apropriadas a propósito da escrita alfabética de sílabas simples (consoante-vogal). O argumento falacioso desses autores respondia a uma motivação: defender que o sistema alfabético não é um código, mas uma notação, e tentar evacuar da alfabetização dois de seus componentes essenciais, a tomada de consciência dos fonemas e a aquisição dos processos de decodificação e codificação.

6 Infelizmente, esse documento não teve quase nenhuma repercussão nos meios educativos. Uma muralha de silêncio amordaçou-o e hoje é quase desconhecido.

7 O grupo de trabalho, presidido por João Batista Araújo e Oliveira, incluía entre outros Marilyn Adams, a quem o Congresso Norte-Americano pedira a elaboração de um longo relatório a respeito do que a ciência informava sobre a alfabetização (ADAMS, 1994), e Roger Beard, autor de um relatório que teve grande influência na política educacional relativa ao ensino da leitura e da escrita na Grã-Bretanha (BEARD, 1999).

8 Imaginemos uma analogia entre aprender a ler lendo e aprender a nadar nadando (ambas as expressões são pura demagogia). Com certeza, não se aprende a nadar fora da água, tal como não se aprende a ler fora da exposição a grupos de letras e aos seus correspondentes fônicos. Não é possível aprender a ler lendo textos quando nem sequer ainda se consegue ler palavras. Do mesmo modo, não se joga o bebê em mar escarpado, mas em água lisa e com a presença atenta e a orientação constante do adulto.

9 Em particular, nas "Diretrizes Curriculares Nacionais da Educação Básica", (BRASIL, 2013) e nos muitos e repetitivos "Cadernos de formação" agrupados sob o título de "Pacto Nacional pela Alfabetização na Idade Certa", (BRASIL, 2012d).

10 Nesse livro, é patente o desamor pela ideia de empregar métodos, quaisquer que sejam, e em particular pela noção de decodificação: tal como Graciliano Ramos, que na escola sabia decodificar as palavras, mas não entendia o que estava lendo, "[...] a maioria de nós, que passamos pela alfabetização até as décadas finais do século passado, também teve uma experiência escolar com ênfase na 'codificação' e na 'decodificação'. Para muitos, essa experiência foi traumatizante (que se devia) não só aos castigos [...] mas às próprias atividades desenvolvidas, com ênfase na repetição e na memorização de letras, sílabas e palavras sem significado [...]" (SANTOS; MENDONÇA, 2007, p. 12-13). É possível que tais atividades tivessem sido traumatizantes. O que é manifestamente abusivo é que a autora refira-se a métodos fônicos como se tais atividades fossem características desses métodos.

11 O livro citado é anterior a esses estudos, mas isso já não é o caso dos Cadernos de Formação do MEC. Na unidade 3 para o 1º ano – note-se que a unidade 3 tem por tema, ano por ano, "A apropriação do sistema de escrita alfabética e a consolidação do processo de alfabetização" –, aquelas fases são referidas como um fato que justificaria que se deixe "as crianças escreverem como sabem" porque é esse o seu nível de compreensão do sistema alfabético.

12 Essa frase é retomada na íntegra na publicação ministerial *Cadernos de Formação,* Ano 1 – 1 (BRASIL, 2012a, p. 17).

13 Da citação que o livro (SANTOS; MENDONÇA, 2007, p. 48) faz de Soares (apresentada como de Soares, 2001, p. 24, mas na bibliografia como de Soares, 2000, e sendo de fato o artigo de 1998), retenho algumas passagens: "[...] um indivíduo pode não saber ler e escrever, isto é, ser um analfabeto, mas ser, de certa forma, letrado [...], se se interessa em ouvir a leitura

de jornais feita por um alfabetizado, se recebe cartas que outros leem para ele, se dita cartas para que um alfabetizado as escreva [...], se pede a alguém que lhe leia avisos ou indicações afixados em algum lugar, esse analfabeto é, de certa forma, letrado, porque faz uso da escrita, envolve-se em práticas sociais de leitura e escrita". (SOARES, 1998, p. 24). Alfabetizar letrando seria, portanto, acrescentar a alfabetização ao letramento, isto é, "[...] levar os alunos a apropriarem-se do sistema alfabético ao mesmo tempo em que desenvolvem a capacidade de fazer uso da leitura e da escrita de forma competente e autônoma, tendo como referência práticas autênticas de uso dos diversos tipos de material escrito presentes na sociedade [...]" (SOARES, 1998, p. 95-96).

14 No que diz respeito à abordagem teórica, o *Caderno de formação dos professores* recomenda o estudo de textos que contribuam para articular a perspectiva sociointeracionista com a perspectiva construtivista (BRASIL, 2012d, p. 30). Não há mais suco em duas laranjas secas de que numa só!

15 Uma dessas vezes foi em Santos e Mendonça: "É preciso o desenvolvimento de um ensino ao nível da palavra, que leve o aluno a perceber que o que a escrita representa [...] é sua pauta sonora, e não o seu significado, e que o faz através da relação fonema/grafema [...]" (SANTOS; MENDONÇA, 2007, p. 20). Essa afirmação não diz o que são fonemas e grafemas e fica no ar uma certa ambiguidade porque os autores dizem que a escrita representa a "pauta sonora"; ora os fonemas, como vimos, não são sons nem elementos de sons, mas sim unidades fonológicas abstratas subjacentes à coarticulação dos sons presentes no fluxo da fala. Note-se que os autores dos métodos alfabéticos tradicionais que faziam corresponder letras e sons também não sabiam provavelmente o que é o fonema. Por isso, esses métodos não eram fônicos, ao menos não como hoje entendemos os métodos fônicos. A crítica que é feita pelos construtivistas aos métodos fônicos parece assentar-se na mesma ignorância do que é realmente o fonema.

16 Também é referida a aliteração, que é a identidade de fonema inicial. Porém, a sua detecção implica que o aluno seja sensível à semelhança entre os dois, mas não necessariamente que ele já seja capaz de se representar mentalmente e de maneira isolada a unidade abstrata subjacente a essa semelhança. Ora, sem essa representação, o aluno não pode começar a decodificar sílabas na leitura.

17 No *Caderno de formação 3º ano – 3* ainda se insiste nessa ideia repleta de erros: "Quando a criança compreende o princípio alfabético (as letras representam unidades sonoras menores que a sílaba oral), ela passa a deduzir que cada letra representa um som e que cada som é representado por uma única letra." (BRASIL, 2012c, p. 20). Como é possível transformar o professor em espectador apreciador da capacidade da criança de fazer deduções que a afastam da realidade do código ortográfico?

18 O mesmo quadro reaparece nos cadernos para o 2º e o 3º anos, não permitindo compreender qual é a progressão desejada.

19 A consciência dos fonemas é um tipo particular de consciência fonológica. O que é estranho é que o *Caderno de formação do 2º ano – 3* (BRASIL, 2012e) ponha em destaque as habilidades que indicam a segmentação explícita das palavras em sílabas e a capacidade de identificar e produzir rimas, mas não se refira à consciência dos fonemas.

20 Nesse contexto, é tragicômico que os *Cadernos de formação* do MEC não só ignorem o conhecimento científico atual e tomem partido por uma concepção da alfabetização que não tem qualquer fundamentação científica, como também apresentem essa concepção de maneira demagógica. Assim, na unidade para o 2º ano – 3, dividem o direito à alfabetização em vários direitos que correspondem às aquisições que, segundo a perspectiva construtivista, são compreendidas na alfabetização. Imaginemos os proponentes do método fônico falando do direito a tomar consciência dos fonemas, do direito a conhecer as correspondências grafema-fonema, etc. A multiplicação dos direitos frisa o ridículo.

21 Cf., p. ex., Cardoso-Martins (1991, 1995). Os seus trabalhos foram realizados com diversos tipos de população: crianças da pré-escola e da escola fundamental, assim como crianças desfavorecidas, em particular aquelas afetadas pela síndrome de Down (p. ex., CARDOSO-MARTINS; FRITH, 2001). Duas outras questões que tratou foram a do papel do conhecimen-

to do nome das letras juntamente com a consciência fonológica (p. ex., CARDOSO-MARTINS; MESQUITA; EHRI, 2011) e, já referenciado, a não existência de um estágio silábico na aquisição da escrita.

22 Outros universitários brasileiros têm promovido há muito tempo a abordagem fônica em revistas brasileiras, em particular Fernando Capovilla e Alessandra Seabra Capovilla, que também construíram vários instrumentos de avaliação das aprendizagens. Maria Regina Maluf e a sua equipe, por seu lado, têm realizado um trabalho constante de formação e informação. No que diz respeito à dislexia, Ana Luiza Navas tem posto em evidência a necessidade de considerá-la como um transtorno específico, de origem genética, que afeta sobretudo as capacidades fonológicas.

23 Segundo o *SCImago Journal & Country Rank* (http://www.scimagojr.com), o Brasil, que em 2012 era 13° entre todos os países no conjunto das disciplinas, ocupava a 20ª e a 31ª posições naquelas duas disciplinas, sendo estas largamente ultrapassadas pela psicologia social e pela psicologia clínica (ambas em 9°).

24 Consultar Instituto Alfa e Beto [2014].

25 Essa lateralização da N170 no hemisfério direito também é observada entre as crianças pré-alfabetizadas que já conhecem um número considerável de letras (MAURER et al., 2005, 2006). Entre as crianças do 2º ano, que já leem, observa-se que a N170 tem maior amplitude no hemisfério esquerdo, exceto entre as crianças disléxicas (MAURER et al., 2007).

26 No PIRLS de 2011, os descendentes de europeus pontuaram 558 e os de asiáticos 542, enquanto os grupos de autóctones e descendentes de outras ilhas do Pacífico pontuaram em média 488 e 473, respectivamente.

27 Aos 10 anos, 18% dos Maoris e 16% dos descendentes de emigrantes das outras ilhas não atingiram as competências básicas em alfabetização e numeracia.

28 O seu primeiro autor é o professor e pesquisador William E. Tunmer, com uma longa e rica contribuição à ciência da leitura e da sua aprendizagem. Agradeço à professora Maria Regina Maluf, da PUC de São Paulo, por ter me apresentado esse documento.

29 Essa ideia explica os resultados obtidos nos Estados Unidos por Connor, Morrison e Katch (2004) ao compararem o aumento de desempenho, do início até ao fim do 1º ano, entre crianças que já tinham um vasto conhecimento da linguagem e da escrita (vamos chamá-las LE+) e entre crianças cujos conhecimentos eram ainda muito fracos (serão as LE-). As LE+ foram mais beneficiadas por uma instrução orientada para a compreensão de textos do que por uma instrução essencialmente fônica, e esse ganho relativo, em nível ou idade de leitura, foi de meio ano. Isto é, elas aproveitaram melhor um ensino que lhes permitia ir além daquilo que mais ou menos já sabiam do que um ensino em que sobretudo praticavam esse conhecimento. Para as LE-, não só aconteceu o contrário, isto é, elas se beneficiaram mais de um ensino fônico do que de um ensino voltado para a compreensão de textos, como – esse resultado é extraordinário – o benefício que retiraram do primeiro, comparado com o que retiraram do segundo, foi equivalente a mais de dois anos em idade de leitura. Assim, para as LE-, o ensino fônico foi extremamente útil, enquanto o ensino voltado para a compreensão foi praticamente inútil. É através do ensino fônico no 1º ano que é necessário compensar a falta de preparação de muitas crianças, especialmente as de ESE baixo, quando entram para a escola. Esse é o caminho certo para que depois possam tornar-se boas leitoras, tão boas leitoras como as outras.

30 Dizem Oliveira e Faria da Silva: "Sobre ele (o princípio alfabético) a escrita se funda como um código. Além da compreensão desse princípio, é indispensável o aprendizado das regras de operação do código, vale dizer, das correspondências usuais e permitidas entre grafemas e fonemas" (OLIVEIRA; SILVA, 2011, p. 81). Afirmam Casella, Amaro Jr. e Costa: "A percepção do fato de que a fala é composta da associação dos diferentes sons, que são os fonemas, e de que estes são representados na escrita pelas letras, em última análise é o princípio alfabético e corresponde ao início da consciência fonológica, fundamental para o aprendizado da leitura e que precisa ser ensinado." (CASELLA; AMARO JÚNIOR; COSTA, 2011, p. 61).

PARTE II

O que é a democracia

5

Democracia e pseudodemocracia

Não existe um conceito natural de democracia. Ele é o que os seres humanos quiserem que seja. Cada um de nós tem o direito de interpretar a definição clássica de democracia – governo do povo pelo povo e para o povo – da maneira que melhor entender, correndo apenas o risco de não ser entendido. Neste capítulo, apresentarei a minha interpretação pessoal de democracia.

A Grécia antiga deu ao mundo o primeiro alfabeto em sua forma completa. Também criou o que parece ter sido a primeira democracia, que, por extraordinária que tenha sido em vários aspectos, em alguns nos parece totalmente inaceitável. Terá sido coincidência? Terá uma dessas invenções influenciado a outra? Ter-se-ão influenciado mutuamente? Antes de responder, resumo o que foi a democracia ateniense.

A DEMOCRACIA NA GRÉCIA ANTIGA

A evolução do sistema democrático em Atenas deu-se entre os séculos VIII e V a.C. Pela primeira vez, os homens criaram um sistema político que não era justificado pelos deuses, mas que se baseava em leis decididas de comum acordo ou pela maioria e que podiam mudar. A democracia ateniense fundava-se na ideia de que todos os homens livres eram iguais. O reconhecimento da igualdade conduz à imparcialidade, e é assim que, em Homero, gregos e troianos são tratados da mesma maneira, têm o mesmo valor, não há melhores nem piores; que, para Heráclito, a razão e o discurso são universais; e que, para os sofistas, todas as ideias e instituições, sem exceção, podem ser analisadas, criticadas, mudadas. Disse Protágoras que o especialista sabe como realizar uma construção, mas que o povo é que decide se se constrói, quando e para quê. Essas são decisões políticas, e a política diz respeito a todos os cidadãos.

A democracia criada pelos atenienses era, portanto, um regime de igualdade tanto quanto de liberdade, e mais de liberdade coletiva do que individual. Tinha defensores e opositores. Platão detestava a democracia porque, para ele, a direção política da cidade devia caber aos que detêm o saber e os meios para conhecer a verdade. Aristóteles escreveu, definindo democracia, que "[...] só há democracia real onde os homens livres, mas pobres, formam a maioria e são soberanos [...]" (ARISTÓTELES, 1999, p. 3) e que "[...] se a liberdade e a igualdade são as duas bases da democracia, quanto mais esta igualdade for completa, mais a democracia existirá em toda a sua pureza [...]" (ARISTÓTELES, 1999, p. 4). No entanto, também ele desconfiava da democracia. Da sua *polis* ideal, em que os cidadãos são capazes de governar e de serem governados porque dispõem de sabedoria prática e cultivam a virtude cívica que subordinam ao exercício da razão abstrata, excluía a massa dos indivíduos que contribuíam para a desintegração da vida comunitária assim como os trabalhadores manuais, os agricultores e os marinheiros. Aristóteles não tinha o sentido da igualdade dos seres humanos e, nesse aspecto, estava muito aquém dos estoicos, que achavam que todo ser humano é dotado de uma dignidade merecedora de igual respeito e que tanto os escravos como os indivíduos livres, as mulheres como os homens, os pobres como os ricos têm a capacidade de fazer juízos morais. Aristóteles valorizava o sentido de pertença à comunidade e criticava aqueles que viam a *polis* como destinada apenas a garantir a segurança contra a injustiça e a permitir as trocas, argumentando que, se assim devesse ser, então também deveriam ser cidadãos todos aqueles com quem se estabeleceram tratados comerciais (FARRAR, 1988).

Antes da reforma de 508 a.C., havia quatro classes censitárias e o sistema favorecia as famílias ricas, excluindo as mais pobres de qualquer direito político. Uma das causas da reforma era a luta contra as penas pelo não pagamento de dívidas, que podiam ser a prisão e a passagem à situação de escravo. Outra causa era a necessidade de uma larga participação nas decisões sobre as guerras e sobre o envolvimento nelas. A reforma fez com que o poder político passasse para as mãos da maioria, essencialmente as classes médias e populares.

A reforma proclamou a isonomia, igualdade perante a lei, e instaurou uma forma de democracia direta em que todos os cidadãos influenciavam igualmente as decisões públicas. A assembleia do povo, em que todos podiam usar da palavra e votar, era convocada por um conselho. Reunia em média cinco mil pessoas, sendo seis mil requeridas para as decisões importantes. Uma pequena compensação pecuniária cotidiana permitia aos pobres participar do conselho, da assembleia e dos tribunais.

A designação para o conselho, para o governo de Atenas e para os tribunais populares não se fazia por eleição, considerada então princípio aristocrático e hoje uma caraterística definidora da democracia representativa, mas por sorteio entre os cidadãos. O presidente da assembleia também era sorteado no seu seio para que não pudesse controlá-la. Somente os *estrategos* que dirigiam as forças militares eram eleitos. Um dos instrumentos da democracia ateniense era o controle dos mandatos de gestor dos fundos públicos. Enfim, a rotatividade dos cargos (os membros do conselho eram designados por um ano) contribuía para impedir a formação de uma elite política permanente.

Acontecia, porém, que, entre os 400 mil habitantes de Atenas no século V, apenas 40 mil eram homens livres. Tinham de ter pelo menos 20 anos, ser filhos de atenienses e ter o serviço militar cumprido para poderem participar da assembleia. Não tinham direitos políticos, além das crianças (cerca de 80 mil), das mulheres (40 mil), dos estrangeiros (60 mil) e dos escravos (180 mil). Eram as duas últimas categorias que, submetidas à minoria de homens livres, mais contribuíam para a prosperidade da cidade. Atenas era uma democracia inserida num sistema machista e escravagista.

DEMOCRACIA E ALFABETO

Como interpretar o desenvolvimento quase simultâneo do alfabeto e da democracia?

Para Havelock (1982), a criação do alfabeto esteve na origem da democracia. Dado que a alfabetização é fácil e rápida, e por conseguinte acessível a todos, a sua difusão teria permitido a emergência de formas democráticas de governo. Além de apropriado às caraterísticas da língua grega, o alfabeto permitia alcançar níveis de leitura e de escrita suficientes para a participação no governo. Dito isso, a alfabetização não conduziu Esparta no sentido da democracia. As caraterísticas do *kana* também não teriam contrariado o desenvolvimento da democracia no antigo Japão se as condições sociais e econômicas tivessem sido favoráveis a essa forma de governo. O *kana* não é menos "democrático" do que o alfabeto.

Nenhum deles, alfabeto ou democracia, suscitou o outro. Contudo, alguns aspectos do funcionamento da democracia ateniense foram influenciados pelo fato de ela ter sido uma sociedade letrada e, reciprocamente, a democracia estimulou a escrita e a exposição pública de um grande número de documentos, o que facilitou uma difusão ainda maior da alfabetização.

Um instrumento da democracia ateniense, o "ostracismo", refletia essa influência mútua. Os cidadãos escreviam num pedaço de cerâmica o nome do político indesejável que queriam ver partir em exílio temporário (sem que perdesse seus direitos e sua condição de homem livre), o que requeria pelo menos um nível rudimentar de escrita. É provável que o princípio mesmo do ostracismo não tenha sido imaginado porque se dispunha da escrita, mas reconhecido como aplicável porque muitos cidadãos sabiam escrever, e o seu exercício pode ter contribuído para que muitos outros cidadãos tivessem sentido a necessidade de melhorar a sua habilidade.

A decisão de entrar em guerra era das mais importantes da assembleia. Não só exigia um quórum elevado, como não podiam votar os que tinham terras perto do inimigo a fim de que o seu interesse pessoal não prevalecesse. Todas as decisões obedeciam à regra da maioria. Ora, nenhuma das explicações avançadas para o seu aparecimento refere-se à alfabetização. O desenvolvimento econômico e uma forma particular de condução da guerra devem ter-se combinado para suscitar ou reforçar a regra da maioria (PITSOULIS, 2011). "Deixem-no ir à frente! Ares é um democrata. Não há privilegiados num campo de batalha": nessa frase escrita no século VII consubstancia-se a relação que então havia entre guerra e democracia.

O aumento da riqueza, a participação dos cidadãos ricos numa infantaria bem-armada (os *hoplitas*) e o desenvolvimento de uma ética igualitária teriam sido influenciados mutuamente para criar um mecanismo interno de resolução de conflitos. Da associação entre a força do número, que permitia medir forças sem as utilizar, e o princípio de igualdade teria nascido a regra da maioria.[1] Desde as primeiras constituições republicanas do século VI, a igualdade não existia apenas perante a lei (*isonomia*), mas também em relação ao direito de falar na Assembleia (*isegoria*) e à partilha do poder (*isokratia*). O povo, o conjunto dos cidadãos (*demos*), exerce de fato o poder (*kratos*) porque não votava em candidatos para posições oficiais, como é o caso nas democracias modernas, mas sobre questões políticas.

Vimos na Parte I deste livro que a inclusão da escrita na aprendizagem não é neutra do ponto de vista da democracia. Em Atenas, o domínio da escrita não estava muito difundido, mesmo entre os cidadãos. A escrita foi sempre a prima pobre. Na Europa moderna, antes do século XIX, os Estados não favoreciam uma alfabetização generalizada. A leitura bastava para o estudo do catecismo. Assim, a leitura era ensinada antes da escrita e muitas crianças, sobretudo filhas de artesãos e de camponeses, deixavam a escola depois de aprender a escrever. A escrita, instrumento de autonomia, de tomada de iniciativa, podia pôr em perigo a ordem tradicional, patriarcal e marital. Os que não sabiam escrever também não sabiam ler mais do que textos impressos (CHARTIER, 1987). Não eram capazes de ler manuscritos, porque só lê escrita cursiva quem também a produz. Ainda hoje, o domínio absoluto da escrita é um dos campos em que se joga o futuro da democracia.

ALGUMAS QUESTÕES A PROPÓSITO DA DEMOCRACIA E DA SUA HISTÓRIA

O *demos* era a totalidade dos homens livres e iguais em direitos. Em Atenas, todos os cidadãos tinham direito a participar na instância de maior poder decisório, garantindo as regras de designação dos órgãos executivos, ao menos em princípio, a igualdade de direitos e a revogabilidade dos mandatos. Contudo, Atenas não era uma democracia completa. Ficavam de fora desse governo *pelo* povo e *para* o povo² as mulheres, as crianças, os estrangeiros e os escravos. Ainda hoje as crianças e os estrangeiros estão fora do governo das nações.

As experiências mais democráticas da história moderna terão sido a dos distritos parisienses, entre julho de 1789 e julho de 1790, e a da "Comuna de Paris", em 1871, que só durou dois meses. No período pré-revolucionário, haviam sido criados na região parisiense 60 distritos. Nesses deviam reunir-se, no dia 21 de abril de 1789, assembleias municipais destinadas a eleger os representantes do Terceiro Estado nos Estados Gerais. Acontece que, em vez de se dissolverem, as assembleias municipais continuaram a reunir-se e, desde 14 de julho, tomaram em suas mãos o poder legislativo e executivo sobre toda a capital. Os comitês locais, formados nos distritos, eram regularmente submetidos à reeleição e mantidos sob a dependência das assembleias respectivas. Em 19 de novembro, os delegados representantes dos distritos à Comuna de Paris pretenderam tornar-se o embrião de um poder central, mas o medo de um novo despotismo suscitou a reação de muitos distritos e eles foram rapidamente controlados pelas assembleias distritais que os consideraram não como representantes, mas sim como "mandatários" (GENTIL, 1985). Quanto ao mais conhecido episódio da "Comuna de Paris", o seu conselho, eleito em março de 1871, funcionou com cerca de 70 membros. Formou comissões, sendo os seus membros responsáveis perante o povo e revogáveis em qualquer momento. A população, no seio da qual se formaram vários clubes, reunia-se em diversos lugares para discutir, propor soluções, fazer pressão sobre o Conselho. Em pouco tempo foram criados cerca de 70 novos jornais. Era uma democracia direta, baseada em cidadania ativa. A "Comuna de Paris", antes de ser esmagada no fim de maio, ainda instaurou o sufrágio universal, a igualdade de direitos entre os sexos e a instrução universal obrigatória, sem ingerência do Estado e da Igreja.

A democracia integral nunca existiu fora de períodos revolucionários. Talvez ela tenha existido entre os caçadores-coletores nômades que, há mais de dez mil anos, antes da criação de recursos pela pecuária e pela agricultura, distribuíam igualitariamente o que caçavam ou colhiam (FISKE, 1992) e dos quais, como veremos no Capítulo 7, subsistiram algumas comunidades. Convém, no entanto, levar em conta que só tem sentido falar em democracia quando há necessidade de tomar decisões políticas. Ora, não sabemos em que medida, nessas comunidades, os comportamentos relativos à procura e à distribuição dos recursos requeriam deliberação. É possível que dependessem, sobretudo, de regulações aceitas por tradição ou necessidade. Numa sociedade em que há necessidade de planificar a produção e a utilização de bens, passa também a ser necessário tomar decisões, e a apropriação desigual de bens pode facilmente conduzir à tentação de apropriação do poder. Uma hipótese plausível é que as desigualdades e a hierarquia apareceram quando a caça e a coleta de bens perecíveis deixaram de ser os únicos recursos e então se desenvolveram a agricultura e a pecuária, com a inerente vida sedentária e o armazenamento de bens duradouros, que teria conduzido às primeiras formas de apropriação. Porém, desigualdade não implica divisão da sociedade em classes mais ou menos estabilizadas. As classes sociais teriam aparecido muito mais tarde, sob a influência da urbanização e da constituição de um poder estatal.

A democracia direta ateniense foi, sem dúvida, a primeira forma realmente democrática de governo que adotou um sistema de regras relativamente complexo. Porém, outras comunidades, anteriores e contemporâneas, em outras regiões do mundo, na Ásia, na África e talvez na América, parecem ter conhecido formas participativas de democracia. A democracia ateniense estendeu-se a outras cidades helênicas, como Mégara, Mileto e Samos, podendo ter exercido alguma influência em diversas outras cidades asiáticas, sobretudo do Irã, mas também da Báctria (ou Bactriana, hoje pertencente em grande parte ao Afeganistão) e mesmo da Índia. Em Susa, no sudoeste do Irã, a assembleia popular elegia um conselho e, sob proposta do conselho, os magistrados.

Amartya Sen publicou em 2003 um artigo importante sobre a democracia.[3] Nessa época, os Estados Unidos, depois de invadirem o Iraque, promoviam uma intensa campanha de extensão ao mundo não ocidental da "democracia", entendida como governo legitimado por eleições. Sen discutiu então um conjunto de questões que eram e continuam a ser ignoradas ou escamoteadas. A primeira é a de saber se se deve considerar a democracia de maneira estrita e superficial, como mero sufrágio, ou de maneira mais ampla, como "exercício de reflexão pública" (tradução que proponho para a expressão de John Rawls (1971) *exercise of public reasoning*), que inclui a oportunidade para os cidadãos de participar de discussões políticas e de estar em condições de influenciar a escolha pública. A segunda, de saber se as origens históricas da democracia, nesse sentido amplo, podem ser atribuídas a um modo de pensar exclusivamente ocidental ou se, pelo contrário, existe uma longa tradição que encoraja e protege o debate público. A terceira, formulada menos explicitamente e que quero deixar aqui mais aparente, é a de saber quais têm sido as motivações e os desígnios do Ocidente para negar ou silenciar essa tradição e impor a sua concepção limitada de democracia e, em contrapartida, quais são as vantagens de reexaminar a história global das ideias democráticas.

Em relação à questão do conteúdo da democracia, Sen considera crucial ter em conta que as exigências da democracia transcendem a urna eleitoral. Votar é importante, mas votar é, sobretudo, uma maneira de criar oportunidades para uma discussão pública aberta, sem medo. Sen lembra a definição de "governo pela discussão" que James Buchanan deu de democracia e o seu argumento de que pela discussão os valores individuais podem mudar, e realmente mudam, no processo de tomada de decisão.

Em relação à questão das origens históricas da democracia, Sen cita a Índia, a China, o Japão, a Coreia, o Irã, a Turquia, o mundo árabe e muitas partes da África, assim como a tradição de tolerância, de pluralismo e de deliberação pública que foi uma das características dessas regiões do mundo durante muitos séculos. A Grécia antiga é vista pelos ocidentais como uma parcela da tradição ocidental, mas essa redução é implicitamente racista. Os antigos Gregos não tiveram mais laços intelectuais e não conversaram mais – na realidade, isso aconteceu menos – com os godos, os visigodos e outros europeus do que com os antigos egípcios, iranianos e indianos. As distinções geográficas não são as que melhor correspondem às linhas da história do pensamento. A experiência democrática dos Gregos não teve impacto imediato sobre os países a oeste de Atenas e de Roma, por exemplo na França, na Grã-Bretanha ou na Alemanha; bem pelo contrário, o seu impacto deu-se a Leste. Os judeus encontraram refúgio, tolerância e proteção no mundo árabe, e chegaram a ter influência política sobre ele,[4] mas foram depois perseguidos durante alguns séculos pela Igreja e por várias cortes europeias. Enquanto na Índia, nos anos de 1590, o imperador Akbar proclamava a tolerância e fomentava o diálogo entre povos de diferentes fés (incluindo hindus, muçulmanos, cristãos, persas, judeus e até ateus), na Europa a Inquisição começava a instalar-se e, em 1590, Giordano Bruno era queimado vivo no Campo dei Fiori em Roma. Como Sen lucidamente lembra, houve grandes exemplos tanto de tolerância quanto de intolerância em ambas as partes do mundo. E, tal como as inovações de Gutenberg abriram o caminho à divulgação das ideias de liberdade, também o desenvolvimento da imprensa na Índia e na China, muitos séculos antes de Gutenberg, contribuiu para propagar a compaixão e a benevolência, reunindo-se numa mesma corrente de comunicação pública que deveria vir a servir o debate público e o governo pela discussão, ou seja, a democracia.

Em relação à ultima questão, a da deformação ocidental da história das ideias e das tradições democráticas e da vantagem de reexaminar essa história, é fácil entender que a "ocidentalização" da democracia, isto é, a sua reivindicação pelo Ocidente, é uma maneira manhosa de refazer o resto do mundo à sua imagem e semelhança, de impor aos outros a sua própria, mas falsa, democracia, como se a democracia dos outros nunca tivesse existido. Operada que está a pirataria, é importante reexaminar a história e aproveitar esse reexame para refletir e debater publicamente sobre a significação e o valor da democracia. Essa compreensão de tipo metacognitivo – o debate público sobre o conceito de debate público – poderá contribuir para uma transformação da prática.

Em seu artigo, Sen cita uma passagem de Mandela em *A long walk to freedom* (1995) a propósito das reuniões locais de sua juventude:

> Quem quisesse falar fazia-o. Era a democracia em sua forma mais pura. Pode ter havido uma hierarquia de importância entre os que falavam, mas todos eram ouvidos, chefe e súdito, guerreiro e homem de medicina, comerciante e fazendeiro, proprietário e trabalhador da terra... O fundamento do autogoverno era que todos os homens eram livres para exprimir as suas opiniões e iguais em seu valor como cidadãos. (MANDELA, 1995 apud SEN, 2003, p. 30).

Em nenhuma parte do mundo contemporâneo, diz Sen, é mais forte do que na África a necessidade de maior empenho democrático. No século XX, o continente sofreu imensamente por causa do autoritarismo dos impérios britânico, francês, português e belga. Depois da independência, cada homem forte encontrou na Guerra Fria o amigo superpoderoso com quem fazer aliança militar e assim rivalizou em despotismo com o *apartheid* da África do Sul. Isso escreveu Sen. Não existe despotismo sem cumplicidade. É óbvio que as grandes potências, do Oeste e do Leste, são cúmplices da destruição da democracia na África e em outros lugares do mundo. Da democracia que não é apenas boletim de voto na urna.

Não se pode deixar esses breves apontamentos sobre a história da democracia sem esclarecer que o mundo ocidental, entre a Grécia antiga e as lutas no mundo moderno contra o poder absoluto ou o poder colonial, conheceu muitos casos locais de democracia, embora na época nunca tivessem sido considerados como tal. Conforme relata Dupuis-Déri (2013), na Europa, durante a Idade Média e o Renascimento, milhares de aldeias dispunham de uma assembleia de habitantes que tomavam em conjunto as decisões relativas à coletividade.[5] As "comunidades de habitantes" tinham *status* jurídico e funcionaram durante séculos, segundo o modo da autogestão. Os reis e os nobres contentavam-se em gerir as questões relacionadas com a guerra e os seus domínios privados, administrar a justiça, impor taxas e corveias, mas não se ingeriam nas questões da comunidade. Havia entre 10 e 15 assembleias por ano, necessariamente num lugar público, em que as mulheres também participavam. A regra era que 10 pessoas chegavam para formar um "povo" e reunir a assembleia, mas esta podia reunir centenas de pessoas.[6] Além das assembleias da comunidade, havia as federais, que reuniam várias comunidades, e nas cidades de alguns milhares de habitantes havia assembleias que podiam reunir 800 habitantes ou mais. Havia também assembleias de guildas de comerciantes e artesãos (os mestres e os aprendizes reuniam-se por vezes juntos e por vezes separados). Assim, na Europa medieval, população e território estavam submetidos a vários tipos de regime político: autoritário (monarquia para o reino, aristocracia para a região) e igualitário (democracia local e profissional). Contudo, a autonomia das comunidades e das associações profissionais foi decrescendo à medida que o Estado-nação foi ganhando poder. Os conflitos aumentaram, as assembleias foram proibidas, e o rei passou a nomear prefeitos para dirigir as comunidades.

O QUE OS PAIS MODERNOS DA "DEMOCRACIA" PENSAVAM REALMENTE DELA

É crença geral que a democracia, de origem grega, veio a renascer no mundo ocidental em fins do século XVIII e princípios do século XIX. Dois esclarecimentos se impõem. O primeiro é que os regimes saídos da independência norte-americana e da Revolução Francesa foram, sob certos aspectos (a participação direta na assembleia com maior poder de decisão, a duração curta e a revogabilidade dos mandatos e as regras eleitorais), menos democráticos para os seus cidadãos do que a democracia ateniense. Nesses regimes, que mantiveram a escravatura na metrópole (alguns países, como a Grã-Bretanha, só a mantiveram fora da metrópole), os direitos políticos e cívicos eram, como em Atenas, reservados aos homens, e, ao contrário de Atenas, o voto censitário garantia a dominação dos ricos sobre os pobres.

O segundo esclarecimento é que, no período da independência norte-americana e da Revolução Francesa, a palavra democracia, se bem que mais utilizada do que nos séculos anteriores, foi usada quase sempre com um sentido pejorativo: o governo popular era considerado uma fonte de desordem. Na realidade, como bem documentou François Dupuis-Déri (2013) em seu livro *Democracia: história política de uma palavra*, os teóricos e os principais protagonistas dessas grandes transformações não pretendiam fundar uma democracia e teriam ficado muito surpresos se soubessem que hoje são considerados como democratas.

O regime eleitoral que é considerado, atualmente, como a peça central da democracia foi fundado por antidemocratas declarados. John Adams, primeiro vice-presidente dos Estados Unidos, presidente depois de George Washington e pai de outro futuro presidente, disse que a democracia "[...] é um governo arbitrário, tirânico, sangrento, cruel e intolerável [...] (ADAMS, 1972 apud DUPUIS-DÉRI, 2013, p. 62)"[7] e que "[...] a simples democracia nunca teve defensores entre os homens de letras [...] (ADAMS, 1787 apud DUPUIS-DÉRI, 2013, p. 10).[8] Ele e os outros independentistas identificavam-se à república, um regime fundado em eleições (na época, censitárias e reservadas aos homens), expressão da virtude e da legitimidade, que seduziu uma parte importante da nobreza. Democracia ainda era, então, democracia direta, apresentada como um regime em que os pobres oprimem e massacram os ricos e acaba por ser prejudicial ao próprio povo.

A soberania do povo era reconhecida em tese, desde que o seu exercício coubesse à elite. John Adams declarou que o povo é o pior guardião da sua própria liberdade, porque não pode "[...] nem agir, nem julgar, nem pensar, nem querer" (MORONE, 1998 apud DUPUIS-DÉRI, 2013, p. 141) e porque os representantes eleitos, como ele, são mais inteligentes do que o povo que representam. Na correspondência entre Adams e Thomas Jefferson, principal redator da Declaração de Independência e terceiro presidente dos Estados Unidos, foi explicitamente dito por um e pelo outro que há uma aristocracia natural, fundada no talento e na virtude,[9] destinada ao governo das sociedades, e que a melhor forma política é a que permite identificar esses aristocratas naturais. Etimologicamente, aristocracia é o poder dos melhores. Melhores, naturalmente, são os ricos. A aristocracia estava associada à propriedade. Para Adams, "[...] a anarquia e a tirania começam a partir do momento em que se admite a ideia de que, em sociedade, a propriedade não é sagrada como o são as leis de Deus e de que não há a força da lei e a justiça pública para protegê-la [...]" (ROBERTS, 1977 apud DUPUIS-DÉRI, 2013, p. 167).[10] Alexander Hamilton afirmou que a democracia é um ataque à propriedade privada (LANIEL, 1995).

"Glorificar o povo declarando-o soberano é uma maneira eficaz de seduzi-lo [...]", comenta Dupuis-Déri (2013, p. 226), o que não é de modo algum perigoso, uma vez que logo se afirma que os representantes que o povo, elegeu sabem melhor do que ele mesmo o que lhe convém:

> [...] os representantes são capazes de discutir sobre as questões para as quais o povo é coletivamente inapto [...]. Não é necessário que os representantes, que receberam uma instrução geral dos seus eleitores, esperem para serem instruídos especificamente sobre cada questão [...] (ADAMS, 1972 apud DUPUIS-DÉRI, 2013, p. 229-230).[11]

O federalista Noah Webster proclamou que, para evitarem as inúmeras maldições em que caíram os Estados livres da Antiguidade, "[...] os modernos inventaram a doutrina da *representação*, que parece ser a perfeição do governo humano [...]" (WEBSTER, 1787 apud DUPUIS-DÉRI, 2013, p. 230). Na Convenção de Filadélfia de 1787, Alexandre Hamilton explicou que os ricos e os bem-nascidos controlam a massa instável do povo e, como não esperam nenhuma vantagem de uma mudança, vão necessariamente fazer um bom governo (FARRAND, 1966).

Outros atores importantes daquelas revoluções do final do século XVIII, em particular da francesa, rejeitaram o governo pelo povo, sem, no entanto, pretender que o povo se pudesse fazer representar. Para Robespierre (1792), somente por ficção se pode dizer que a lei é a expressão da vontade geral (ROBESPIERRE, 1792 apud DUPUIS-DÉRI, 2013, p. 145) e, para Benjamin Constant, exercer a soberania por representação é exercê-la de maneira fictícia (CONSTANT, 1814 apud DUPUIS-DÉRI, 2013, p. 147). A mesma ideia, mas com a intenção oposta, a de criticar a representação da vontade popular, foi formulada por Rousseau (1966, p. 134) "Os deputados do povo não são nem podem ser os seus representantes. [...] O povo inglês pensa ser livre; ele se engana, pois só o é durante a eleição dos membros do Parlamento; logo que estes são eleitos, é escravo, não é nada [...]".

Conceitualmente, eleição não combina com democracia. A eleição é um reconhecimento de elitismo. Dupuis-Déri mostra que a mudança de sentido da palavra democracia e a sua associação à eleição de representantes deram-se, nos Estados Unidos, por volta de 1830, nomeadamente com o presidente Andrew Jackson, e na França pouco depois. As elites políticas passaram a apresentar-se como democratas a fim de consolidar a sua legitimidade junto ao povo. Desde então, utiliza-se a referência à democracia como um trunfo eleitoral. A palavra democracia entrou no jogo do marketing político e nunca mais saiu de lá. Dupuis-Déri propõe chamar de *agorafobia política* ao medo da democracia direta. *Agora* era a praça pública em que os cidadãos gregos reuniam-se para deliberar. Ora, hoje, um cidadão não eleito não pode participar das deliberações. As portas da *agora* abrem-se na democracia direta para deixar entrar e falar todos os cidadãos, enquanto na democracia representativa as do parlamento se fecham para o discurso popular, deixando falar somente os cidadãos eleitos. Para a *agorafobia política*, o povo é irracional, não controla as suas paixões e não pode governar para o bem comum. Ao contrário, para a *agorafilia política*, é a elite governante que é irracional, dominada por sua paixão pelo poder e pela glória.

Em um livro publicado na França em 1837, a velha democracia, a da Grécia antiga, era assim caracterizada: "Haverá domínio mais cego e mais tirânico que o das massas que não têm nada, não sabem nada, invejam tudo e proscrevem o mérito e a fortuna que lhes fazem sombra?". Por volta de 1860, a nova democracia é apresentada como razoável, pacífica, observadora da lei. Como escreve Dupuis-Déri (2013), no espaço de duas ou três gerações, a palavra democracia, que durante mais de dois mil anos significou o governo do povo pelo povo, passou a designar um regime em que um punhado de políticos eleitos tomam as decisões em nome do povo.

A QUESTÃO DA DEMOCRACIA NOS DIAS DE HOJE

Hoje, na lei escrita já não há escravos, as mulheres partilham a cidadania com os homens, os interesses das crianças são protegidos e, em alguns países europeus, os estrangeiros que não fazem parte da União Europeia podem votar nas eleições locais. No entanto, *de fato*, para os cidadãos, a situação hoje é menos democrática em todos os países do que na *polis* ateniense. Isso acontece porque toda uma série de manipulações legais mais ou menos disfarçadas, e sobretudo de práticas, faz que o povo não seja governado nem por ele nem para ele. Em Atenas, todos os cidadãos podiam intervir diretamente nas decisões importantes, o que não acontece nas democracias atuais se excetuarmos os referendos, que são raros e estão sujeitos a regras dissuasivas, além de os seus resultados serem desrespeitados (a Suíça é um caso à parte).

Proponho uma analogia. A propósito da leitura, distingui entre palavras e pseudopalavras. As pseudopalavras são quase palavras: formadas pelas mesmas letras do alfabeto, em sequências governadas pelas mesmas regras do código ortográfico da língua, podem ser lidas (pronunciadas) sem dificuldade pelo leitor competente. Só lhes falta significado. Não existem no nosso léxico. Em relação à democracia ocorre algo parecido. Tal como a pseudopalavra só lhe falta o objetivo, o de transmitir informação, a pseudodemocracia não persegue o objetivo da democracia, visto que não serve os interesses de todos, mas de uma minoria. A democracia formal, se bem que institucionalmente apetrechada, é, por conseguinte, uma "pseudodemocracia". E, tal como as pseudopalavras evocam palavras com menor ou maior facilidade (comparemos aplivra e pilavra), também as pseudodemocracias podem afastar-se mais ou menos da democracia. Tal como nas pseudopalavras há partes de palavras, também nas pseudodemocracias há, em geral, alguma promessa de democracia que não chega a concretizar-se.

Para efeitos de análise empírica, a definição de democracia deve ser minimalista em termos de características. Em vez de legitimar *a priori* certos fenômenos, por exemplo, a economia de mercado e a existência de partidos institucionalizados, como traços centrais e necessários, é mais útil tratá-los como variáveis independentes e investigar a sua influência na concretização dos conceitos-chave da democracia.

Os conceitos-chave podem ser modos de intervenção dos indivíduos no exercício do poder, como competição e participação (DAHL, 1971). No entanto, embora a democracia permita resolver confrontos, as decisões políticas não resultam todas de uma competição e a participação nelas não pode ser obrigatória. Além disso, a definição de democracia deve indicar o objetivo que permite alcançar e aquilo que lhe é específico. Ora, aquelas características também se aplicam, por exemplo, aos jogos.

Assim, é preferível fundar a democracia nos atributos (bens imateriais) que são reconhecidos aos indivíduos por meio do exercício do poder e, tal como na democracia ateniense ou como aquela com que sonhavam as revoluções do final do século XVIII, considerar a liberdade e a igualdade como os dois conceitos-chave da democracia. Em princípio, a democracia é a organização política da sociedade que permite alcançar o máximo de liberdade e igualdade possível para todos os cidadãos, e a sua especificidade é o debate generalizado e o acesso de todos às decisões importantes.

O que são, ou devem ser, liberdade e igualdade? Em que medida uma depende da outra? Se nem todos os indivíduos concordam em ser livremente iguais, poderá esperar-se que venham a ser igualmente livres?

NOTAS

1   Em Esparta, onde só reis e ilustres faziam propostas, o voto era por aclamação, ganhando o grupo que gritasse mais. Os atenienses do século IV votavam primeiro com as mãos e, mais tarde, secretamente.
2   Essa frase deve-se a Daniel Webster, que em 1830 falou de "[...] um governo do povo feito para o povo, feito pelo povo e responsável perante o povo [...]". O elemento crítico da definição é "governo pelo povo", que aponta para a democracia direta, mas que, na versão de Webster ("feito pelo povo"), não exclui a democracia representativa.
3   É estranho que esse artigo não figure na versão em inglês do artigo da Wikipédia sobre A. Sen. Juntamente com outro artigo, foi publicado em tradução francesa e italiana, sob o título comum "A democracia dos outros".
4   Córdoba e Bagdá podiam então aspirar ao título de lugar mais civilizado no planeta.
5   Nomeadamente, ceifas, partilha da colheita comum, corte de madeira nas terras comunais, restauro de pontes, poços e moinhos, contratação do professor primário, dos pastores, dos

guardas florestais, designação dos que serviriam na milícia e do representante junto da corte, alojamento das tropas reais, etc.

6   A participação era obrigatória e os ausentes eram multados quando a questão era importante (p. ex., alienar uma parte dos bens comuns, decisão que requeria um quórum de 2/3). O voto fazia-se levantando a mão, ou por aclamação, ou ainda distinguindo-se os "por" e os "contra" por meio de bolas brancas e pretas.

7   Carta de John Adams de 8.08.1807 (ADAMS, 1972 apud DUPUIS-DÉRI, 2013, p. 10).

8   No mesmo sentido, na França, um dos delegados à primeira Assembleia Nacional depois da Revolução, Barnave em 1791, declarou que a democracia representa "[...] tudo o que há na natureza de mais odioso, de mais subversivo, de mais prejudicial ao próprio povo [...]". Segundo ele, a democracia é "[...] o maior dos flagelos [...]" (DUPUIS-DÉRI, 2013, p. 138).

9   Esse termo, na época, designava a competência política.

10 Também a seguinte frase é atribuída a Adams: "Os pobres são destinados ao labor, os ricos são qualificados para as funções superiores em razão da sua educação e da independência e dos lazeres de que gozam [...]" (LANIEL, 1995).

11 No mesmo sentido, na França, Emmanuel Sieyès, deputado da Assembleia Nacional, afirmou que o povo é incapaz de se governar e "não pode falar, não pode agir senão através dos seus representantes [...]" (SIEYÈS, 1989 apud DUPUIS-DÉRI, 2013, p. 141).

6

A liberdade

O conceito de liberdade só tem sentido se atribuirmos ao ser humano livre-arbítrio (*free will*) ou capacidade de escolha. Para o determinismo radical, tudo o que acontece é produto inelutável de causas anteriores: o ato que julgamos ter escolhido foi determinado por forças de que não temos consciência.[1] A concepção oposta é a de que podemos sempre fazer algo diferente do que fazemos. A psicologia e as neurociências cognitivas descrevem uma realidade bem mais complexa: há processos automáticos, não conscientes, que são causa direta de ações,[2] mas também dispomos de um sistema de autocontrole consciente que utiliza regras de racionalidade *lato sensu* (processos de raciocínio, conhecimentos verdadeiros ou falsos, normas – religiosas, filosóficas, ideológicas, morais, legais, convencionais – e costumes).

O livre-arbítrio faz parte da estrutura de nossa consciência, embora seja muito difícil prová-lo. Nunca duvidamos dele em situação de decisão (BAUMEISTER, 2008). Se é uma ilusão, pergunta Searle (2004), por que os homens se afrontam tanto a respeito da liberdade? Talvez por isso, se alguém é induzido a descrer do livre-arbítrio, ele se torna mais agressivo e menos disposto a ajudar os outros (BAUMEISTER; MASICAMPO; DEWALL, 2009).

A LIBERDADE DE ESCOLHER

O que é a liberdade de escolher: apenas um meio para obter fins, ou tem valor intrínseco? Para os Friedman (FRIEDMAN, M.; FRIEDMAN, R., 1980), se é livre para escolher porque a liberdade permite criar riqueza.[3] Para Marx e Engels (1846), a liberdade de escolher permite pôr a atividade dos indivíduos sob o seu controle: caçar de manhã, pescar depois de almoço, tratar do rebanho à tardinha, criticar depois do jantar, como me apetecer, sem ter de ser caçador, pescador, pastor ou crítico. A liberdade pessoal só é possível na comunidade porque a associação de seres humanos livres que trabalham com meios de produção comuns permite que cada um desenvolva as faculdades que entender.

A liberdade de escolher tem pertinência instrumental (o bem escolhido é meio para um fim) e pertinência intrínseca (escolher é o próprio fim). Não é evidente, porém, o modo de classificar certos bens. É o caso da vida, porque sem ela – meio de todos os meios – não há liberdade de escolher e, para certas pessoas, também é o caso da riqueza. Longevidade e riqueza mantêm justamente uma relação complexa. Vimos no Capítulo 2 que a pobreza reduz a longevidade. Isso nem sempre acontece quando se comparam países. Sen (1988) assinalou que o Estado de Kerala tinha um dos mais baixos índices de rendimento e um dos mais altos em longevidade e que a África do Sul gozava de um PIB sete vezes maior do que o Ceilão, mas de uma longevidade bem menor (54 *versus* 70 anos). As políticas públicas de saúde e distribuição de alimentos explicam casos como esses.

Para situações excepcionais, remédios excepcionais! Tomemos os dados sobre o aumento da esperança de vida na Inglaterra e no País de Gales entre 1900 e 1960 (PRESTON; KEYFITZ; SCHOEN, 1972). Esse aumento foi maior na primeira década (4,1) do que na de 1950 (2,8). Contudo, os maiores aumentos ocorreram de longe nas décadas de 1910 (6,6) e de 1940 (6,8), que incluíram as grandes guerras. Aconteceu algo de bom? Sim. As guerras obrigaram a criar sistemas planificados de distribuição dos bens essenciais (alimentação, cuidados de saúde) que conduziram à melhoria da nutrição e da saúde. É enorme a influência que as decisões públicas de cunho social podem ter no bem primordial: viver.

Escolher tem valor além do valor da coisa escolhida. Admitamos que, depois da escolha, todas as outras alternativas tornaram-se indisponíveis. A coisa escolhida é a mesma, mas de algum modo a escolha não é mais escolha. Perdeu parte do seu significado. Como disse Sen, não comer só é abstinência quando se pode escolher entre comer e não comer. Fazer e escolher fazer têm talvez os mesmos efeitos físicos, mas os mentais são muito diferentes. Ler todos os dias o jornal X e mais nenhum deixa de ter o mesmo sentido se o governo decidir que só se pode publicar X: ao privar-me da liberdade de escolher, o governo pode até fazer com que eu não leia mais o jornal X. Precisamos de alternativas: as alternativas não escolhidas iluminam as razões da escolha.

Há, no entanto, situações em que preferiríamos não ter de escolher. Quando, por exemplo, duas opções são muito atraentes, ter de rejeitar uma delas pode criar um conflito interno e atrasar a escolha (LEWIN, 1951). Segundo a teoria da escolha racional, é melhor escolher entre muitas opções do que entre poucas (ARROW, 1951). Porém, vários estudos mostraram que, em algumas situações, as pessoas preferem escolher entre menos opções (IYENGAR; LEPPER, 2000).[4]

A sociedade capitalista suscitou nas últimas décadas uma exigência de escolha tão grande que hoje se fala de tirania da liberdade (SCHWARTZ, 2000). Essa ideologia da escolha, que caracteriza as classes alta e média dos países ocidentais e que é utilizada tanto para alimentar o individualismo quanto para justificar e promover o capitalismo, não é partilhada pela classe trabalhadora desses países,[5] nem, sobretudo, pelas outras culturas contemporâneas, o que deixa de fora 95% da população mundial. Markus e Schwartz (2010) mostraram, por meio de vários exemplos de estudos comparativos, que a escolha não é uma aspiração universal; é uma construção cultural das classes ocidentais ricas e instruídas.

Enquanto a sociedade ocidental privilegia a independência dos indivíduos, nas outras, em particular na Ásia do Sul e do Leste, predomina o modelo de interdependência, que valoriza a empatia, a reciprocidade, a pertença, o parentesco, a lealdade, o respeito, a polidez e as obrigações sociais. Espera-se de cada pessoa que ela procure satisfazer as expectativas das outras e que trabalhe para o bem da sua relação com elas. O bem-estar é alcançado e mantido fazendo-se parte de um sistema de boas relações interpessoais. Na perspectiva de um "eu" interdependente, uma pessoa que insiste em exprimir as suas preferências é imatura, pois não procura adaptar-se aos desejos dos outros ou às exigências da situação.

Para o ocidental típico, a escolha é uma maneira de afirmar a sua independência, a sua liberdade, enquanto para o oriental ela se enquadra harmoniosamente numa rede de relações previsíveis. Uma consequência importante do investimento individualista da situação de escolha é o sentimento de ter contribuído para os resultados e, portanto, da sua responsabilidade pelos efeitos quer positivos quer negativos da decisão tomada. A pressão das múltiplas escolhas, associada aos riscos de rejeição social e de necessidade de manutenção do *status*, pode ser uma das razões do enorme aumento da incidência da depressão ligeira e moderada nas sociedades ocidentais contemporâneas (dez vezes mais frequente do que há cem anos). A hipótese de que a depressão possa constituir uma resposta adaptativa, como mecanismo para ajudar a manter relações sociais e prevenir riscos graves, é confirmada por análises de dados autobiográficos de adultos trabalhadores (DUNN; WHELTON; SHARPE, 2012).

Há uma grande diferença entre a interdependência nas sociedades orientais e a da classe trabalhadora nas sociedades ocidentais. No Oriente, faz parte da ideologia dominante e é coerente com o contexto institucional, enquanto no Ocidente resulta do baixo *status* da classe trabalhadora e das suas condições de vida desfavoráveis. Se as causas são diferentes, o resultado vai no mesmo sentido. Nas mesmas situações experimentais em que foram comparados estudantes norte-americanos e japoneses (MARKUS; SCHWARTZ, 2010), os participantes norte-americanos da classe trabalhadora tiveram comportamentos mais semelhantes aos dos japoneses do que aos dos outros norte-americanos.[6]

As escolhas que são oferecidas objetivamente às pessoas, segundo a sua classe social, não são as mesmas, como mostram as reações de sobreviventes do furacão Katrina, interrogados sobre o que fizeram no momento (STEPHENS et al., 2009). Os indivíduos com recursos descreveram as suas ações como escolhas, revelando independência e controle, e afirmaram que quem não foi transferido escolhera ficar. Os trabalhadores disseram que se mantiveram fortes e ajudaram os outros, mas para eles não havia escolha entre ficar ou não ficar. Para os que têm recursos, a proliferação das escolhas cria um mundo de oportunidades, e por isso consideram difícil entender que os outros não tentem aproveitar o que eles próprios pensam estar ao alcance de todos. Muitos julgam os outros responsáveis por não terem ousado sair das condições em que vivem, o que os faz não sentir empatia ou compaixão.

Além dos efeitos de cultura e de classe social, uma explicação única da tendência a preferir dispor de muitas ou poucas opções pode ser o fato de as pessoas estarem ou não inseridas em redes sociais que lhes dão um sentimento de segurança. Ybarra, Lee e Gonzalez (2012) realizaram um experimento em que os participantes tinham de pagar para dispor de mais opções na compra de um celular. Os que foram induzidos a pensar em relações sociais positivas mostraram menor necessidade de escolha do que os que pensaram em relações hostis ou simplesmente em um objeto neutro. A medida do sentimento de calma e segurança explicava inteiramente o efeito observado de menor necessidade de controle e de escolha. As relações sociais que conduzem a uma redução de ansiedade são, sem dúvida, relevantes para todas as pessoas.

A liberdade de cada indivíduo e a sua vontade de autorrealização são valores que a cultura ocidental tem promovido e que devem ser preservados. Não são incompatíveis com o sentimento de pertença a círculos que vão do casal e da família até a espécie e o nosso sistema ecológico. Esse sentimento incute responsabilidade, desejo de zelo e consciência de que a perda de liberdade determinada por tais laços é a contrapartida da gratificação que eles nos trazem.

Porém, liberdade de escolher não implica dever de escolher. Há escolhas que requerem deliberação e outras que, à semelhança dos atos automáticos geridos pelo cérebro, podemos deixar para a organização social que nós mesmos ajudamos a instalar e a manter. Devo a Tim Shallice (1982) este comentário: se ficarmos gravemente doentes, não é preferível termos na nossa região um bom hospital a termos de escolher, dentre muitos, para qual queremos ir? O que é melhor: um sistema de competição entre múltiplos hospitais privados, dirigidos por interesses econômicos, ou uma boa rede de hospitais públicos?

LIBERDADE E CAPACITAÇÃO

A liberdade não deve ser confundida com o poder de escolher. Todos são livres para comprar um carro caríssimo, mas poucos têm poder econômico para isso. Não ter dinheiro não é privação de liberdade, mas de poder

(KNIGHT, 1947). Em alguns países, todos temos a liberdade de exprimir as nossas ideias sem receio de represálias, mas não temos os mesmos meios para exprimi-las e alguns não têm inclusive nenhum meio. Aqui intervém a necessidade do aprofundamento e da universalização da literacia e da educação.

A teoria das capacitações considera que os objetivos políticos não devem ser os funcionamentos (ter atividades úteis, uma vida saudável, etc.), mas as capacitações que permitem os funcionamentos, cabendo aos indivíduos utilizá-las ou não segundo a sua escolha de vida (NUSSBAUM, 2011). Os objetivos também não devem ser apenas as satisfações. Uma máquina de experiências que provocasse a ilusão de comer, amar, criar, suscitando os estados fisiológicos ou emocionais correspondentes, sem que o indivíduo tivesse realmente comido, amado, criado, subestimaria o papel crucial da atividade. Capacitar as pessoas é pôr ao seu alcance os meios de agir.

Para Nussbaum (2011, p. 95-96), não tem sentido distinguir as liberdades, como fez Berlin (1968), entre negativa, como ausência de restrições (p. ex., ausência de censura), ou positiva (p. ex., liberdade de expressão). Todas são positivas, liberdades de fazer ou ser alguma coisa, e têm de ser protegidas pelos governos contra as interferências de outrem. Por exemplo, nos países mais desenvolvidos, o Estado raramente intervém nas famílias, considerando-as como pertencendo ao domínio privado. Ora, segundo a teoria das capacitações, ele tem o direito e até o dever de intervir quando os direitos dos seus membros são violados, como é o caso, por exemplo, nas situações de violência doméstica.

Outra distinção que é rejeitada pela teoria das capacitações é a que separa "direitos primários" (políticos e civis) e "direitos secundários" (econômicos e sociais), uma vez que sugere que os primeiros não estão subordinados às condições econômicas e sociais. Na realidade, eles só podem ser plenamente praticados quando essas condições o permitem. Um analfabeto ou um desempregado que vive na rua dificilmente estará motivado para participar de processos eleitorais e dificilmente terá tido acesso à informação necessária para votar com conhecimento e reflexão.

Há capacitações essenciais, como poder exprimir-se e instruir-se, capacitações que prejudicam a própria pessoa, como a liberdade de não pôr o cinto de segurança, e capacitações que prejudicam os outros, como o assédio sexual. Há homens que acreditam que as leis contra o assédio interferem em sua liberdade. Como diz Nussbaum, a promoção da liberdade não pode constituir em absoluto um projeto político coerente. A liberdade concedida a uma indústria de poluir o ambiente limita liberdade dos cidadãos de usufruir de um ambiente saudável. Assim, toda liberdade implica a negação de outra. Há liberdades que implicam direitos fundamentais e outras que os violam. No mundo em que vivemos, não há justiça entre os sexos sem limitar, por exemplo, a liberdade masculina. Os direitos fundamentais têm de ser protegidos, mesmo contra a vontade de uma maioria ocasional, por meio de regras constitucionais apropriadas.

LIBERDADE E LIBERALISMO POLÍTICO

O liberalismo político teve precursores como, no século XIV, Guilherme de Ocam, autor de uma crítica do poder tirânico. Emergiu no século XVII com John Locke e desenvolveu-se nos século XVIII e XIX com os escritos de filósofos, economistas e políticos. No século XX, as "escolas" liberais proliferaram e o sentido do termo liberalismo deixou de corresponder a um núcleo de ideias em que todos os liberais se reconhecem ou relativamente ao qual alguém, tido por não liberal, não possa exclamar "ah, mas então também sou liberal". O mesmo acontece com o socialismo. Navegar no mundo das ideologias, guiando-se pelas palavras, só conduz a uma certeza: a de que nos perdemos. Em todo o caso, quem for de Lisboa a Nova York, ou vice-versa, deve mostrar na chegada um passaporte diferente daquele que mostrou na partida. O socialista num lado do Atlântico pode ser liberal no outro. Como na América do Norte o socialismo era odiado, os norte-americanos desejosos de combater as desigualdades sociais tiveram de se batizar como *liberals*.

O liberalismo defende a liberdade individual. No entanto, nem todos os que defendem a liberdade e o desejo de autorrealização do indivíduo se reconhecem no liberalismo político. Será liberal aquele que reivindica a liberdade para si sem a reivindicar para todos? É o individualismo que pretende que o bem do indivíduo não deve subordinar-se ao bem de todos ou a um bem mais geral. Se o artigo definido valesse para cada um e, portanto, para todos, conduziria a um *nonsense*: "O bem de todos não deve subordinar-se ao bem de todos". Assim, o "bem do indivíduo" quer de fato dizer o bem de alguns. O liberalismo político só é igualitarista quando reclama a igualdade perante a lei; não o é em relação à participação no poder e à distribuição da riqueza. É universalista porque quer para todos os países um objetivo único: a democracia limitada à sua forma política e, numa versão específica, a representativa. E a sua concepção de progresso é inconsequente porque apresenta a democracia como sendo o fim da história.

Há também que distinguir entre o liberalismo teórico, dos escritos, e o da prática social, que por vezes se afastam um do outro e por vezes convergem. O liberalismo na história depende do historiador que a conta. Neste capítulo, pareceu-me necessário levarmos em conta a confrontação das ideias com os fatos, e por isso me referirei largamente a um livro sobre a história do liberalismo, intitulado *Contra-história do liberalismo*, de Domenico Losurdo (2013).[7]

Será informativo começar por percorrer essa história e contra-história tomando como marcos três pensadores britânicos, estritamente não contemporâneos: John Locke (1689), do século XVII – disse anteriormente que o liberalismo político emergira com ele –, Adam Smith (1776), do século XVIII, e John Stuart Mill (1861), do século XIX.

OS CLÁSSICOS DO LIBERALISMO

Locke não é o pai do liberalismo que os liberais evocam com mais entusiasmo. Acontece que ele defendeu a escravatura, o que na época não era pecado, e pode facilmente compreender-se o porquê de a ter defendido. Esse filósofo inglês foi um dos acionistas da Royal African Company, portanto investia no tráfico dos escravos e, como secretário do Conselho do Comércio e Plantações, também tinha interesse pessoal no avanço expansionista das colônias brancas na América do Norte. Durante muitas gerações que o seguiram, isso não teria sido razão para vergonha no seio das elites ocidentais, visto que 10 dos 14 primeiros presidentes dos Estados Unidos da América (e durante 32 anos dos primeiros 36 da nova nação) foram grandes proprietários de escravos, em geral provenientes da Virgínia, onde havia 40% deles (LOSURDO, 2013, p. 21).

Locke participou na redação da regra constitucional segundo a qual "[...] todo cidadão livre da Carolina exerce um poder e uma autoridade sem limites sobre os escravos negros, quaisquer que sejam as opiniões destes ou a sua religião [...]" (LOCKE, 1689 apud LOSURDO, 2013, p. 12). Diz Losurdo (2013, p. 34) que os dois "Tratados sobre o governo" são momentos essenciais da consagração ideológica do nascimento da Inglaterra liberal. Inspirados pelo *pathos* da liberdade e da condenação do poder absoluto, que reduzia os cidadãos à escravidão política, eles também legitimam a escravidão. "Os cativos, apanhados numa guerra justa, mereceram perder a vida, à qual já não têm direito, e por conseguinte a sua liberdade (ficando) submetidos ao domínio absoluto e ao poder arbitrário de seus senhores." (LOCKE, 1689 apud LOSURDO, 2013, p. 34-35). Quanto aos "selvagens" das Índias ocidentais, eles ignoram o trabalho – ocupam uma terra que não valorizam, pelo que esta não tem dono –, a propriedade privada e o dinheiro. Ora, Deus não pode aceitar que o mundo que Ele criou permaneça "[...] indiviso e inculto [...]" (LOCKE, 1689 apud LOSURDO, 2013, p. 35), subentendendo que Deus criou a propriedade privada e o trabalho. Enfim, Locke também condenou, em sua *Letter concerning tolerance*, uma "população de bandidos" (LOCKE, 1689 apud LOSURDO, 2013, p. 36), a dos "papistas", que são como "[...] as serpentes, às quais não se justificaria fazer cuspir o veneno por meios mais doces [...]" (LOCKE, 1689 apud LOSURDO, 2013, p. 12). Os papistas são os católicos irlandeses – revoltados contra a opressão e a espoliação de que eram vítimas por parte dos colonos ingleses –, incluindo os padres que não se faziam registrar e que eram marcados a ferro incandescente e por vezes punidos até à morte.

Locke distinguia entre os escravos e os servidores. O escravo é reduzido ao estado de coisa, de mercadoria. Assim, os colonos das Índias ocidentais possuíam "escravos e cavalos" com base numa "compra" regular, após regateio e pagamento em dinheiro (LOCKE, 1689 apud LOSURDO, 2013, p. 55).

Os servidores tinham sido previamente indivíduos livres que, por contrato de trabalho assalariado, tornaram-se criados de outros. Eles são submetidos à disciplina do senhor, mas não ao seu poder ilimitado. Diz Losurdo que

> Locke se pronuncia a favor da escravidão negra nas colônias e da servidão ou semisservidão para os trabalhadores assalariados da metrópole. Ao mesmo tempo, em relação à aristocracia, desenvolve um *pathos* da Commonwealth e da *civitas* que evoca os modelos republicanos da Antiguidade (LOSURDO, 2013, p. 144).

O filósofo liberal procurava legitimar uma escravatura racial e social que se afirmava na Inglaterra colonial e pré-capitalista.

O princípio de igualdade, segundo Locke, só valia para "[...] criaturas de uma mesma espécie e de uma mesma ordem [...]" (LOCKE, 1689 apud LOSURDO, 2013, p. 56). Entre elas, a desigualdade seria abissal, inclusive no plano mental. Locke escreveu que a maior parte dos homens de baixa condição que passam toda a vida a procurar subsistir não são capazes de vida intelectual e moral, sendo que

> [...] um homem que consome toda a sua vida num ofício penoso não pode instruir-se sobre a diversidade das coisas do mundo, tal como um cavalo de carga que vai ao mercado por um caminho estreito e lamacento não pode tornar-se conhecedor do mapa do país [...] (LOCKE, 1690 apud LOSURDO, 2013, p. 107).

Para Locke,

> [...] há mais diferença a este respeito entre certos homens e outros homens do que entre certos homens e certas bestas", e "um jornaleiro não é mais capaz de raciocinar do que um idiota: nenhum deles atingiu o nível das criaturas cristãs racionais [...] (LOCKE, 1690 apud LOSURDO, 2013, p. 109).

Em 1697, Locke escreveu sobre os métodos que poderiam tornar rentável a pobreza. As crianças de famílias pobres que não são capazes de as alimentar deveriam ser retiradas dos pais desde os 3 anos (LOSURDO, 2013, p. 99). Essa medida é apresentada como benéfica no plano econômico e moral (LOSURDO, 2013, p. 102).[8] Quanto aos mendigos, devem ostentar um sinal distintivo, ser vigiados por bedéis e impedidos de pedir esmola fora da zona e do horário autorizados. Os bedéis, por seu lado, devem ser controlados por guardas para que executem a sua tarefa com o zelo e a severidade necessários. Quando um mendigo é encontrado pedindo esmola perto de um porto, deve ser embarcado à força na marinha militar e se, tendo desembarcado, permanece em terra além do tempo permitido, deve ser punido como desertor, isto é, sujeito à pena capital. Quanto aos mendigos ilegais, serão internados numa casa de correção ou numa *workhouse* (casa de trabalho para os pobres). O diretor da *workhouse* "[...] terá como única remuneração ou gratificação o que é produzido pelo trabalho dos delinquentes e poderá obrigá-los a trabalhar segundo a sua vontade [...]" (LOSURDO, 2013, p. 86).

O liberalismo lockiano era uma defesa vibrante da liberdade, mas de uma casta. Os outros não mereciam a liberdade: eram gente, ou mesmo mercadorias, de outra espécie e de outra ordem, aos quais estava reservado o trabalho, as *workhouses*, as punições e a morte nos presídios ou nas guerras. Losurdo (2013, p. 144) lembra que Thomas Jefferson, o principal redator da Declaração da Independência norte-americana, falou de Locke como um dos autores de referência para compreender os "princípios generosos da liberdade" em que se inspiraram os Estados Unidos.

Avancemos um século e passemos a Adam Smith, o *Candide* do liberalismo econômico. Conforme escreveu em seu famoso livro *An inquiry into the nature and causes of the wealth of nations*, mais conhecido por *A riqueza das nações*, de 1776, o indivíduo que dispõe de um capital utiliza-o da maneira que é a melhor para o seu próprio benefício, mas os seus esforços conduzem-no necessariamente a preferir a utilização que é a melhor para a sociedade. No comércio de transporte, o capital que o negociante de Amsterdã emprega para transportar trigo de Königsberg para Lisboa e fruta e vinho de Lisboa para Königsberg vai servir para desenvolver o comércio interior dos respectivos países e contribuir para o desenvolvimento das indústrias nacionais, fornecendo ocupação e rendimento a um número maior de indivíduos. Aquele que utiliza o seu capital no contexto de uma indústria nacional o fará de modo a que o produto lhe forneça o maior valor possível. Procurando o seu interesse pessoal,[9] é conduzido por uma mão invisível[10] a trabalhar para o interesse da sociedade de uma maneira bem mais eficaz do que se tivesse realmente essa intenção.

No entanto, as intenções de Smith eram profundamente sociais. Ele pensava que os três deveres do governo eram os seguintes: defender o país, defender cada membro da sociedade contra a injustiça e a opressão de outro membro[11] e, por fim, realizar obras públicas e instruir a massa do povo. Segundo Nussbaum (2011), ele foi influenciado pelas ideias dos estoicos. Adam Smith propôs a adoção de leis contra os monopólios e a limitação da influência dos lobistas financeiros para que o governo não ficasse amarrado às elites ricas.[12] Defendeu a regulação dos salários em favor dos trabalhadores de modo que tivessem um rendimento suficiente.[13] Por deplorar a perda de capacidades humanas entre as classes trabalhadoras,[14] reclamou ao governo a instrução pública universal, gratuita e obrigatória.[15] Talvez por tudo isso o seu nome foi recusado em meados do século XX quando a importante sociedade de Mont Pèlerin, então sob a influência dos ultraliberais, planejou rebatizar-se.

Numa questão Smith divergia crucialmente de Locke: ele era a favor da abolição do tráfego de escravos e contra a exploração dos povos colonizados. As suas motivações eram humanistas, como vimos anteriormente várias ilustrações, mas não só. Eram também teóricas. De maneira coerente com a sua teoria econômica, ele acreditava que só o pagamento ao trabalhador de um salário de que possa dispor livremente era suscetível de estimular a atividade individual e que o trabalho servil, trate-se de servidão ou de escravidão propriamente dita, apenas conduzia à estagnação econômica. Pensava ainda, e a história viria a dar-lhe razão,[16] que a escravidão nos Estados Unidos seria suprimida mais facilmente sob um governo absoluto que sob um governo democrático, visto que "[...] os legisladores são precisamente os senhores de escravos; eles nunca se mostrarão inclinados a separar-se de uma parte tão apreciável de sua propriedade [...]" (SMITH, 1759 apud LOSURDO, 2013, p. 15).

Um século depois, já na Inglaterra vitoriana, John Stuart Mill foi mais longe do que Smith, em particular no que diz respeito à questão da escravidão, porém de uma maneira mais ambígua. Mill propôs uma filosofia da liberdade como atributo de indivíduos independentes, mas também preconizou o bem-estar social e afirmou que ser virtuoso é querer aumentar o número dos felizes. Estava persuadido de que a educação contribuiria para criar, na mente de cada indivíduo, uma associação indissolúvel entre a sua felicidade e o bem da sociedade.[17] Para Mill (1861), a democracia direta ateniense aproximara-se da perfeição constitucional. Como membro do Parlamento, no qual segundo ele os operários deveriam estar representados,[18] apresentou o primeiro projeto de lei que defendia o voto das mulheres e comparou à escravidão as restrições que lhes eram impostas. Viu na escravidão "a mais flagrante de todas as violações possíveis" dos princípios liberais e saudou a insurreição negra de São Domingo e Haiti, o que Smith nunca teria feito se esta tivesse ocorrido no seu tempo. No fim de sua vida, Mill poderia ser definido como um liberal socialista e, por isso, sob a influência dos ultraliberais, também o seu nome foi recusado para rebatizar a Sociedade de Mont Pèlerin.

No entanto, Mill estigmatizou "[...] a ignorância e sobretudo o egoísmo e a brutalidade das massas [...]" (MILL, 1873 apud LOSURDO, 2013, p. 205) e distinguiu entre a "raça europeia" e os bárbaros, dos quais seria necessário exigir "obediência absoluta" para educá-los ao "trabalho contínuo", fundamento da civilização, e por essa razão advogou uma fase transitória de escravidão para as "raças não civilizadas". "Há tribos de selvagens a quem uma indústria regular repugna de tal modo que quase não se consegue introduzir a vida industrial entre eles até que sejam subjugados ou reduzidos à escravatura." (MILL, 1848 apud LOSURDO, 2013, p. 254). No topo da hierarquia dos povos, Mill colocou os anglo-saxões, ou seja, a Grã-Bretanha e os Estados Unidos da América, e na sua base, além dos bárbaros, incluiu os chineses, que, segundo ele, "estão estacionários há milhares de anos e, se melhoria pode haver, esta só virá de fora [...]" (MILL, 1861 apud LOSURDO, 2013, p. 287). Reiterando a histórica atitude colonialista em relação à Irlanda, Mill considerava que, tal como a Índia, essa colônia não só era incapaz de autonomia, como também "[...] precisava de um bom e sólido despotismo [...]" (MILL, 1837 apud

LOSURDO, 2013, p. 277). Constatando o amplo movimento de conquistas coloniais, Mill preconizou, em *Considerações sobre o governo representativo*, uma universalização da submissão das populações mais atrasadas às mais avançadas, a que poderíamos chamar de globalização do colonialismo. Essa posição é coerente com a ideia de que a liberdade "só se aplica aos seres humanos na maturidade de suas faculdades". Ela não pode, portanto, ser reivindicada nem pelos menores nem pelas "[...] sociedades nascentes em que a raça pode ser considerada como menor [...]" (MILL, 1859 apud LOSURDO, 2013, p. 254).

A APROPRIAÇÃO PRIVADA DA LIBERDADE DOS OUTROS

Através de três grandes personagens, percorremos os três primeiros séculos de liberalismo e, apesar da clara evolução nas ideias em relação ao desenvolvimento do capitalismo e da colonização, verificamos uma constante: a liberdade proclamada é a liberdade de uma parte da população. Dela são excluídos os escravos, os pobres, as raças supostamente inferiores. Outra constante é a associação entre a liberdade e a propriedade privada, mesmo quando o objeto de apropriação é a vida ou o trabalho dos outros. Enfim, uma terceira constante é a ideia de que só têm direito à liberdade – e, portanto, a participar na governança política – aqueles que se beneficiaram de uma educação e de uma instrução superiores, porque os outros são irracionais ou intelectualmente imaturos.

Dois homens da França revolucionária, que podemos considerar como liberais, pronunciaram-se claramente contra a escravidão. Reagindo à exigência dos colonos norte-americanos de serem representados na Assembleia Constituinte não só em função do seu número, mas também em função do número dos seus escravos, disse Mirabeau:

> Se os colonos querem que os Negros sejam homens, então declarem-nos livres, sejam todos eleitores e todos possam ser eleitos. Caso contrário, pedimos-lhes que observem que, calculando o número de deputados em proporção da população da França, nós não tínhamos tomado em consideração a quantidade de nossos cavalos e de nossas éguas [...] (MIRABEAU, 1789 apud LOSURDO, 2013, p. 163).

Mais tarde, dirigindo-se aos Estados Unidos, ligeiramente menos irônico, porém mais contundente:

> Não abaixarei esta Assembleia nem a mim mesmo procurando provar que os Negros têm direito à liberdade. Decidistes esta questão, uma vez que declarastes que todos os homens nascem e mantêm-se iguais e livres; não é deste lado do Atlântico que sofistas corrompidos ousariam sustentar que os Negros não são homens [...] (MIRABEAU, 1789 apud LOSURDO, 2013, p. 163).

Condorcet foi igualmente muito claro:

> O Americano esquece que os negros são homens; não tem com eles nenhuma relação moral; para ele, são apenas um objeto de lucro [...] e tal é o excesso do seu estúpido desprezo por essa infeliz espécie, que, regressado à Europa, indigna-se por vê-los vestidos como homens e colocados ao seu lado [...] (CONDORCET apud LOSURDO, 2013, p. 39).

Já outros liberais do período pós-revolucionário, como Sieyès e Tocqueville, tinham uma posição racista de total aceitação da escravidão. Sieyès tratava os escravos como "instrumentos humanos da produção", pertencentes a um povo inferior ao dos chefes da produção ou das pessoas inteligentes e honestas (SIEYÈS apud LOSURDO, 2013, p. 109). Tocqueville – diz Losurdo (2013, p. 109) – descreve com lucidez e sem indulgência o tratamento inumano imposto aos índios e aos negros, mas isso não impede que trate os primeiros como animais[19] e que, sem levar em conta a luta dos povos da Índia e da China – que deveria ser legítima para um liberal – para se libertarem da opressão colonial britânica, afirme, por exemplo, que a vitória dos hindus seria a dos "selvagens", a "restauração da barbárie" (TOCQUEVILLE, 1857 apud LOSURDO, 2013, p. 281). Qualquer que seja o tratamento infligido aos escravos e aos povos que habitavam a América do Norte, o que Tocqueville vê nos Estados Unidos é um povo

> [...] em que o estado social, os costumes, as leis, tudo é democrático; em que tudo emana do povo e volta a ele e em que, no entanto, cada indivíduo goza de uma independência mais completa, de uma liberdade maior do que em qualquer outro tempo ou em outra região da terra [...] (TOCQUEVILLE, 1848 apud LOSURDO, 2013, p. 194).

Os séculos do aparecimento e do desenvolvimento do liberalismo, com inúmeras variantes (HALL, 1986; LAURENT; VARENTIN, 2012), foram também os da escravidão moderna, e a face iluminada do primeiro não pode esconder a horrenda face da segunda. São duas faces da mesma história. A escravidão moderna não foi um fenômeno limitado que hoje, por ter sido abolida apenas uma das suas formas, a mais aparente, a escravidão jurídica, poderíamos relativizar. Cito Losurdo:

> Em 1772, Arthur Young calcula que, entre os 775 milhões de habitantes do globo terrestre, somente 33 milhões gozam da liberdade e estão concentrados numa zona bastante limitada do planeta, que exclui a Ásia, a África, quase toda a América, sem esquecer a parte meridional e oriental da própria Europa. (2013, p. 189).[20]

A população escrava contribuiu grandemente, de maneira direta e indireta, para o desenvolvimento do capitalismo. Na América, de 330 mil em

1700, passou a quase 3 milhões em 1800 e ultrapassou os seis milhões na década de 1850 (BLACKBURN, 1997 apud LOSURDO, 2013, p. 47). Por volta de 1750, perto de 900 mil escravos pertenciam à Grã-Bretanha, seguida por Portugal com 700 mil; porém, como este era uma semicolônia (grande parte do ouro extraído pelos escravos brasileiros terminava em Londres (BLACKBURN, 1988 apud LOSURDO, 2013, p. 47), é evidente a contribuição do trabalho escravo para o desenvolvimento do capitalismo que pilotou a revolução industrial.[21]

A "liberdade moderna" é a liberdade de usufruir da propriedade privada. A liberdade dos modernos, oposta à dos antigos, segundo Benjamin Constant, chefe da oposição liberal na França pós-revolucionária, baseia-se no não dirigismo, na independência privada e na liberdade econômica. Para ele, toda autoridade que violar os direitos individuais (liberdade individual, religiosa e de opinião, garantia contra as arbitrariedades e usufruto da propriedade) é ilegítima. Na realidade dos fatos, a liberdade individual do liberalismo não é absoluta; é refém do próprio sistema de propriedade escravagista de que ela é a máscara. O sistema não permite ao proprietário de escravos torná-los livres, instruí-los, mesmo quando são seus filhos, nascidos de uma escrava, o que já é delituoso, e obriga-os a puni-los, por exemplo, pela castração (LOSURDO, 2013, p. 196-197, baseado na *História dos Estados Unidos*, de LABOULAYE, 1876). A corporação dos proprietários de escravos, como hoje as grandes corporações do capitalismo contemporâneo, estabelece a fronteira entre os comportamentos que garantem e aqueles que ameaçam os seus interesses. O direito de propriedade sobre outros seres humanos nasce de uma violência e mantém-se e morre pela violência. Ele é, inerentemente, violência. Mesmo um grande proprietário de escravos, jurista e liberal, James Madison, quarto presidente dos Estados Unidos entre 1809 e 1817, reconheceu que a escravidão moderna era, "[...] no apogeu da época das Luzes [...]", "[...] a dominação mais opressiva jamais exercida pelo homem sobre o homem [...]" (FARRAND, 1966 apud LOSURDO, 2013, p. 49).

A escravidão que tem sido questão aqui é jurídica, ou seja, foi legalizada pelo sistema jurídico do opressor, mas também existe a escravidão econômica, social e cultural. A miséria também é escravidão, e a vida dos miseráveis está nas mãos dos aplicadores da lei do opressor, tal como a dos escravos legais. Bernard de Mandeville, holandês por nascimento, mas que viveu na Inglaterra e escreveu em inglês entre os séculos XVII e XVIII, contou como centenas e quase milhares de miseráveis indigentes eram enforcados todos os dias "por pequenos nadas", fazendo-se da execução um espetáculo pedagógico para o povo (LOSURDO, 2013, p. 101). Mandeville convidava satiricamente os magistrados a não deixarem tolher-se pela compaixão ou por escrúpulos excessivos: é verdade que o pobre talvez tivesse roubado por necessidade; é verdade que as provas podem ser insuficientes, mas a propriedade e a paz da sociedade exigem que o culpado seja enforcado e o objetivo é de qualquer maneira não deixar nenhum culpado sem castigo. Joseph Townsend, cientista e vigário inglês do fim do século XVIII e princípios do XIX, precursor das teses malthusianas, pensava que "o capital de felicidade humana é fortemente aumentado" pela existência de pobres obrigados a aceitar os trabalhos mais pesados e penosos. Os pobres merecem a sua sorte, mas seria um desastre para a sociedade e para a economia se se corrigissem (TOWNSEND, 1971 apud LOSURDO, 2013, p. 105). Mandeville já dissera: "Para que a sociedade [...] seja feliz [...] é preciso que a maioria se mantenha tão ignorante como pobre [...]". Essas duas citações não são excepcionais (LOSURDO, 2013, p. 105).

A questão crucial, para as sociedades de classes, é assegurar a reprodução da classe dos "pobres" através das gerações. Reproduzir a pobreza é também reproduzir a iliteracia, e vice-versa. Na América do Norte, os Estados do sul tinham proibido, "sob penas severas", que os proprietários de escravos ensinassem a ler e a escrever aos negros a fim de que não se instruíssem e não desenvolvessem entre eles essa forma de comunicação de ideias (TOCQUEVILLE, 1986). Segundo Mandeville, o acesso dos pobres trabalhadores à instrução deve ser evitado a qualquer preço "para que a sociedade seja feliz" (LOSURDO, 2013, p. 132). Hoje, tais afirmações parecem inaceitáveis, mas não nos iludamos. Continua a ser crucial manter uma enorme distância entre a formação cultural, científica e tecnológica das elites e a formação técnica, profissionalizante ou apenas básica dos trabalhadores. Por isso, a educação pública de alto nível e generalizada constitui uma exigência indiscutível e inegociável para aqueles que rejeitam qualquer forma de escravidão e reivindicam a liberdade para todos.

Porém, o liberalismo de elite é manhoso. Sieyès propusera um cenário eugênico de cruzamento entre macacos (ele sugeria o orangotango) e negros a fim de criar seres domesticáveis e adaptados ao trabalho servil:

> [...] Se bem que extraordinária e um tanto imoral que essa ideia possa parecer à primeira vista, meditei-a durante muito tempo; não achareis outro meio, numa grande nação, sobretudo nos países muito quentes ou muito frios, para conciliar os diretores dos trabalhos com os simples instrumentos de base [...] (SIEYÈS apud LOSURDO, 2013, p. 133).

Esse cenário não se realizou; contudo, nos tempos que são os nossos e nos que se aproximam, outro mais eficaz, do ponto de vista da elite que provavelmente continuará a achar-se liberal, e que está cada vez mais visível, é a substituição do trabalhador por robôs e outros "seres" de vários tipos e graus de capacidade. Aos seres humanos que são trabalhadores pobres será atribuído um salário de subsistência, ou, perspectiva mais radical, matam-se ou esterilizam-se todos, de preferência aos poucos para dar menos na vista. É nos dias de hoje que esses caminhos, ou outros mais humanos, são decididos.

Hoje existe uma concepção intencionalmente popularizada do mercado como sendo uma força espontânea, que não podemos domar e de que, no máximo, só podemos adivinhar os "desígnios". A história da escravidão é particularmente instrutiva para rejeitar essa ideia. Durante vários séculos, a escravidão fez parte do mercado. Ora, o escravo-mercadoria e os servidores brancos, sob contrato, apareceram e mantiveram-se como consequência de decisões humanas (ou inumanas) que foram intrinsecamente políticas, embora tivessem motivações econômicas. O mercado é uma realidade econômica e financeira, mas ele resulta da ação política. Tal como pôde fazê-lo, a ação política pode refazê-lo e até desfazê-lo. O mercado financeiro dos nossos dias é um instrumento da classe ultrarrica, a do capitalismo financeiro. Servindo-se de políticos, economistas e comunicadores, que satisfazem os próprios interesses pessoais, essa classe reorganizou a sociedade em torno da democracia pseudorrepresentativa e do mercado financeiro. A escravidão jurídica desapareceu, porém as outras se mantiveram. Uma grande parte da sociedade não se beneficia do mercado financeiro. Se essa força, atualmente muito heterogênea, for capaz de unir-se e de impor a democracia direta, a sua ação política poderá transformar o mercado e abolir as relações de escravidão econômica e social.

O NEOLIBERALISMO

Os dias de hoje são os do neoliberalismo e da luta ideológica contra ele, por enquanto demasiado fraca por falta de elaboração de uma alternativa solidamente fundamentada e realista, situação que reflete a fragmentação das classes médias e pobres e o resultante desequilíbrio na confrontação com o poder econômico e político. Entre os liberais clássicos e os neoliberais há questões e ideias importantes que foram levantadas e tratadas por teóricos liberais que viveram a Segunda Guerra Mundial e o desenvolvimento do Estado social. Essas formas de liberalismo social serão evocadas no capítulo sobre a igualdade.

O neoliberalismo ou liberalismo radical, que se tornou ideologia dominante nas democracias representativas e que se impôs na política econômica dos países capitalistas, foi defendido desde o fim da Segunda Guerra Mundial por Hayek (1944, 1960) e depois por Friedman[22] (FRIEDMAN, H.; FRIEDMAN, R., 1980), assim como por muitos outros economistas.

Para Hayek, o mercado permite uma comunicação ótima da informação sobre o valor dos bens através do sistema de preços, e a sua eficiência, em termos de produção e distribuição de riqueza, é superior à que poderia ser alcançada pela razão humana. Como é impessoal e abstrato, e a distribuição que dele resulta não depende de uma vontade deliberada, ninguém tem culpa de haver desfavorecidos; e não se deve reclamar uma justiça redistributiva porque esta, anulando as diferenças entre os "jogadores", falsificaria os resultados. A democracia representativa, segundo Hayek, deveria ser reduzida a uma *peau de chagrin*. O papel dos governos é educar os indivíduos a serem responsáveis por si mesmos, salvaguardar as regras jurídicas formais e administrar a sociedade civil. Não se justifica manter instituições e mecanismos para determinar interesses comuns. Discutir com todos os cidadãos é contraproducente.

Friedman (1977) explicou a necessidade do liberalismo pelo fato de fornecer o único método de organização social suscetível de evitar o domínio dos inferiores pelos superiores, dizendo ser este o método que Smith preconizara: a cooperação voluntária entre indivíduos em que cada um é livre para utilizar suas capacidades e seus recursos como melhor entender. Assim formulado, tal método não se distingue daquele que Marx defendera. A noção de cooperação voluntária em Friedman seria mais do que hipócrita se não concluíssemos que o seu objetivo não era evitar as desigualdades sociais entre os indivíduos, mas sim permitir a concorrência pacífica entre os capitalistas. O sujeito do liberalismo não é o indivíduo que faz parte da massa do povo, é o proprietário do capital. A intervenção política de Friedman não deixa dúvidas a esse respeito. Apoiou todos os presidentes e candidatos à presidência pela ala direita do Partido Republicano, incluindo George W. Bush, que lhe enviou uma vibrante homenagem e manifestou o seu contentamento pelo advento do liberalismo na China, onde foi apresentar as suas ideias. No apoio às políticas ultraliberais, Hayek foi mais longe do que Friedman, justificando o regime ditatorial de Pinochet.[23]

Hayek e Friedman estão na origem da ideia de que o capitalismo (apresentado como liberdade econômica) é uma condição necessária da liberdade política e, de fato, estão correlacionados, mas sem que haja relação de causa e efeito. Correlacionam-se também com outras variáveis. Os dados analisados quando se leva em conta não só a evolução recente, mas também a observada ao longo do século XIX em 33 países, sugerem que o nível de educação pode explicar tal associação (PRYOR, 2010). A situação atual de países como China, Rússia e Cingapura também desmente a crença de que o capitalismo promove a democracia (KAGAN, 2008). Não há qualquer indicação, por exemplo, de que os capitalistas chineses sejam favoráveis à democratização (TSAI, 2007).

A liberdade é "medida" por organismos acreditados. A Freedom House atribui anualmente a cada país um "índice de liberdade" (IL) que inclui "Direitos Políticos" (DP) e "Liberdades Cívicas" (LC). O escore de DP é calculado considerando-se o processo eleitoral, o pluralismo político, a participação e o funcionamento do governo; o de LC baseia-se nos direitos individuais, na autonomia pessoal, na liberdade de expressão e de crença, assim como nos direitos de associação e organização. A Freedom House publica um "índice de democracia eleitoral" calculado com base nos DP, em que têm mais peso as questões relativas ao processo eleitoral. Com base no IL, classifica os países em livres, parcialmente livres e não livres, sendo livre aquele país em que há competição política aberta, respeito pelas liberdades cívicas e *media* independentes. A perspectiva da liberdade política é dominante, e nesta sobressai a realização de eleições "livres". As eleições seriam a essência da democracia.

É oportuno assinalar a tensão que existe entre a defesa liberal dos direitos do indivíduo e a aceitação da liderança política no contexto da democracia representativa (tensão que não deveria existir, em princípio, na democracia direta). O aparecimento de líderes fortes pode ser uma ameaça à liberdade individual, na medida em que a sua ação tende a escapar do controle dos cidadãos e deveria provocar desconfiança em relação à democracia representativa. É impressão corrente que, nas últimas décadas, não tem havido muitos líderes políticos com ideal e grandeza. Uma previsão, não muito arrojada porque já está acontecendo, é a de que, nos países de democracia representativa, o neocapitalismo[24] favorecerá a emergência de líderes-funcionários com fraca personalidade.

O CHARME DISCRETO DA LIBERDADE SEGUNDO A IDEOLOGIA LIBERAL

Antes de abordar a questão dos políticos e dos partidos, armadura da democracia representativa do nosso tempo, tenho de deixar no ar uma pergunta para reflexão: o que é essa liberdade que todos reivindicam?

É uma palavra que pode esconder diversos sentidos. Segundo o liberalismo clássico, é o direito de viver e agir segundo a sua vontade. Contudo, há que se distinguir entre vida íntima, comportamental, política, social e econômica. Ninguém, fora do confessional, preocupa-se com a vida íntima. A liberdade comportamental deve ter limites, já que de outro modo a violência e o crime ficariam sem punição e se tornariam ainda mais frequentes. A liberdade política e a liberdade social (de associação) podem incomodar, mas devem ser plenamente respeitadas e só podem ultrapassar os limites da ação não violenta quando o poder utiliza a violência ou a repressão. Nenhum dos limites indicados para essas liberdades fere a sensibilidade liberal. Resta a liberdade econômica. Ela inclui a liberdade de possuir, de produzir, de consumir, de trocar (objetos por objetos, objetos por dinheiro, divisas nacionais), aceitáveis inclusive pelas tendências socialistas mais radicais, mas inclui também a liberdade de fazer produzir um bem ou executar um serviço a troco de um salário, cujo montante é inferior ao valor acrescentado ou realizado pelo trabalhador. Este é o processo de acumulação do capital. É essa liberdade que o liberalismo reclama e emprega no contexto do sistema capitalista e que o socialismo anticapitalista rejeita. Sem essa liberdade, também não haveria a liberdade financeira dos mercados financeiros.

Porém, se todas as liberdades antes indicadas existissem na vida real, salvo a liberdade econômica e a financeira dela emergente, tanto o liberalismo clássico quanto o neoliberalismo diriam que a liberdade individual é escandalosamente desrespeitada. Desde Locke, a *Property* ou propriedade sobre si mesmo, resultante de uma lei natural, é a máscara racional, intelectualizada, da propriedade sobre o trabalho de outrem. Mas por que mística ou misteriosa razão deveria uma lei natural, ou a liberdade moral, conduzir necessariamente à liberdade econômica? Não é livremente que o trabalhador troca a sua força de trabalho por um salário inferior ao valor de sua produção. Qual é então a lei natural que o obriga a aceitar, senão a de ter de sobreviver? Será que o homem que só preza a sua liberdade vale mais do que o homem que preza tanto a sua quanto a dos outros? E qual é o valor moral de uma sociedade em que o sucesso de cada indivíduo é obtido à custa do fracasso de outros?

No liberalismo, a relação conceitual entre liberdade e trabalho também é inevitavelmente ambígua. Faz parte da liberdade do indivíduo beneficiar-se inteiramente dos frutos do seu trabalho, o que constitui argumento para recusar a imposição fiscal de seus ganhos pelo Estado. Mas de que trabalho se fala? O trabalhador não se beneficia inteiramente dos frutos do seu trabalho, porque a sua posse lhe é recusada e porque a sua remuneração é apenas uma parte do valor que produz. Quem é apresentado como trabalhador é, afinal, o capitalista.

Segundo a corrente anárquica do liberalismo, deve recusar-se o direito ao trabalho (pelo verdadeiro trabalhador), com base na ideia de que o direito mata a liberdade. Em outras palavras, o direito ao trabalho faz com que seja o Estado a organizar a economia e a obrigar o indivíduo livre (o capitalista) a dar trabalho ao trabalhador (ou a contribuir para subsídios de desemprego). O direito ao trabalho não é o único que fere a liberdade. Todos os direitos sociais conduzem à sujeição de indivíduos a outros através de mecanismos como os impostos e a organização da ajuda. Para o filósofo anarcoliberal Nozick (1974), a imposição sobre os bens que provêm do trabalho equivale aos trabalhos forçados. Como escrevem Laurent e Valentin (2012), não é tanto o princípio de uma assistência que choca a definição liberal do direito – Kant aceitara os impostos, Tocqueville recomendara a caridade –, mas sim o reconhecimento da justiça social como um direito do ser humano. Aceitar que haja tais direitos é aceitar que uma entidade – o Estado – intervenha para os fazer respeitar.

PROFISSÃO: POLÍTICO

A organização da justiça social, no cotexto da sociedade capitalista, requer uma instituição, o Estado. Tal como o misterioso Mercado, também o Estado é um conjunto de seres humanos que fazem funcionar a instituição. O capitalismo conduziu ao desenvolvimento de uma forma típica de pseudodemocracia, a democracia representativa, que criou uma nova carreira profissional, a de político.

A política tornou-se uma profissão a partir do início do século XX. Os políticos de carreira, classe especial de cidadãos, entram na carreira desde o início da idade adulta e tendem a manter-se nela até a velhice ou a morte (sem aposentadoria obrigatória).²⁵ Vivem *para* a política, mas também *da* política (WEBER, 1919). Além da remuneração oficial, os que estão em relação direta com a vida econômica podem tirar proveito de benefícios dissimulados em contrapartida de apoio político.

Os políticos agrupam-se em partidos, escolhem o que melhor lhes convém por motivos ideológicos, às vezes de maneira oportunista. Como o partido são os seus quadros, o seu interesse confunde-se com o seu interesse profissional, temperado por seus valores ideológicos, ou os valores ideológicos temperados pelos interesses profissionais, em proporção variável. Menos visíveis, porém mais decisivos, formam-se interesses entre o partido e os grupos econômicos. A oligarquia política e a econômica estabelecem acordos, trocam serviços. Hoje, assiste-se à interpenetração do protagonismo político e econômico: nomeiam-se ex-presidentes de instituições financeiras para membros do governo e ex-membros do governo para presidentes de instituições financeiras.

Esses interesses individuais e de grupo determinam a vida política dos países de democracia representativa, não favorecendo a representação do povo e a direção do Estado pelos mais capazes, honestos e idealistas. Por influência do capitalismo triunfante, um de seus mecanismos, a concorrência, é apresentado como motor de progresso econômico. No campo da política, a concorrência entre políticos profissionais e entre partidos com objetivos e interesses autocentrados, numa luta egoísta pela própria sobrevivência, não é propícia a um governo que favoreça o conjunto dos cidadãos ou a sua maioria.

O leitor perguntará a si próprio se penso que os partidos e os políticos profissionais não devem ser bem-vindos numa democracia. Parece-me normal que alguém tenha vontade de ser politicamente ativo durante toda a sua vida, mas não creio que seja bom, nem para essa pessoa nem para a sociedade, que ela só tenha uma formação de político e que não possa exercer uma profissão se o povo, por maioria, votar o seu "ostracismo". Político não deve ser profissão. Quanto aos partidos, o problema não está em sua existência; está na maneira como os partidos atuais agem na sociedade, designadamente em sua relação com as instituições.

O mecanismo concorrencial de engrandecimento próprio e de exclusão dos outros, caraterístico do funcionamento da economia capitalista, tem modelado os sistemas eleitorais. Os partidos no poder impõem regras que os favorecem. Em muitos países, somente os partidos podem apresentar candidatos, já que o cidadão tem o direito de eleger, mas não de ser eleito, pelo menos sem passar por um partido. O partido tem o direito de tomar a iniciativa e de apresentar "independentes", mas o faz por conveniência própria quando esses candidatos podem atrair um número importante de votos. Outra regra é a limitação de representação partidária no parlamento aos partidos que obtiveram no mínimo uma determinada percentagem de votos. Os maiores excluem os menores para dividir o poder entre si.

Em face dos partidos e dos políticos profissionais estão os eleitores. Muitos partilham objetivos ou interesses com um partido. A maioria não ignora as motivações egoístas dos partidos e dos políticos que contribuem para eleger, mas acredita sem grandes esperanças que são os menos piores. Enfim, outros, cada vez mais numerosos, preferem não votar por alheamento, desconsolo ou raiva.

Os políticos profissionais, qualquer que seja a sua orientação, apropriaram-se do Estado. Este se tornou a sua propriedade privada. Enquanto os "representantes" do povo forem políticos profissionais, o Estado será um poder confiscado pelos interesses econômicos e financeiros. O neoliberal Hayek queria que o Estado fosse um mero gestor que deixasse agir os mercados. Na realidade, os Estados estão fazendo mais do que deixar agir os mercados. Estão agindo contra todas as tentativas da sociedade civil e dos trabalhadores de defender os seus direitos contra os interesses dos atores que intervêm nos mercados. Hoje, na União Europeia, a comissão e o seu presidente agem em consonância com os interesses econômicos dos países mais poderosos da União, sobretudo da Alemanha, e o Parlamento, eleito diretamente pelos povos da União, pode exprimir-se, mas é impotente para contrariar as decisões inspiradas por tais interesses.

A INSUSTENTÁVEL LEVEZA DAS PRESSÕES EM PSEUDODEMOCRACIA

Entre os políticos/partidos e os eleitores encontram-se diversos tipos de intermediários: intelectuais reconhecidos, especialistas em matérias políticas, econômicas e sociais, representantes de minorias e de grupos que procuram defender os seus interesses (sindicatos de trabalhadores, organizações patronais, etc.), jornalistas da televisão, da rádio, dos jornais. A mídia contribui para "fazer" ou modelar a "opinião pública", que, em seguida, ao ser apresentada como realidade supraindividual indicadora de uma certa direção, reorienta o enquadramento das questões pelos políticos e pelos seus conselheiros e influi no voto (SLOTHUUS, 2008).[26]

Uma grande parte dos meios de comunicação social tem ligações com grandes grupos financeiros[27] e não são raros os casos em que os proprietários transformam os seus jornais ou canais de televisão em instrumentos de deseducação e desinformação popular, reforçando, em vez de combater, a pobreza sociocultural de parte significativa do povo e o seu afastamento das questões sociais e políticas. Quando a matéria é política, é frequente os jornalistas desviarem-se do exame racional dos problemas para caírem na personalização dos candidatos e na exploração de possíveis reações emocionais.[28]

O poder dos meios de comunicação só é comparável em força de impacto ao poder dos lobistas financeiros, de certas instituições internacionais e da diplomacia de grandes países estrangeiros. A democracia representativa não é um jogo que se trave exclusivamente e com transparência entre os candidatos e os cidadãos. Os dados estão viciados sem que os outros intervenientes sintam-se culpados de algum desrespeito pela democracia. Os ganhos e os riscos potenciais são muito grandes. No fim das contas, não é isso mesmo a política? Alguém ainda consegue defender que a política serve para construir um mundo melhor comum a todos?

Enfim, considere-se a influência sutil das caraterísticas e dos mecanismos psicológicos na tendência do indivíduo para agir politicamente. Uma análise de arquivos internacionais mostrou que um escore de participação política – calculado levando-se em conta as porcentagens de votantes entre os eleitores na mais recente eleição parlamentar[29] e de cidadãos que assinaram uma petição, juntaram-se a um boicote, participaram de uma manifestação legal ou fizeram greve[30] – estava correlacionado, num conjunto de 69 países, com um índice de tendência à ação calculado para várias áreas. Esse índice permitia calcular uma previsão da participação política independentemente do PIB e de uma medida do interesse político.[31]

Esse tipo de análise foi complementado por um estudo experimental. Nas respostas a um questionário sobre as intenções de participar na eleição presidencial de 2008 nos Estados Unidos, os participantes que haviam sido expostos, de maneira incidental, a palavras como *go* mostraram depois intenções mais fortes de participação do que os que tinham visto palavras como *stop* (NOGUCHI; HANDLEY; ALBARRACIN, 2011). A intenção de participação política, num país em que o cidadão tem a liberdade de votar ou não, é influenciada por sua tendência pessoal à ação ou à inação criada momentaneamente por sugestão. A liberdade é um bem precioso, mas frágil, acossado por todos os lados.

A liberdade não é apenas um direito formal. A utilização da liberdade faz parte da liberdade. E a utilização consciente, pertinente, da liberdade requer o conhecimento claro e aprofundado das situações em que é exercida e das consequências da decisão de ação/inação e de escolha entre as ações possíveis. Não nascemos livres, nascemos com uma promessa de liberdade. E é por isso que educar para a liberdade é crucial. A liberdade deve fazer parte dos objetivos da educação, e a alfabetização e a prática da literacia são dois dos instrumentos por meio dos quais nos forjamos como seres livres.

NOTAS

1   O determinismo radical impregna certas visões da ciência e a ideia de um deus onipotente e onisciente. Se este é onipotente e controla as nossas ações, não podemos agir de outra maneira; se nos deixa livres, então, como é onisciente, sabe como agiremos e, portanto, não podemos agir diferentemente. Ver Roskies (2006).

2   Escolhemos atravessar a rua, mas os movimentos dependem de mecanismos automáticos.
3   Esta formulação suscita o seguinte comentário. Embora o indivíduo, em sua vida, possa escolher livremente perseguir um único fim, a concepção da liberdade fundada nessa procura, seja ela a da riqueza, é mais do que empobrecedora; é autodestruidora, é a liberdade de deixar de ser livre. Uma vez ultrapassado, na evolução dos seres vivos, o estágio em que a liberdade de escolha tinha apenas por função otimizar a probabilidade de sobrevivência, já não parece haver justificação para que a valorização da liberdade de escolha continue a resumir-se a um único objetivo.
4   Isso pode acontecer sobretudo quando há pouco tempo para escolher, ou quando as opções são apresentadas em ordem aleatória e com demasiada informação (SCHEIBEHENNE; GREIFENEDER; TODD, 2010). Também conta a personalidade de quem escolhe: há os otimizadores e os que se satisfazem facilmente.
5   Convidados a indicar palavras associadas com "escolha", os estudantes da classe alta e média responderam "liberdade" e "independência", ao passo que os da classe trabalhadora disseram "medo", "dúvida" e "dificuldade" (STEPHENS; FRYBERG; MARKUS, 2011).
6   Em resposta à questão sobre como se sentiria se um amigo comprasse o mesmo carro que ele, um participante da classe média disse que ficaria desapontado, porque o seu carro já não seria único, ao passo que um trabalhador respondeu: "*Cool*. Poderemos começar a formar um clube." (STEPHENS; MARKUS; TOWNSEND, 2007).
7   Essa obra foi publicada em italiano em 2006. Utilizo aqui a versão francesa, publicada em 2013.
8   No plano moral, porque lhes dá a oportunidade de irem à igreja aos domingos com os seus donos e donas e de serem ensinadas no sentido da religião. LOSURDO (2013, p. 102).
9   Sen (2009, p. 232-235) desarticula o postulado atribuído a Smith por economistas, como G. Stiglitz, e por vulgarizadores de que o homem só procura o seu interesse econômico. Ora, isso só diz respeito à troca, de modo nenhum à produção e à distribuição. Para Smith (1759), o "amor de si", que sustenta o comportamento interessado, é uma entre várias motivações e pode ser contrariado pela empatia, pela generosidade e pelo espírito público.
10 Essa metáfora, empregada somente uma vez por Adam Smith (CHOMSKY; BRICMONT, 2009), foi habilmente reutilizada em nossos dias (FRIEDMAN, 1981).
11 Isso não o impediu de admitir nas *Aulas de Jurisprudência*, notas tomadas por um aluno por volta de 1763, que o dono de um criado ou aprendiz possa aplicar-lhe um castigo corporal: "O mestre tem o direito de punir o seu servidor de maneira moderada e, se o servidor morre na sequência da punição, não é um homicídio, a menos que este tenha sido provocado por uma arma ofensiva, com premeditação e sem provocação". (LOSURDO, 2013, p. 82-83).
12 Em contrapartida, Smith recomendou que se agisse com severidade contra as coalizões operárias e afirmou em "Riqueza das Nações", que não se pode tolerar "[...] um regulamento que permita aos que partilham o mesmo ofício cotizarem-se a fim de prover as necessidades de seus pobres, doentes, viúvas e órfãos, dando-lhes a gerir um interesse comum".
13 Insurgindo-se contra o fato de a mortalidade infantil afetar muito mais as classes baixas, Adam Smith queria que os pobres tivessem meios para que pelo menos dois de seus filhos sobrevivessem até a idade adulta.
14 Sobre essa questão, Adam Smith foi quase tão longe quanto Locke, mas sem ser tão cáustico: em "Riqueza das Nações", diz que o trabalhador assalariado "geralmente se torna tão estúpido e ignorante quanto pode tornar-se uma criatura humana [...]" e até se torna "[...] incapaz de sentimentos generosos [...]".
15 Thomas Paine, liberal, um dos fundadores dos Estados Unidos, escreveu em 1791 *Os direitos do homem*, no qual foi mais longe do que Smith. O objetivo do governo deveria ser "o bem de todos, tanto individualmente quanto coletivamente". O imposto deveria ser progressivo até

chegar a 100% e os pobres não teriam de pagá-lo. Seria utilizado para acudir à juventude, à velhice, ao desemprego (este seria combatido através de um programa de obras públicas) e às famílias pobres na condição de que as crianças frequentassem a escola.

16 A escravidão foi abolida nos Estados Unidos no contexto de um período de ditadura assegurada pelo Exército da União.

17 Pouco depois de Mill, um filósofo e conselheiro do partido liberal, Green, argumentou que a melhor maneira de proteger a liberdade era criar as condições para que todos os indivíduos fossem capazes de fazer diversas escolhas, beneficiando-se ao mesmo tempo de uma segurança social importante. Defendeu a legislação sobre a educação pública gratuita e obrigatória, as regras de segurança no trabalho, a limitação das horas de trabalho, a interdição do trabalho infantil e a imposição de restrições aos proprietários nos contratos que poderiam fazer com os seus rendeiros.

18 No entanto, rejeitou a ideia de que os pobres, não submetidos aos impostos, tivessem direitos políticos. Em suas *Considerações sobre o governo representativo*, de 1861, considerou que isso seria "autorizá-los a mergulhar as mãos nos bolsos de outrem".

19 TOCQUEVILLE (1848 apud LOSURDO, 2013, p. 261). Ele fala da aparência do índio: "besta das florestas ao qual a educação teria podido dar alguma quota de aparência humana. ma que não deixa de ser um animal".

20 Adam Smith, nas suas *Aulas de jurisprudência*, insistiu na importância deste fato: "Temos tendência a imaginar que a escravidão está hoje inteiramente abolida sem levar em conta que isso só é o caso numa pequena parte da Europa. Ver LOSURDO (2013, p. 189).

21 "O magnífico crescimento do nosso Tesouro provém sobretudo do trabalho dos Negros nas plantações [...]", disse Joshua Gee no século XVIII, e "O comércio dos negros (é) uma fonte inesgotável de riqueza e de poder naval [...] é a mola principal que põe em movimento todas as rodas", disse um defensor do papel da Royal African Company, LOSURDO (2013, p. 23). No que diz respeito aos Estados Unidos, em 1860, a população escrava tem um valor que é o triplo do capital acionário da indústria manufatureira e ferroviária e financia o desenvolvimento industrial do país. FREDRICKSON (2004 apud LOSURDO, 2013, p. 124).

22 Convém saber que tanto Hayek quanto Friedman não se consideravam neoliberais, mas sim continuadores do liberalismo clássico.

23 Hayek afirmou (ver AUDIER, 2012): "A democracia não pode ser ilimitada (...), uma ditadura que deliberadamente se coloca limites a si mesma pode ser mais liberal em suas políticas do que uma assembleia democrática sem limites". No *Times* de 3 de agosto de 1978, declarou que não tinha encontrado uma única pessoa que não tivesse admitido que "a liberdade pessoal era maior sob Pinochet do que sob Allende". Na medida em que se referia à liberdade de ação do capitalista, estava inteiramente correto.

24 Modo de organização econômica da sociedade de que o neoliberalismo é a filosofia política. Também conhecido por capitalismo financeiro.

25 Mattozzi e Merlo (2008) distinguem os "políticos de carreira" das "carreiras políticas" (os que se reorientam para o setor privado). O seu modelo prediz que o aumento do salário dos políticos em exercício diminui a qualidade daqueles que se tornam políticos. Dos que entraram na Câmara dos Representantes dos Estados Unidos em 1945, apenas 46% saíram voluntariamente e mais de um terço deles tiveram sucesso no setor privado (ver DIERMEIER; KEANE; MERLO, 2005).

26 Os efeitos do enquadramento ou da formulação (*framing*) de uma questão foram inicialmente demonstrados por Daniel Kahneman, psicólogo e prêmio Nobel da Economia de 2002, e Amos Tversky, numa situação em que a utilização dos termos "morrer" ou "viver" para uma mesma realidade influenciou fortemente a escolha dos sujeitos entre dois planos de tratamento de uma epidemia.

27 Na eleição de 1997 para o Parlamento britânico, o apoio do *The Sun* a Blair em troca de um acordo parlamentar com o seu proprietário, Murdoch, sobre regulações e a integração europeia, persuadiu de 10% a 25% dos leitores a mudar o voto a favor de Blair numa disputa equilibrada com o conservador Major. Ver Ladd e Lenz (2009).
28 Civettini e Rediawsk (2009) fornecem uma ilustração do fato de os votantes recordarem melhor a informação que suscita uma reação afetiva, sobretudo de ansiedade, do que aquela que não provoca respostas emocionais.
29 *International Institute for Democracy and Electoral Assistance*, 2005.
30 *World Values Survey Database*, 2006.
31 A participação política também estava correlacionada com o interesse político.

7

A igualdade

Somos todos desiguais. Seja no padrão de nossas capacidades mentais e físicas, seja nas impressões digitais. Ainda bem: se cada um se visse nos outros como num espelho, ou fugia ou quebrava o espelho. Somos diversos e a diversidade aproxima-nos.

Por que pretendemos então ser iguais num regime democrático? Iguais em que, se não o somos física e mentalmente? Na teoria, concordamos que deveríamos sê-lo em direitos políticos e cívicos. Mas de que serve reconhecer um direito se não existem as condições que permitem exercê-lo? Os direitos, tal como os indivíduos, são interdependentes. O direito de votar não é independente do direito de ser informado correta e plenamente; o direito à alfabetização não é independente de um enorme feixe de direitos, incluindo os de alimentação, de habitação, de saúde.

Aqueles que só enxergam a igualdade de direitos políticos e cívicos sofrem de um escotoma que não resulta de lesão mental reconhecível, mas de uma ocultação em sua visão da sociedade, talvez determinada pela perspectiva do autointeresse. Se a democracia não é votar todos os x anos e mais uns poucos atos esporádicos, mas sim a organização da vida em sociedade de cidadãos diversos, porém interdependentes, que se respeitam e colaboram, então não há como não reconhecer que a democracia pressupõe a igualdade de todos os direitos que garantem a dignidade humana.

IGUALDADE, EQUIDADE E JUSTIÇA

Quando se coloca a questão da igualdade, surge a necessidade da equidade como corretivo, e tanto num caso quanto no outro interrogamo-nos sobre o que é justo. Os nossos direitos são iguais ou desiguais. As nossas intenções e decisões e os nossos atos são equitativos ou não, justos ou injustos. A igualdade de direitos é rigorosa como a igualdade aritmética: por exemplo, as mulheres têm direito a um salário igual ao dos homens. A equidade permite (r)estabelecer a igualdade a um nível que leva em conta diferenças reais: dois salários iguais podem ser complementados por alocações desiguais considerando-se necessidades especiais que acarretam custos diferentes. Igualdade e equidade são conceitos relativos, que dizem respeito a uma relação entre dois ou mais termos. A justiça é um conceito de outra ordem. É provavelmente mais fundamental – é justo que haja igualdade de direitos, porque todos somos seres humanos[1] – e mais geral, no sentido de que não implica necessariamente uma relação: por exemplo, é justo que a sociedade reconheça as contribuições excepcionais de certos indivíduos ao bem comum; ao fazê-lo, ela não ofende os princípios de igualdade ou de equidade entre todos os indivíduos.

De acordo com Sen (2009), as teorias da justiça podem ser caracterizadas segundo uma dimensão que tem como polos o ideal e o real. As teorias "contratualistas" buscam a identificação transcendental das instituições ideais do ponto de vista da justiça que poderiam ser criadas por via de contrato. As teorias "comparativistas" procuram chegar a escolhas realizáveis, comparando situações reais e especificando os funcionamentos que deveriam ser promovidos para alcançar-se o máximo possível de justiça.

Entre as teorias mais modernas da justiça, a teoria de Rawls (1971), que é uma teoria de contrato social, foi muito influente e tem suscitado grandes debates. Tal como Rousseau, Rawls partiu do princípio de que não é o altruísmo, mas sim o interesse que reúne os indivíduos em sociedade. Todos nós desejamos certos bens, os "bens primários" (liberdade de movimentos, posição de responsabilidade, rendimento, motivos de autorrespeito), porém os recursos são limitados. Como cada indivíduo persegue os seus fins sem levar em conta os dos outros, a sociedade tem de reger-se por princípios de justiça independentes dos bens, sendo o primeiro o da liberdade igual para todos. Rawls inscreve-se assim no pensamento liberal e considera que o fundamento do liberalismo é a primazia do justo em relação ao bem.[2] A questão primordial será então a das regras de direito que escolhemos, "sob o véu da ignorância", para gerirmos as nossas relações, isto é, supondo que não sabemos qual será o nosso lugar na sociedade. No entanto, a esse "justo processual" pode objetar-se que, tendo os conflitos em sua base a posse de bens, a hierarquização destes últimos intervém na concretização dos princípios de justiça. Tomemos as penas aplicadas aos crimes contra bens como a propriedade e a dignidade. É altamente provável que o valor relativo atribuído à propriedade e à dignidade varie muito segundo as pessoas.

Sen (2009) parte do princípio de que é praticamente impossível encontrar uma solução imparcial única ao problema da sociedade perfeitamente justa e ilustra essa dificuldade com uma história em que se trata de saber qual de três crianças deve receber a flauta que disputam. Ana reivindica-a, porque é a única que sabe tocar flauta. Bob também a quer, porque é pobre e é o único que não possui qualquer brinquedo. Carla pensa que é dela, porque foi quem a fabricou com muito trabalho. Por trás dessas reivindicações, todas justas, estão, respectivamente, o utilitarismo, o igualitarismo econômico e o liberalismo do tipo Locke.[3] Há, portanto, uma pluralidade de princípios de justiça rivais que tornam ineficaz a abordagem transcendentalista subjacente ao contratualismo. Além disso, essa abordagem não é necessária. Se, por exemplo, diz Sen, só temos a possibilidade de escolher entre um Picasso e um Dali, por que nos preocupamos com o fato de a Gioconda ser o quadro ideal (se é que ele o é realmente)?

Por conseguinte, Sen (2009) propõe a abordagem comparativa que, mediante discussão pública, procura classificar opções realizáveis.[4] No lugar dos bens primários de Rawls, o foco é posto na determinação das liberdades e nas capacitações. "Temos necessidade de uma interpretação da justiça fundada nas realizações porque a justiça não pode ficar indiferente às vidas reais das pessoas [...]" (SEN, 2009, p. 44). As preocupações que conduzem as pessoas a questionar-se sobre o justo e o injusto no mundo são, por exemplo, a fome, a pobreza, o analfabetismo, a tortura, o racismo, a opressão das mulheres, a prisão arbitrária e a privação de cuidados médicos.

Adam Smith já dissera, em *Teoria dos sentimentos morais*, que "nem o bandido mais brutal, mais endurecido entre aqueles que violam as leis da sociedade, é totalmente desprovido (dos princípios que o fazem interessar-se pela sorte dos outros) [...]" (SMITH, 1759 apud SEN, 2009, p. 42). Sen toma a questão pelo outro extremo e assevera que "[...] não há necessidade de ser um Gandhi, um Martin Luther King, um Nelson Mandela ou um Desmond Tutu para compreender que é possível ter-se outros objetivos ou prioridades do que a busca exclusiva do seu bem-estar [...]" (SEN, 2009, p. 42). Evocando os primeiros teóricos indianos do direito, Sen conta que eles falavam com desprezo da *matsyanyaya* ou "[...] justiça do mundo dos peixes [...]" (SEN, 2009, p. 46). Não basta julgar as instituições e as regras; é preciso julgar as sociedades porque, quando um grande peixe pode devorar um pequeno, há violação flagrante da justiça humana no sentido da *nyaya*, a justiça realizada. O objetivo da justiça não é sonhar com uma sociedade perfeitamente justa, mas impedir ou procurar impedir injustiças graves, como fizeram os que lutaram pela abolição da escravidão nos séculos XVIII e XIX. Foi possível mostrar que a escravidão era uma injustiça intolerável (acrescento: como o é ainda hoje a escravidão econômica e social), sem para isso pôr todo o mundo de acordo sobre os contornos da sociedade ideal (SEN, 2009, p. 47). Marx afirmou que o maior acontecimento de sua época fora a Guerra da Secessão porque foi ela que conduziu à abolição da escravatura. Se, por um lado, Marx considerava as relações de trabalho sob o capitalismo como uma exploração, por outro, insistia no fato de o trabalho assalariado ser um grande progresso em relação ao trabalho servil.[5]

Adam Smith recomendara imaginar, nos juízos sobre a justiça, "[...] o que diria um espectador imparcial vindo de longe [...]" (SEN, 2009, p. 72)[6] e o que ele faria. Sen retomou esse conselho de maneira insistente, pondo em evidência três atitudes já indicadas por Smith: a "focalização comparativa", que leva em conta os problemas reais; a "imparcialidade aberta", que consiste em aceitar a legitimidade e a importância da pertinência das ideias dos outros para a elucidação do problema; e o "engajamento em realizações sociais", que prescinde da unanimidade sobre o que é uma sociedade perfeitamente justa (SEN, 2009, p. 175). Em seu conjunto, essas atitudes favorecem uma discussão pública que conduza a decisões sociais participativas (SEN, 2009, p. 149).[7]

Sen considera muito importante reconhecermos que podemos ser vítimas de ilusões determinadas por uma "objetividade de posição": são as "ilusões objetivas". Quando nos encontramos numa perspectiva posicional, temos muita dificuldade em ultrapassar uma visão limitada das coisas e em atingir uma visão transposicional; dito de outro modo, um "ponto de vista de parte nenhuma", coerente com a atitude de imparcialidade aberta. A ilusão objetiva, como, por exemplo, acreditar que o Sol e a Lua têm tamanhos semelhantes porque é assim que os vemos da Terra, é uma crença posicionalmente objetiva. Ela se revela errada a partir do momento em que é submetida a um exame transposicional (SEN, 2009, p. 206-208). As ilusões objetivas sociais resultam de ver-se a realidade social num só meio, sem nunca alcançar uma visão abrangente.[8] Como os ricos que só veem São Paulo através das janelas de seus helicópteros ou de seus conselhos de administração.

A oposição entre objetividade posicional e transposicional está presente em muitos debates. Por exemplo, sobre quem pode ser sujeito de direitos. Rawls (1971) não reconhecia direitos políticos aos sujeitos que não dispõem de racionalidade (os animais) ou só dispõem dela parcialmente (os humanos deficientes cognitivos) e que, por não poderem avaliar a justiça, são assim privados de personalidade. Nussbaum (2011), por seu lado, adotou uma perspectiva mais abrangente em relação a ambas as populações, manifestando assim uma objetividade transposicional.

A teoria da justiça de Nussbaum (2011) insiste também na defesa da qualidade do ambiente natural e dos interesses das gerações futuras, temas privilegiados dos *liberals* norte-americanos. No que diz respeito ao ambiente, há argumentos empíricos que mostram que, enquanto os liberais norte-americanos são mais sensíveis à dimensão fazer mal/cuidar, os conservadores são sobretudo sensíveis à dimensão nojo *versus* pureza (FEINBERG; WILLER, 2013).[9]

A qualidade do ambiente natural é essencial para o bem-estar das gerações atuais e ainda mais para o das que virão depois. Numa visão liberal estritamente individualista, o bem-estar das gerações futuras não deveria ser pertinente. Se não devo promover valores relacionados com o bem-estar dos meus contemporâneos, por que inquietar-me com o dos vindouros e sacrificar recursos atualmente disponíveis? Se não tenho obrigação para com os vivos, por que terei para com os que nunca poderão retribuir? E, se só incluo nessa obrigação os meus próprios descendentes, então a discussão sobre o direito individual confunde-se com a da natureza do grupo ao qual me sinto solidário.

A questão das gerações futuras deve incluir-se na perspectiva da história da espécie humana. De modo geral, a teoria política do liberalismo esquece que cada indivíduo é produto de uma longa evolução biológica e de um contexto cultural. Ora, nós pertencemos a uma espécie social, e o nosso cérebro e a nossa mente só chegam à maturidade depois de quase um quarto da vida, marcados por uma profunda relação de dependência física e afetiva. Talvez uma das razões desse esquecimento esteja na convicção, dominante na filosofia política, de que a explicação em ciências humanas e sociais pode ser intencional (compreensão das ações) e causal (consequências das interações), mas não, como em biologia, funcional, isto é, explicação pelos efeitos do comportamento (ELSTER, 2003). A ideia de que a cultura emerge da biologia e que, por conseguinte, pode ser compreendida segundo o mesmo tipo de mecanismos é difícil de admitir para quem resiste a ver-se como entidade biológica, ou seja, para quem adota uma objetividade de posição em detrimento do exame transposicional.

DIREITOS E MEIOS DE AÇÃO

Há quem reclame não a igualdade de direitos, mas sim a igualdade de oportunidades. A ideia de oportunidade recobre o acaso e os encontros mais ou menos prováveis. Ora, vimos que os dados estão viciados em matéria de acaso desde antes do nascimento e que um *malin génie* (como diria Descartes) dedica-se a viciá-los cada vez mais. Quanto aos encontros, é preciso estar em condições de aproveitá-los. Uns aproveitam melhor que outros por causa de maior capacidade física ou mental e, sobretudo, de condição socioeconômica superior. São os "meios".

Há uma igualdade de meios a respeitar. Sem pretensão à exaustividade, eis alguns dos meios para os quais uma democracia autêntica deve reconhecer o princípio de um direito absoluto. O direito à saúde, o direito à vida e até mesmo o direito à morte (a morte é parte da vida) implicam disponibilização de um serviço de saúde pública da melhor qualidade para todos, independentemente da condição socioeconômica. O direito à educação, que inclui a alfabetização e a formação na profissão que cada um quiser e para a qual tiver as qualidades requeridas, implica disponibilização de educação e ensino gratuitos de boa qualidade desde a creche até o ciclo de estudos mais alto. E o direito à informação, objetiva, clara e aprofundada, sobre o mundo, o país, o conhecimento e as questões em debate implica acesso gratuito a todo o tipo de documentos e imagens, qualquer que seja o suporte ou o formato. A democracia não se concebe sem saúde, formação e informação generalizadas. Nos limites dos recursos de que a sociedade dispõe, esses direitos não devem ter outros limites.

A igualdade total dos outros meios não seria justa. É preciso respeitar a diversidade de capacidades, as necessidades, as vontades, as aspirações, o trabalho e a perseverança na realização de objetivos. E, é claro, não se pode atribuir direito absoluto aos meios que são limitados, a exemplares únicos ou onerosos.

Há também razões que fazem com que uma repartição totalmente igual nos recursos não seja justa. Segundo a teoria das capacitações, baseada na justiça social, tal distribuição não leva em conta certas desigualdades na condição dos indivíduos (ver NUSSBAUM, 2011). Por exemplo, a fim de corrigir os efeitos de *handicaps* motores, é preciso equipar os transportes públicos com rampas de acesso e, a fim de corrigir os efeitos dos *handicaps* sensoriais ou mentais, como os das crianças com surdez congênita ou com síndrome de Down, são necessários dispositivos especiais de assistência e de aprendizagem.

O INEXORÁVEL DISTANCIAMENTO ENTRE RICOS E POBRES

O paradoxo do nosso tempo é que, com o progresso tecnológico e o aumento de produtividade verificados nas últimas três décadas, também cresceram as desigualdades socioeconômicas entre ricos e pobres. Tudo indica que esse duplo processo vai agudizar-se e conduzir a um embate social de consequências imprevisíveis. Vejamos a realidade dos números (grande parte deles pode ser encontrada em LARROUTUROU, 2011; ROSANVALLON, 2011).

Na França, por exemplo, a produtividade foi multiplicada por três de 1830 a 1960, isto é, num período de 130 anos, e de novo por três de 1960 a 1990! Esse aumento vertiginoso é geral. A primeira revolução tecnológica do pós-guerra, a da automatização, da eletrônica, da energia nuclear, está sendo ultrapassada pela segunda, a da informática e da robótica. O seu aproveitamento pela cobiça do capitalismo, juntamente com a laminação da redistribuição e dos direitos sociais, está na origem do aumento brusco da precariedade e do desemprego. Na França, de 2007 a 2011, o número de desempregados aumentou em cerca de um milhão, e a parte dos salários no PIB, que era de 77% no início dos anos de 1980, passou para 67% (a proporção de declínio foi semelhante para o conjunto dos países da OCDE). Foi na China que a parte dos salários, já menor, declinou mais fortemente em menos tempo: de 54% em 1994 para 47% em 2008. Tal como a maioria dos seres humanos, também o planeta sofre: em parte devido ao consumo de energia. A última década foi a mais quente jamais registada; e, enquanto em um século, entre 1880 e 1980, a temperatura média subiu 0,4°, nos últimos 30 anos subiu progressivamente 0,6°.

O que acontece aos ricos e aos muito ricos? São cada vez mais ricos. Nos Estados Unidos, entre os anos de 1950 e 1980, os rendimentos mais elevados (10%) partilhavam 35% do rendimento total; desde então, coincidindo com a expansão do capitalismo, essa proporção aumentou, atingindo 50% em 2010. No fim da década de 1970, os 1% mais ricos partilhavam menos de 9% do total do rendimento e, em 2007, mais de 23% (já acontecera em 1928, nas vésperas da Grande Depressão). Hoje, na França, os 1% mais ricos possuem 24% da riqueza do país, os 10 % mais ricos 62%, e os

50% mais mal servidos somente 6%. Em todo o mundo, 0,2% possuem 35% da riqueza privada. Helmut Schmidt, chanceler alemão social-democrata de 1974 a 1982, garantira que os lucros de hoje fazem os investimentos de amanhã e os empregos de depois de amanhã. Os lucros nem sequer foram alimentar os fundos de auxílio aos desempregados.

A declaração da Conferência da Organização Internacional do Trabalho realizada na Filadélfia e promovida pelo presidente norte-americano Franklin Roosevelt antes da cimeira de Bretton Woods de 1944 afirmara que "a pobreza, onde quer que exista, constitui um perigo para a prosperidade de todos" e proclamara a "obrigação solene de realizar o pleno emprego e a elevação dos níveis de vida; a possibilidade para todos de uma participação equitativa nos frutos do progresso em matéria de salários, duração e outras condições do trabalho". Hoje a maioria tem o sentimento de viver numa sociedade injusta.

QUANDO SE CONSTRUÍA O ESTADO SOCIAL

O século XX foi notável por seus contrastes. Até os anos de 1970, caracterizou-se pela supremacia do princípio de redistribuição dos rendimentos aplicado por meio de três mecanismos (imposto progressivo, segurança social, regulação coletiva do trabalho) antes da rápida passagem à economia de mercado livre no último quarto de século. Enquanto as duas guerras mundiais contribuíram por reação para o reforço dos sentimentos de solidariedade,[10] as transformações iniciadas na década de 1970 no que se refere às forças produtivas e à aceleração da redução da parte da força de trabalho no processo produtivo precipitaram a forma radical de liberalismo econômico na qual vivemos. A maioria das pessoas, incluindo a mídia que destila um discurso de impotência, crê que somos conduzidos cegamente pelos mercados, novos deuses que nos têm à mercê de sua confiança ou desconfiança e que nos recompensam ou castigam por nossos atos. Nesse contexto, convém evocar o legado quase esquecido do século XX de uma condução intervencionista do Estado na sociedade (ROSANVALLON, 2011), de uma época de capitalismo contido pela exigência do Estado social.[11]

No fim do século XIX, foi adotado o imposto progressivo sobre o rendimento: na Alemanha em 1891, nos Estados Unidos em 1894 (anulado e retomado em 1913), no Reino Unido sob a forma de uma *supertax* em 1909[12] e na França em 1914. O imposto, em geral de cerca de 2 ou 3%, que só se aplicava às parcelas de rendimentos muito elevadas (um milhar de pessoas nos Estados Unidos), foi considerado discriminatório e um passo para o comunismo.

Em poucos anos, a taxa de imposto marginal superior aumentou consideravelmente: 60% na França (em 1924), 77% nos Estados Unidos (em 1918). A sua evolução nos Estados Unidos mostra uma clara relação com o esforço de guerra e com o decorrente princípio de solidariedade: a taxa baixou depois da Primeira Guerra Mundial (24% em 1929) para voltar a subir muito (79% em 1936 e 94% em 1942). Em 1944, dois terços dos lares americanos pagavam imposto contra apenas 2% em 1913, e 90% dos americanos consideravam essa contribuição como justa.

O seguro obrigatório de saúde foi introduzido na Alemanha em 1883, a cobertura de incapacidade por acidente de trabalho em 1884 e o primeiro sistema obrigatório de reforma em 1889. O código de segurança social de 1911 alargou tais medidas. Nesse mesmo ano, foi adotado na Grã-Bretanha o *National Insurance Bill* e as regras das convenções coletivas de trabalho foram consignadas no *Trade Dispute Act* de 1906.

Na Europa, essa dinâmica foi facilitada pelo medo dos movimentos revolucionários: a revolução de Outubro, assim como as insurreições na Alemanha e na Hungria. O movimento sindical ampliou-se: em relação aos sindicalizados de antes da Primeira Guerra Mundial, os do pós-guerra dobraram na Grã-Bretanha (mais de sete milhões de membros) e triplicaram na Alemanha (mais de oito milhões).

Depois da Segunda Guerra, a legitimidade da redistribuição foi consagrada nas constituições, na ação governamental e nas ideias dominantes. Na Europa, nenhum partido liberal defensor da economia de mercado conseguiu chefiar uma coligação governamental entre 1945 e 1950. Na Grã-Bretanha trabalhista, após dedução dos impostos, o poder de compra dos salários aumentou em 25% entre 1938 e 1948, enquanto os lucros diminuíram em 38%. A dedução fiscal média para os rendimentos superiores a dez mil libras (oito mil pessoas) passou de 43% a 76%, o que fez descer de sete mil para 70 o número de pessoas com rendimento de pelo menos seis mil libras após dedução de impostos.

Com Keynes (1936), pensava-se que a redistribuição contribuía para o crescimento. Com Galbraith (1972, 1998), celebrou-se a era em que o sistema industrial passaria a ser controlado em parte pelas grandes empresas e em parte pelo Estado. Os capitães de indústria eram substituíveis; acreditava-se que serviam as suas empresas e não recebiam ações nem prêmios excessivos. Eram bem-remunerados, mas a hierarquia salarial inscrevia-se numa proporção compreendida entre 1 e 20.[13] Isso foi há pouco mais de meio século!

A NATUREZA SOCIAL DO HOMEM

Hoje, a competição, o egoísmo e a cobiça parecem normais. Não duvido de que façam parte da natureza humana. Mas a cooperação, o altruísmo e a generosidade também não farão parte do nosso patrimônio comportamental? Segue-se um rápido exame dos fundamentos evolutivos e psicológicos do comportamento igualitário (MACEDO JÚNIOR; KOLINSKY; MORAIS, 2011).

Os sentimentos sociais têm origem na evolução da espécie humana. A sociabilidade oferecia proteção contra os predadores, maior probabilidade de êxito no acesso aos recursos, oportunidades de acasalamento, menor risco de infanticídio. A contrapartida era o aumento da competição por recursos e pelo acasalamento e a maior exposição a doenças infecciosas, mas os benefícios excederam os custos.

O conceito de comunidade é fundamental para a compreensão das transformações ocorridas na organização social e na sociabilidade desde a separação entre a nossa espécie e os outros primatas. A comunidade sem estrutura interna estável precedeu o aparecimento da espécie *Homo* (há 2,5 milhões de anos). Depois (até há 400 mil anos), houve um processo de estruturação na base do acasalamento e na formação de famílias, linhagens, clãs. Enfim, progressivamente, a comunidade expandiu-se por interação intercomunitária, por meio de redes de trocas, de partilha de instituições políticas, etc. A humanidade viveu quatro formas básicas de sociabilidade em função do modo de gestão e distribuição dos recursos: a partilha em comum, sem apropriação; a estratificação segundo a autoridade, em que os indivíduos mais dominantes confiscavam o que queriam aos menos dominantes; a troca em igualdade, em que os bens ou serviços trocados eram de valor comparável (este terá sido o mecanismo típico das sociedades de caçadores-recoletores, dando lugar ao modelo mental da reciprocidade); e o mercado, em que as rendas, os preços e as taxas de juro apoiam-se em tecnologias cognitivas, como a escrita e o cálculo.

O controle do fogo foi uma adaptação crucial (FOLEY; GAMBLE, 2009). Isso permitiu aos hominídeos sobreviverem nas regiões frias, tratarem a carne em grandes quantidades, evitando o consumo quase imediato, e tornarem as plantas mais digestivas. Socialmente, contribuiu para criar interdependência e atribuir à fêmea um papel relevante na subsistência alimentar. Também favoreceu a criação de unidades familiares.

O sistema coletivo de bens comuns, que permite reduzir a incerteza na obtenção dos recursos, foi e continua a ser observado nas sociedades de caçadores-recoletores. Nos Aches do Paraguai, enquanto os legumes são considerados pertença da família e dos próximos, a carne é partilhada na comunidade por causa da incerteza de sua obtenção (KAPLAN; HILL, 1985). Há 40% de risco de que um caçador Ache regresse à comunidade sem ter caçado um único animal, e a partilha entre todos previne situações familiares trágicas.

Quando a produção de bens se desenvolveu, colocou-se a questão da relação entre o trabalho e a propriedade do seu produto. No capitalismo, sistema em que o capitalista compra a força de trabalho, o produto pertence ao capitalista e não ao trabalhador.[14] Para o filósofo liberal Locke (1689), que ainda conheceu a aurora do capitalismo, a propriedade estava associada ao trabalho. Porém, hoje, quando se pergunta ao adulto ou à criança de 10 anos quem é o justo proprietário, o que fez um objeto com base nos materiais emprestados ou o que os possuía, a maioria diz que é o último (HOOK, 1993). A escola da sociedade capitalista operou essa mudança de perspectiva.

Se dos velhos tempos da humanidade produtora alguma tendência ficou na mente dos homens, ela deveria manifestar-se nas crianças mais jovens. De fato, 80% das crianças de 3 e 4 anos, contra apenas 30% dos adultos, atribuem a propriedade de um objeto a quem o trabalhou (KANNGIESSER; GJERSOE; HOOD, 2010). Entre a criança que privilegia o trabalho que transforma o material e o adulto que reconhece de preferência a posse inicial deste, há uma grande diferença que pode resultar da aprendizagem da instituição de propriedade capitalista.

As atitudes pró-sociais, em particular a cooperação, tiveram papel importante no desenvolvimento das sociedades humanas. O "instinto social" é confirmado pelos efeitos negativos da solidão e da exclusão social para a saúde física e mental. As queixas sobre o egoísmo dos mecanismos do mercado resultam desse instinto social, tal como dele relevam as inúmeras manifestações de ajuda aos outros, como a devoção a causas humanitárias, para a qual não se pode falar em termos de custo-benefício.

Parece, então, que há generosidade mesmo para com pessoas estranhas. Em 2005, mais de 260 mil milhões de dólares foram doados a instituições de caridade norte-americanas, dos quais 77% por pessoas individuais, representando 2,2% do rendimento depois de deduzidos os impostos,[15] e 96% das pessoas interrogadas disseram que o faziam por sentir compaixão pelos outros (BROOKS, 2005). Acontece de as pessoas sacrificarem tempo, interesses materiais, conforto e até integridade física e a própria vida por causas sociais e princípios morais. É na sua consciência que encontram o "pagamento". Portanto, pretender que o altruísmo seja indireto seria uma interpretação inadequada além de cínica. Em um estudo de ativação cerebral, verificou-se que as escolhas altruístas ativaram regiões do córtex frontal que também estão envolvidas nos juízos morais e que são mais anteriores do que as ativadas pelas escolhas egoístas (MOLL et al., 2006). Do ponto de vista da evolução, incluída a do cérebro humano, o interesse egoísta parece representar um estágio mais primitivo do que o comportamento altruísta.

Nesse estudo, as decisões altruístas também mostraram correlações com a atividade em certas regiões do sistema límbico, envolvidas com a regulação fisiológica e emocional. Os comportamentos sociais estão de fato associados a um sistema bioquímico que pode ser ilustrado através dos efeitos da ocitocina (OT). Nos mamíferos, a OT tem um papel fundamental no reconhecimento dos outros membros da espécie, no apego e nos laços sociais, entre a mãe e os filhos, e na manutenção do casal. A OT suscita a aproximação e a confiança e inibe os comportamentos de defesa. Outros hormônios e neurotransmissores, que, aliás, interagem com o sistema da OT, influenciam a sociabilidade. É o caso da progesterona. A associação entre esses sistemas bioquímicos e a sociabilidade não resulta de um sentido único de causalidade. Por exemplo, o nível de progesterona na saliva é maior depois da participação em um jogo cooperativo do que antes.

Uma questão interessante é a das motivações subjacentes ao comportamento de ajuda. Com 12 meses, os bebês apontam para um objeto para ajudar o adulto a encontrá-lo (LISZKOWSKI et al., 2006). Aos 2 anos, as crianças manifestam muitos comportamentos pró-sociais. Para distinguir entre a motivação genuína de ajuda e uma possível motivação egoísta (retirar benefícios dessa ação), Hepach, Vaish e Tomasello (2012) mediram a dilatação da pupila das crianças em três situações frente a um adulto que procurava um objeto: podiam ajudá-lo, não podiam, ou viam outra pessoa ajudá-lo. O aumento de dilatação da pupila, dependente do sistema simpático, reflete uma excitação maior, sentida ou percebida, mas não tem relação com a valência emocional dos acontecimentos. Imediatamente depois de viverem a situação, observou-se um aumento de dilatação maior na situação de não ajuda do que nas outras duas, que não diferiram entre elas. A interpretação mais plausível desse resultado é que as crianças queriam que o adulto em dificuldade fosse ajudado e que lhes foi indiferente se eram elas a ajudá-lo ou outra pessoa. A sua vontade de ajudar não resulta de um cálculo egoísta. Nas crianças, o comportamento de ajuda resulta de uma preocupação genuína com o bem-estar dos outros.

Não é por haver nas crianças uma predisposição para ajudar os outros que se deve deixar de estimular esse tipo de comportamento. As predisposições não se concretizam sem exposição a situações pertinentes e sem uma certa forma de aprendizagem. As crianças que assistiram a um vídeo em que um desconhecido que se machucara no joelho e se queixava de dores é ajudado por alguém de maneira inabitual (colocando uma luva para lhe amparar a cabeça), têm tendência a imitar o mesmo tipo de ajuda quando, mais tarde, um de seus pais também bate com o joelho e finge sentir dores. Também apresentam, mais do que as crianças que não tinham visto o vídeo, o tipo de ajuda habitual (abraçar, beijar, confortar verbalmente), isto é, a visão do vídeo provocou emulação e não só imitação (WILLIAMSON; DONOHUE; TULLY, 2013). Em escolas norte-americanas, empregam-se programas de promoção de comportamentos pró-sociais por meio de indução, reforço e adoção da perspectiva do outro (ver FREY et al., 2005; RAMASWAMY; BERGIN, 2009), e essa prática de pedagogia social deveria ser generalizada.

A teoria econômica inspirada pelo liberalismo parte da ideia de que o comportamento social deriva de intenções egoístas. No entanto, há claras indicações de que, embora gostemos de ganhar dinheiro, ficamos menos felizes se o fazemos em evidente detrimento de outrem. Isso foi verificado comparando uma situação de escolha entre receber certo montante ou doar o mesmo montante para uma instituição de ajuda a crianças com duas situações impostas, em que os participantes (adultos) eram informados inicialmente de que alguns receberiam aquele montante e que outros deveriam doá-lo. O sentimento de satisfação que manifestaram no fim do experimento foi muito menor naqueles que escolheram guardar o dinheiro do que naqueles que o receberam sem poder escolher e, pelo contrário, maior nos que escolheram doar do que nos que foram obrigados a fazê-lo (BERMAN; SMALL, 2012). Conclui-se que o comportamento pró-social produz satisfação quando resulta de uma motivação própria e do sentimento de agir para o bem dos outros. Em contrapartida, gostamos de receber, mas escolher em detrimento de outrem e nos sentirmos egoístas não nos deixa muito felizes.

Vejamos como se desenvolve a tendência para a igualdade. Em um experimento, a igualdade foi estudada com pares de crianças de 3 a 8 anos, em que uma recebia dois presentes (FEHR; BERNHARD; ROCKENBACH, 2008). No grupo "Partilha", essa criança podia escolher entre guardar para ela os dois presentes ou dar um deles à outra criança (2-0 *versus* 1-1): aos 3-4 anos, quase todas guardaram os dois, mas aos 7-8 anos 40% deram um dos dois presentes à outra criança. Isto é, com o aumento da idade, há um desenvolvimento do igualitarismo, visto que estes 40% preferiram a escolha igualitária contra o seu próprio interesse, sendo portanto altruístas (de acordo com a definição de altruísmo: "ajudar outrem com custo para si mesmo"). No grupo "Pró-social", a criança só recebia um dos dois presentes e podia dar, ou não dar, o outro presente à outra criança (1-1 *versus* 1-0): nesta situação, mais de 60% das crianças de 3-4 anos deram à outra o presente que não poderiam guardar para elas (o que também fizeram quase 80% das crianças de 7-8 anos). Portanto, a escolha igualitária sem custo para si mesmo é bastante precoce. Finalmente, no grupo "Inveja", a criança recebia um presente, era obrigada a dar o segundo presente à outra criança, e podia, se quisesse, dar-lhe também um terceiro presente (1-2 *versus* 1-1): quase 60% das crianças de 3-4 anos deram os dois presentes, isto é, foram generosos (segundo a definição de generosidade: "dar a outrem mais do que se precisa ou espera"); no entanto, aos 7-8 anos, só um quarto das crianças o fez, mostrando assim que, ao crescerem, torna-se difícil para elas serem generosas se a outra criança tiver mais do que elas.

Além disso, existe uma expectativa de tratamento igualitário mesmo em bebês de cerca de 20 meses (SLOANE; BAILLARGEON; PREMACK, 2012). Isso foi mostrado numa situação em que a experimentadora pedira a duas parceiras para arrumar brinquedos, mas só uma o fez. Os bebês olharam durante mais tempo quando depois a experimentadora recompensou ambas do que quando só recompensou a que tinha trabalhado. A maior duração do olhar revela a surpresa dos bebês por não verem confirmada a expectativa de um comportamento equitativo. Portanto, ou certas normas sociomorais – que evoluíram para facilitar as interações positivas e a cooperação – são inatas e universais embora modeladas pela cultura, ou os bebês dessa idade já tiveram a oportunidade, por meio de suas interações sociais cotidianas, de adquirir regras sobre a maneira típica de distribuir recursos e recompensas.

A aversão à desigualdade tem raízes biológicas em outras espécies. Os macacos capuchinhos, diante de uma opção que os recompensa somente a eles e a outra que recompensa a eles e a um congênere, escolhem mais frequentemente a última opção, sobretudo quando o congênere está presente. Quando a recompensa do outro é maior, eles aceitam pequenas diferenças, mas esse comportamento pró-social diminui fortemente quando a diferença torna-se muito grande. Eles aceitam mesmo que só o parceiro receba a recompensa, desde que seja pequena (BROSNAN et al., 2010). Tal comportamento é favorável ao desenvolvimento da cooperação. Uma desigualdade ocasional pode ser compensada pelos benefícios que trará mais tarde o comportamento pró-social. Contudo, obviamente, se a desigualdade for demasiado grande, será melhor procurar outro parceiro.

No cérebro, há regiões que são ativadas durante o comportamento igualitário e que não são aquelas que as decisões altruístas ativam, estando ambas provavelmente interconectadas. Utilizando o jogo do "rendimento aleatório", em que cada participante, depois de ter recebido do computador um rendimento, tem a possibilidade de "pagar" para alterar a disparidade entre os rendimentos dos outros participantes, verificou-se que o comportamento igualitário durante o jogo, no *scanner*, provoca especificamente uma ativação do córtex insular e que também está associada à expressão da preferência igualitária manifestada, fora do *scanner*, nas respostas a um questionário (DAWES et al., 2012). O fato de o córtex insular estar diretamente envolvido no processamento de informações fisiológicas relativas à dor e à alimentação abona a hipótese de um fundamento biológico do igualitarismo. Este se desenvolveu porque concorria para manter um alto nível de cooperação nos grupos humanos e depois foi fortalecido por mecanismos culturais, como a partilha da comida.

A desigualdade objetiva influencia negativamente o sentimento de felicidade. O sentimento de felicidade dos norte-americanos, avaliado entre 1972 e 2008, apresenta uma correlação negativa com o índice de desigualdade de Gini[16] nos Estados Unidos, que, para aqueles anos, tem crescido regularmente. Quando os sentimentos de equidade e confiança, medidos por questionário, foram introduzidos numa análise de regressão, verificou-se que a correlação negativa entre desigualdade e felicidade é completamente mediada por aqueles sentimentos (OISHI; KESEBIR; DIENER, 2011). Obviamente, a relação entre os índices de felicidade e desigualdade no país, globalmente significativa, deve variar segundo o nível de rendimento e, de fato, ela só era significativa para as duas faixas mais baixas de rendimento (0-20% e 20-40%). Quanto mais alto o rendimento, menor era a relação entre os dois índices.

A classe alta estaria em condições de manifestar mais altruísmo e generosidade do que a baixa.[17] Acontece, no entanto, o contrário: é esta que, em proporção dos seus rendimentos, tem tendência a partilhar mais. Também se poderia esperar mais comportamentos imorais ou reprováveis nas pessoas de classe baixa para compensar as suas desvantagens. Porém, verificou-se que são as de classe alta que mais desrespeitam a faixa de pedestres e identificam-se com uma personagem que se aproveita de benefícios indevidos. Em um estudo experimental, depois de se induzir o sentimento de pertença à classe alta ou baixa, quem mais pegou bombons destinados a crianças, quem escondeu de um candidato a um emprego que ele não seria admitido e quem mais fraudou dizendo que obteve um número de pontos acima do máximo possível em um lançamento de dados foram os da "alta". A relação entre classe social e todos esses comportamentos explicava-se inteiramente por uma medida de avidez (PIFF et al., 2012). Note-se que a educação em economia, que se detém na maximização do autointeresse, pode fazer com que a avidez seja vista como positiva (FRANK; GILOVICH; REGAN, 1993; WANG; MALHOTRA; MURNIGHAN, 2011).

É provável que os estudos que manipulam o sentimento de pertença a uma classe social e observam a sua influência em comportamentos morais ou imorais não considerem toda a complexidade dessa relação. Não se espera que o sentimento de classe seja afetado da mesma maneira por uma manipulação subjetiva transitória em indivíduos, cuja condição e situação real do ponto de vista econômico, social e cultural são muito diferentes. A tendência a adotar um comportamento imoral também pode depender das oportunidades que se apresentam, assim como da relação custos/benefícios que, por sua vez, depende da situação objetiva em que se encontra a pessoa. Um estudo mais recente de Trautmann, van de Kuilen e Zeckhauser (2013) levou em conta um número considerável de variáveis julgadas pertinentes e mostrou que não se pode fazer abstração de muitas delas. Os valores morais, a orientação social, os custos/benefícios e a própria concepção subjetiva de classe (baseada, por exemplo, na riqueza ou na instrução ou no tipo de atividade) introduzem variações significativas no comportamento.

Um comportamento considerado imoral que parece ter aumentado nas últimas décadas é a fraude. Não é fácil determinar, com base nos escândalos, se a fraude financeira é mais frequente hoje do que há cem anos. Na vida escolar e acadêmica, os números atuais são inquietantes. Segundo uma pesquisa com jovens estudantes de economia e *business* em 21 países, entre os quais 14 europeus, 62%, em média, declararam ter copiado e quase todos declararam ter visto copiar (TEIXEIRA; ROCHA, 2010). Em um estudo recente, Pulfrey e Butera (2013) examinaram a relação potencial entre a fraude e a adesão individual a valores neoliberais (essencialmente autointeresse e competição) no contexto universitário. A hipótese era de que a adoção de valores de autoengrandecimento suscita uma maior motivação para estudar a fim de obter aprovação social e de que essa motivação conduz à adoção de um objetivo de desempenho nos estudos, o qual, por sua vez, pode originar uma apologia da fraude. Os participantes, estudantes universitários suíços de uma escola internacional de gestão, mostraram, por meio de questionários, que a relação (não significativa) entre os valores de autoengrandecimento e a apologia da fraude era inteiramente mediada por um mecanismo motivacional: aqueles valores prediziam a motivação para estudar e, dessa maneira, obter aprovação social; essa motivação predizia a procura de desempenho através do estudo; e, enfim, esta última predizia a apologia da fraude.[18] Em outro estudo, foi utilizada a indução experimental: antes da avaliação das proposições sobre a cópia, os participantes recebiam um extrato de uma suposta conferência[19] de um prêmio Nobel que estabelecia um paralelo entre a vida e a economia. Nela, ou se elogiavam os valores de sucesso, autoridade, riqueza, reconhecimento social para se chegar à ideia de que uma boa economia baseia-se na ambição pessoal e na realização, ou se elogiavam os valores de justiça social, gestão responsável, sabedoria, para chegar à ideia de que uma boa economia baseia-se na igualdade e na paz. Os resultados mostraram que a adesão aos valores de autoengrandecimento conduziu a uma maior apologia da fraude depois da leitura do texto de autoengrandecimento ou "neoliberal", mas não depois da leitura do texto de autotranscendência ou "social".[20]

É provável que, como disse Robert Merton (1938, p. 675), "[...] a exageração cultural do objetivo de sucesso [...] e a extrema ênfase na acumulação de riqueza como um símbolo de êxito na nossa sociedade [...]", juntamente com o acesso restrito à riqueza e às profissões que propiciam altos *status*, conduzam a comportamentos que nós hoje (ainda) julgamos imorais. No atual contexto social, e particularmente em certos meios, os do *business* ou da formação ao *business*, a sobrevivência por qualquer meio pode ser uma prioridade.[21]

A INTERDEPENDÊNCIA DA ECONOMIA E DA POLÍTICA OU O RETORNO DA LUTA DE CLASSES

Qual seria hoje a pertinência do sistema de imposto progressivo no quadro de políticas igualitárias?

Com base em 54 países, verificou-se que a relação entre o imposto progressivo e a avaliação de bem-estar a partir da pesquisa Gallup de 2007 era positiva (OISHI; SCHIMMACK; DIENER, 2012). Essa associação explicava-se inteiramente pela satisfação dos cidadãos com os bens públicos e comuns (educação, transportes, cuidados de saúde, vias de comunicação, habitações sociais, qualidade do ar e da água). A chave de uma sociedade em harmonia e bem-estar parece ser a qualidade dos bens públicos e comuns.

O imposto progressivo é exemplo de uma medida de correção da distribuição da riqueza que depende da vontade política. Não se deve subestimar a influência dos fatores políticos nas transformações socioeconômicas. O triunfo do neoliberalismo só foi possível porque na Grã-Bretanha e nos Estados Unidos o poder foi conquistado pelos partidos de direita. A mesma redução da força de trabalho podia ter tido um efeito muito diferente se a relação de poder entre a direita e a esquerda tivesse sido inversa.

A relação entre o poder cumulativo dos partidos de direita e a variação nos índices de desigualdade do rendimento[22] foi estudada, entre 16 dos países mais desenvolvidos, de 1969 a 2000 (BRADY; LEICHT, 2008). Os índices de desigualdade incluíam o coeficiente de Gini (mais sensível às mudanças no meio da distribuição do que nas partes alta e baixa), o *ratio* 90/10, isto é, entre a média dos 10% mais ricos e a dos 10% mais pobres, e o *ratio* 90/50, que permite comparar ricos e classe média. Observou-se uma forte correlação positiva entre o poder cumulativo dos partidos de direita e os vários índices de desigualdade, com altos níveis de poder da direita e desigualdade para a

Austrália, a Grã-Bretanha e os Estados Unidos, e baixos níveis para a Bélgica e os países nórdicos. Antes de Margareth Thatcher tomar o poder, o Gini era estável entre 1969, 1974 e 1979 (26,7; 26,8; 27,0), mas depois subiu até 34,5 (e o *ratio* 90/50 subiu de 180 para 215). O mesmo fenômeno aconteceu nos Estados Unidos depois da eleição de Ronald Reagan.

O poder dos partidos de direita fez aumentar especialmente dois índices, o Gini e o *ratio* 90/50, ou seja, provocou uma maior diferença social entre ricos e classe média. Em contrapartida, o maior efeito do poder cumulativo dos partidos de esquerda foi ter reduzido o *ratio* 90/10, isto é, tornou menor a desigualdade entre ricos e pobres. Isso mostra que as políticas da direita e da esquerda não foram exatamente o inverso uma da outra. A da direita beneficiou os ricos em detrimento sobretudo da classe média, enquanto a da esquerda beneficiou os pobres em relação aos ricos sem reduzir sensivelmente os rendimentos da classe média. Enquanto a direita não teve piedade com a classe média, a esquerda procurou poupá-la. Não parece, porém, que a política da esquerda tenha sido compreendida pela classe média, porque esta permitiu aos ricos conservar o poder. De qualquer modo, a direita foi mais eficaz em sua política de aumentar as desigualdades do que a esquerda em sua tentativa de reduzi-la. A direita fez isso por meio da ação legislativa (redução das despesas sociais), da administração (diminuição da capacidade de resistência dos sindicatos) e da influência ideológica (ideia da legitimidade e do poder intangível do mercado livre). O desequilíbrio entre direita e esquerda pressionou a esquerda a virar à direita e permitiu à direita fazer reinar o neoliberalismo.

Como é possível a esquerda virar à direita? A esquerda atual representa em grande parte os interesses da classe média. O problema com o pseudoconceito de classe média (ver ESTANQUE, 2012) é ser média, definida pela exclusão, inclui quem não é rico nem pobre, mas não é classe; é um conjunto heterogêneo de indivíduos distribuídos por quase todas as categorias profissionais de assalariados e autônomos que gostariam de vir a ser ricos, mas têm medo de vir a ser pobres. Por isso, aliam-se muito mais facilmente à direita do que à esquerda dita radical. Somente em situações críticas, como a que gerou a Comuna de Paris, a "classe média" alia-se à esquerda.

Uma orientação política é um feixe de interesses e ideias em que uma classe tende a reconhecer-se. A direita procura convencer a todos (e consegue-o parcialmente) de que a luta de classes acabou, mas na era do capitalismo financeiro é ela que conduz a luta de classes, a luta da classe rica contra a grande massa dos trabalhadores consideravelmente fragmentada.[23] A convergência de objetivos da elite financeira sustenta a aliança dos partidos de direita, enquanto a classe trabalhadora, desorganizada, dispersa os seus votos por vários partidos, incluindo até os partidos de direita. Os políticos de direita reclamam que se deixe os mercados operar livremente, mas ao mesmo tempo influenciam a ação dos mercados, isto é, como atores políticos agem para beneficiar os atores econômicos que representam. Em certos casos, ator político e ator econômico aproximam-se tanto que se fundem um com o outro. Esse processo de concentração dos poderes esvazia a democracia da liberdade e da igualdade que são a sua substância. Os mercados não são forças míticas: por trás deles há faces e nomes de seres humanos. Hoje não há, portanto, mais razão para que os povos obedeçam aos governos e às forças repressivas que sustentam e protegem os mercados do que houve, em outras épocas da história, em face de regimes políticos ditatoriais.

O capitalismo da década de 1980 mudou de pele. A doutrina de que o mercado é o mais eficiente mecanismo para promover o crescimento e orientar recursos para o desenvolvimento mundial, conhecida como "Consenso de Washington",[24] foi transformada parcialmente, sob a influência de protestos populares violentos, em "Consenso de pós-Washington" a partir de 1995. Este visaria a redução da pobreza por meio de serviços sociais, incluindo a educação, sendo as ajudas recebidas geridas pelos governos nacionais. "O nosso sonho é um mundo sem pobreza", declarou Wolfensohn, novo presidente do Banco Mundial. Em 1999, foi aprovado pelo Banco Mundial e o FMI o *poverty reduction strategy paper*, que inspirou a declaração de alvos da ONU em 2000, de que destaco: "Obter até 2015 uma educação primária universal" e "eliminar as disparidades de gênero em todos os níveis de educação até 2015". Nesse documento, prevalece um discurso tecnocrático que não evoca a questão social, as razões da pobreza e a redistribuição das riquezas. A lógica que leva o Banco Mundial a preocupar-se com a desigualdade é mais o seu efeito negativo para o crescimento do que a ajuda do crescimento para a redução da pobreza (TARABINI, 2010; TARABINI; JACOVKIS, 2012). O controle é total, visto que a ajuda do Banco Mundial a um país só é concretizada depois de o FMI ter feito uma avaliação positiva de sua estrutura macroeconômica. Em relação à educação, a teoria subjacente é a do capital humano no contexto do sistema capitalista. A prioridade é o ensino primário, mas o papel dos professores é desvalorizado: o Banco Mundial propõe a redução do tempo de formação e dos salários dos professores e a reorientação desses custos para compra de livros e materiais didáticos (fornecidos pelas instituições internacionais). Quanto à expansão do ensino médio e superior, ela é objeto de investimentos privados que proporcionam retornos aos investidores, e a lógica é a de competitividade e eficiência no âmbito do crescimento capitalista.

A Comissão Europeia (CE) assinou um acordo com o Banco Mundial (que é o maior doador internacional no campo da educação) em 2001, renovado em 2009, para ações cofinanciadas, em que se encorajam os processos de privatização do ensino e o desenvolvimento de conexões dos serviços públicos de educação com empresas privadas.

Em resumo, a estratégia de comunicação do neoliberalismo mudou, deixando intactos os princípios de crescimento capitalista e de liberalização do mercado à escala mundial. Ao mesmo tempo, as questões políticas são escamoteadas pelo discurso economicista, diluindo numa impressão de interesse geral o que são interesses particulares.

REAGINDO ÀS DESIGUALDADES

Em que medida as desigualdades de rendimento afetam a aceitação da democracia formal? A versão formal da democracia é mais aceita nos países ricos do que nos pobres e pelos indivíduos com maior rendimento do que menor. Muito interessante é o fato de as pessoas terem opiniões menos favoráveis em relação à democracia nos países de maior desigualdade e de esse efeito sobre a avaliação da democracia ser duas vezes maior do que o da riqueza do país (ANDERSEN, 2012).[25] Isso implica que a promoção dos valores e das instituições da democracia formal requer que a política de crescimento econômico inclua medidas de redistribuição da riqueza.

As desigualdades são tão grandes e tão óbvias que cada vez mais vozes no mundo científico e cultural erguem-se contra elas. Um dos exemplos mais convincentes teve grande repercussão entre os cidadãos leitores: um livro de dois epidemiologistas, Wilkinson e Pickett (2009), traduzido para muitas línguas, incluindo o português.[26] Retomarei aqui apenas alguns dos dados que apresenta sobre cerca de 20 países do mundo desenvolvido (as fontes encontram-se no livro citado).

Portugal é o que apresenta, de todos, a menor esperança de vida e o menor rendimento por habitante. É o segundo, depois dos Estados Unidos, com maior desigualdade de rendimentos, maior incidência de problemas sociais e de saúde, maior número de homicídios por milhão de habitantes. Também é o segundo pior, embora equitativamente com a Nova Zelândia, em mortalidade infantil. É aquele em que as pessoas têm menor confiança nos outros e o que fornece menor ajuda a outros países. É o quarto pior em escores de literacia e matemática e em reciclagem de desperdícios, assim como um dos menos inovadores se contarmos o número de patentes por milhão de habitantes. De modo geral, todos os domínios examinados pelos autores de *The spirit level* mostram que os países com menores desigualdades sociais oferecem aos seus cidadãos uma vida melhor. Enquanto certos países utilizam os impostos e a redistribuição para diminuir as desigualdades sociais, outros, como o Japão, chegam a resultados semelhantes porque as altas remunerações são muito menores na fonte. Juntar as duas soluções daria ainda melhores resultados. A pior situação é aquela em que, como nos Estados Unidos, os ricos ganham nas duas frentes: remunerações altíssimas e impostos baixíssimos. Desde 1980, quando as desigualdades começaram a crescer, as despesas públicas aumentaram seis vezes mais depressa para custear as prisões do que a educação, e certos Estados já gastam tanto com aquelas quanto com esta.

O diagnóstico dos autores não oferece surpresas: os altos níveis de desigualdade devem-se à concentração do poder econômico. As responsáveis são as grandes corporações, porque é nelas que o valor é criado e dividido. Tornaram-se maiores economicamente do que muitos Estados: a General Motors é mais rica do que a Dinamarca, a Daimler Chrisler do que a Polônia e a Royal Dutch/Shell do que a Venezuela. No Capítulo 10, indicarei o tipo de soluções que Wilkinson e Pickett propõem para fazer frente a essa concentração do poder econômico.

NOTAS

1 Embora também se possa pretender que todos os seres humanos sejam iguais em seu direito à justiça social.
2 Rawls (1971) pensava que haveria unanimidade sobre dois princípios: (1) que cada pessoa tem um direito igual a um conjunto de liberdades de base e (2) que as desigualdades sociais e econômicas devem primeiro estar associadas a posições e funções acessíveis a todos, em condições de igualdade de oportunidades, e que sejam tais que possam, em compensação, beneficiar os indivíduos mais desfavorecidos.
3 É interessante assinalar um comentário de Sen (2009) que evoca a mudança de posição de Marx a respeito do direito ao fruto do trabalho, primeiro defendendo-o e depois considerando-o um "direito burguês". Em sua última obra importante, *Crítica do programa de Gotha* (MARX, 1875), Marx considera mais justa a repartição em função das necessidades. Parece-me que, se Marx tivesse podido conversar com Sen sobre aquele dilema, teria finalmente hesitado entre atribuir a flauta a Ana ou a Bob: a Ana porque, sabendo tocar, talvez sentisse necessidade dela, e a Bob porque, não possuindo nenhum brinquedo, é provável que tivesse necessidade de algum; de fato, apenas Carla não invocou implicitamente nenhuma necessidade (a menos que Marx considerasse que, se não tivesse necessidade da flauta, Carla não a teria fabricado, mas é menos provável).
4 Essa abordagem está na base da teoria da escolha social, que tem suas origens em Condorcet, no século XVIII, e foi desenvolvida por Arrow em meados do século XX.
5 As análises de Marx sobre a justiça, diz Sen, estavam longe de se limitar ao seu fascínio, de que tanto falam os seus adversários, pelo "estado último do comunismo" (SEN, 2009, p. 48).
6 "O homem no interior do coração, o espectador abstrato e ideal dos nossos sentimentos e da nossa conduta, pede muitas vezes que o acordem e conduzam à [...] presença de um espectador real. É sempre do espectador do qual podemos esperar menos simpatia e indulgência que somos suscetíveis de aprender a lição do autodomínio mais completo [...]" (SMITH, 1759 apud SEN, 2009, p. 164-165).
7 Um exemplo de proposta de realização que se apoia num debate público é a importância atribuída por Condorcet à educação das mulheres, que lhes permitiria fazer ouvir a sua voz na família e na vida social, o que, por sua vez, contribuiria para dar prioridade à educação das mulheres nas decisões públicas que visassem a promoção da justiça. Este seria um círculo positivo, virtuoso. Para Condorcet, a educação exerce um papel fundamental na transformação social. Antes de Malthus, ele alertou contra o risco de sobrepopulação se a taxa de crescimento demográfico continuasse a aumentar. Porém, a sua ideia era de que uma sociedade mais instruída e esclarecida sobre as questões sociais, com debate público e maior educação das mulheres, conheceria uma redução espetacular da taxa de crescimento demográfico e poderia mesmo invertê-la. Malthus acreditava que Condorcet era ingênuo, porém foi a Condorcet que a História deu razão (SEN, 2009, p. 149).
8 Sen (2009, p. 206-209) assinala que a noção de "ilusão objetiva" é muito importante na filosofia marxiana (digo "marxiana" em vez de "marxista" – Sen, na tradução francesa, empregou ambas – porque, tratando-se de uma questão filosófica, não há razão para utilizar uma derivação diferente da que conduziu a "kantiana", "hegeliana", "sartriana", etc.). Marx quis mostrar em *O Capital* que a equidade da troca no mercado de trabalho, apresentada pelos economistas do seu tempo como um fato, não é mais do que uma crença comum baseada numa ilusão objetiva. Marx também se referiu a essa noção para explorar a "falsa consciência" no contexto da luta de classes.

9 Isso foi observado num experimento em que os participantes eram expostos a imagens de nuvens poluidoras a ameaçar uma cidade, uma pessoa a beber água contaminada e uma floresta coberta de lixo, e, independentemente, eram avaliados sobre aquelas duas dimensões.
10 Em 1917, um parlamentar do Kansas defendera a *Revenue Act* com as palavras "*Let their dollars die for their country too*". A primeira grande lei francesa sobre a segurança social, de 1928, foi apresentada como "nascida, após a guerra, da solidariedade que se afirmara entre as diferentes classes sociais; da vontade de conceder àqueles que tinham defendido a pátria nas trincheiras e àqueles que, pertencendo às classes populares, defenderam o patrimônio comum, a ajuda necessária nos maus dias".
11 Este foi o segundo capitalismo. Seguiu-se à acumulação primitiva do capital e precedeu o capitalismo "corporativo" e financeiro, isto é, caraterizado pelo poder das *corporate* e das bolsas.
12 Essa reforma fiscal foi apresentada por Lloyd Georges como "destinada a financiar uma guerra implacável contra a pobreza e a miséria".
13 Na França, o teto do salário bruto anual dos dirigentes de empresas públicas foi fixado em 450 mil euros, 20 vezes mais do que a média dos salários brutos mais baixos: 22.500 euros (em 2010, o salário de um desses dirigentes era 76 vezes mais elevado; nas privadas, pode ultrapassar 100 vezes).
14 Para Marx e Engels (1848), o que caracteriza o comunismo não é a abolição da propriedade em geral, mas da propriedade burguesa. O trabalho não cria propriedade para o trabalhador; cria capital, a propriedade que explora o trabalho assalariado.
15 Giving USA. *The annual report on philanthropy for the year 2006*.
16 O índice de Gini varia de 0 (igualdade perfeita) a 1 (desigualdade total, isto é, uma pessoa tem todo o rendimento e os outros não têm nada).
17 Essas noções de classe não são baseadas em conceitos finamente elaborados. Nos estudos, têm-se em conta diferenças de rendimento, nível de instrução e situação profissional.
18 A estimação da apologia da fraude resultava da avaliação pelo participante de frases como "posso compreender que outros estudantes copiem outros (ou textos da internet)".
19 Este seria um caso de fraude com objetivo científico, porém suponho que os participantes foram depois informados corretamente (os autores não o dizem, mas faz parte da deontologia em psicologia experimental).
20 Em um terceiro experimento, em que a indução incidia sobre a importância das habilidades de resolução de problemas numa escola de gestão, a adesão ao autoengrandecimento conduziu a uma maior ocorrência de fraude (que consistia em o participante dizer que tinha resolvido problemas que não era possível resolver).
21 Enfim, note-se que a fraude académica baseada na utilização ilegítima do Google é maior nos Estados norte-americanos em que a desigualdade é maior. A desigualdade influencia a fraude através de uma variável psicológica, a desconfiança nos outros (NEVILLE, 2012).
22 *Luxembourg Income Study*.
23 "Há luta de classes, muito bem, mas é a minha classe, a classe rica, que faz a guerra, e estamos a ganhá-la [...]" (palavras atribuídas a Warren Buffett por STEIN, 2006). Desde que Obama tentou criar a "regra Buffett" (taxa mínima de 30% para os rendimentos anuais superiores a um milhão de dólares), a direita fala de novo, com ironia, em luta de classes.
24 Entre os dez princípios, ressalto: moderação da carga fiscal, abertura ao investimento estrangeiro direto, privatização das empresas do Estado e desregulação para salvaguardar a competição.
25 O grau de aceitação provém da avaliação de frases como "A democracia pode ter problemas, mas é a melhor forma de governo", que não sugerem um sentido específico.
26 Dizem os autores que cerca de 80% dos cidadãos britânicos entendem que as desigualdades sociais são demasiado grandes e que cerca de 60% dos norte-americanos pensam que o governo deveria agir para reduzi-las.

8

Falsos amigos, falsas democracias

Um falso amigo é uma palavra que tem a mesma pronúncia e/ou pronúncia em duas línguas, mas um significado diferente. Por vezes pode ser na mesma língua, mas em dialetos diferentes.

De falsos amigos o vocabulário político está cheio. Chamei de pseudodemocracias a todos os regimes que se intitulam democracias, por analogia com as pseudopalavras, porque nenhuma, em maior ou menor grau, tem respeitado os princípios básicos de liberdade e igualdade. Depois de ter examinado o significado desses dois conceitos, não só não restam dúvidas de que o prefixo "pseudo" se justifica, como também se pode pensar que há uma intenção de falsificação, que alguém nos vende gato por lebre persistindo em chamar-lhe lebre. Esse alguém é o capitalismo ultraliberal e são também os Estados, os políticos e os meios de comunicação que o servem.

POR QUE RAZÃO O LIBERALISMO POLÍTICO PRECISA DE FALSAS DEMOCRACIAS?

Porque, para o liberalismo político, em particular o que está a serviço do capitalismo, a democracia não é um fim, mas sim um meio. Em circunstâncias normais, um meio que é mais eficaz do que a ditadura e um meio que pode tomar diferentes formas. Adapta-se às vantagens de um papel maior ou menor da representatividade popular e de uma maior ou menor intervenção do Estado na vida econômica, em função das necessidades do capitalismo e da capacidade de resistência dos trabalhadores.

O capitalismo ultraliberal, os seus teóricos e propagandistas conseguiram impor a ideia de que o crescimento econômico é crucial para o bem-estar e de que, para conservar a liberdade econômica e política necessária ao crescimento, deve sacrificar-se a igualdade. Os governos, desde os conservadores até os sociais-democratas e pseudossocialistas, com pouquíssimas exceções, tornaram-se cúmplices dessa montagem. A transformação do socialismo e a sua incorporação nas instituições que gerem o Estado liberal começara muito antes do desmoronamento do bloco "soviético", mas esse acontecimento serviu para proclamar com mais força ainda que tinha chegado o fim da História e que não havia alternativa ao capitalismo. Ficaram, numa extrema-esquerda, também chamada esquerda da esquerda ou esquerda radical, alguns irredutíveis que o anticapitalismo reúne, mas que nunca se revelaram capazes de encontrar um nome e um programa que pudessem servir de bandeira a um processo revolucionário. Nesse contexto, o caminho estava amplamente aberto para a aceleração da concentração capitalista à escala mundial e da conquista total dos Estados.[1] Em poucos anos caiu o que restava das barreiras ao crescimento das desigualdades, a filosofia liberal acomodou-se ao novo papel do Estado e às violações dos direitos humanos, e o capitalismo, mais agressivo, passou a ordenar intervenções bélicas.[2]

A DESVIRTUAÇÃO DA DEMOCRACIA REPRESENTATIVA

Depois da Revolução Francesa, o sufrágio era censitário. Parecia justo que votassem e fossem eleitos os melhores, isto é, os ricos, os que tinham criado riqueza ou que a tinham pelo menos mantido.[3] O sufrágio censitário acabaria por ser substituído, sob a influência da reivindicação de intelectuais liberais, socialistas e dos povos, pelo sufrágio universal. No entanto, o sistema de monopolização do poder do Estado pelos ricos encontrou e desenvolveu pouco a pouco a resposta necessária: mais eficaz do que o sufrágio censitário era a intervenção dominante de grandes partidos apoiados no poder do dinheiro.

Esses grandes partidos não têm a preocupação de representar os cidadãos, mas antes de acompanhar as mudanças da opinião pública por meio, por exemplo, de sondagens constantes, porque a democracia, como disse Hayek (1978), "é o poder do povo pela sua opinião, não pela sua vontade". O parlamentar não é um representante; é, no máximo, um intérprete. Porém, a realidade é mais crua: ele interpreta a opinião, na medida em que tem de conhecê-la para a aproveitar, moldar e saber como falar ao povo na perspectiva dos momentos cruciais – a eleição e a reeleição. Representatividade da vontade popular implica controle pelo povo, mas este não existe, salvo através das flutuações de uma opinião que se pode manipular e desrespeitar. O cidadão deixou de existir no processo político. Sendo assim, pode compreender-se que qualquer pretensão de estabelecer uma democracia direta, mesmo limitada, suscite reações de indignação por parte dos políticos e dos meios de comunicação que só louvam o sistema pseudorrepresentativo.

Em cada país, a separação dos poderes tornou-se uma cortina de fumaça que esconde o domínio absoluto do partido mais influente num dado momento e que pode chegar a controlar todos os poderes: a presidência, o governo, a assembleia e até mesmo o poder judiciário.[4] Porém, é no plano internacional que não existe nenhuma possibilidade de controle democrático. Instituições de enorme poder, como o Fundo Monetário Internacional (FMI), o Banco Mundial e a Organização Mundial do Comércio, escapam a todo controle que não seja o do capitalismo, eventualmente através de políticos afortunados que lhe são obviamente fiéis.

Um dos teóricos importantes do liberalismo político e econômico, Mises (1927), que teve forte influência, por exemplo, em Hayek, referiu-se claramente à relação íntima entre liberalismo, propriedade privada e capitalismo. Nessa tríade, a democracia seria uma intrusa.

A DEMOCRACIA DA LIBERDADE E DA IGUALDADE

Se a falsa democracia da sociedade capitalista é a democracia real, devemos pensar que a democracia da liberdade e da igualdade não é mais do que uma democracia ideal?

Marx descreveu uma democracia ideal. Nascido e educado numa família liberal que apoiou a Revolução Francesa, o jovem Karl defendeu as reformas liberais, a liberdade de imprensa e de consciência e as leis do divórcio. Tornou-se socialista mantendo aqueles princípios e continuou a afirmar que a democracia política é necessária, mas acrescentando que não é suficiente e que a esfera econômica também deve submeter-se aos princípios democráticos. Para Marx, a teoria política não podia limitar-se a analisar o Estado; devia examinar a contradição entre o Estado liberal (a comunidade política que em princípio procuraria o bem comum) e a sociedade civil (que é dominada pelo interesse egoísta), resultante do fato de o desenvolvimento do capitalismo limitar fortemente as possibilidades da ação democrática dos trabalhadores. A democracia deveria ser uma forma de sociedade que permitisse uma cidadania efetiva, e vencer a batalha da democracia era, para Marx, um aspecto essencial do desenvolvimento de uma sociedade livre (ver NIEMI, 2011). Pensava ele que o sufrágio universal e a liberdade de expressão eram necessários, mas não suficientes para criar uma sociedade sem exploração de classe e em que o papel de cada um na economia não determinasse o seu desenvolvimento como ser humano. Em outros termos, a democracia deve abranger a vida econômica e não só a política. Ser cidadão não é suficiente para humanizar a existência social. A emancipação política é apenas um grande progresso na via da emancipação humana, etapa para uma associação em que o desenvolvimento de cada um é condição do livre desenvolvimento de todos. A democracia ideal ainda não é real, mas o movimento para essa democracia pode ser real.

Em síntese, as filosofias políticas posicionam-se em relação às duas dimensões da existência humana, a liberdade dos indivíduos (ou de alguns) e a igualdade (ou desigualdade) entre os indivíduos, tomando quatro formas possíveis: a liberdade assumidamente limitada a alguns indivíduos, combinada com a desigualdade, é o *fascismo*; a liberdade reconhecida a todos, combinada com a desigualdade, e a aceitação, como mera contrariedade, de que nem todos tenham os meios de serem livres, é o *liberalismo capitalista assumido*; a liberdade de agir contra a igualdade (ao mesmo tempo política e econômica), combinada com o desejo de igualdade, é a posição conhecida como "social-democrata", contraditória e insustentável, uma espécie de *liberalismo capitalista envergonhado*; enfim, a igualdade associada à liberdade política, mas sem liberdade de exploração, é a democracia plena, isto é, a *associação voluntária com partilha equitativa*. Nessa combinação ortogonal de duas dimensões, o centro é apenas um ponto de intersecção, não tem substância, e é por isso que o centro crê que existe, mas sempre se junta ao vizinho mais próximo, à direita ou à esquerda.

NOTAS

1 Reagan e Thatcher conduziram políticas liberais radicais. No mesmo espírito, o ordoliberalismo alemão (defensor de um Estado forte, protetor do mercado), partindo da ideia de que a sociedade não é suficientemente liberal, defendeu que é preciso agir para a liberalizar e que para isso é preciso controlar o Estado. Quanto ao projeto europeu, ele foi essencialmente, sobretudo nos últimos 20 anos, uma ilustração do voluntarismo liberal. O capitalismo utiliza o Estado. Os governantes de direita ou de pseudoesquerda obedecem-lhe, e o capitalismo recompensa-os. Ao deixarem o governo, os ministros são nomeados, a curto prazo, para cargos importantes de direção de grandes empresas. A transformação da dívida dos bancos em dívida pública foi uma grande operação que só ingenuamente se pode atribuir à inépcia dos governantes.
2 Não é possível descrever aqui esse processo histórico destrutivo da democracia (que se tornou uma forma de organização da concorrência entre os políticos), da sociabilidade (transformada em competitividade), da identidade cultural dos povos e dos sistemas ecológicos. Por isso, aconselho a leitura de *Neoliberalism as creative destruction*, de David Harvey (2006).
3 Seguindo outros critérios, essencialmente o governo pelo saber, Stuart Mill propusera que os homens mais instruídos tivessem direito a um voto plural em função de suas ocupações.
4 Em Portugal, por exemplo, quase metade dos membros do Conselho Superior da Magistratura, do qual dependem as nomeações, transferências e promoções dos juízes e eventuais ações disciplinares, são designados pelos poderes executivo e legislativo. O Tribunal Constitucional é composto, em sua maioria, por membros designados pelo poder legislativo, que dá o seu aval a acordos partidários. Desse modo, a verificação do respeito pela Constituição não escapa à influência dos principais partidos.

PARTE III

Criar letrados, criar democratas

9

Ideias sobre a educação

O PRIME (PLANO DE REDISTRIBUIÇÃO IGUALITÁRIA DE MEIOS EDUCATIVOS)

Sonhei!
Que um governo no Brasil – não sei que governo, nem que Brasil – criou e aplicou o PRIME:
1. Todas as crianças recém-nascidas serão examinadas por um(a) pediatra e nessa ocasião receberão livros para o berço e para o banho, sendo depois visitadas periodicamente para controle do seu estado de saúde.
2. Todas as famílias com filhos receberão, cada uma, 500 livros infantis, juvenis e para adultos, de variados gêneros e domínios, e serão visitadas periodicamente por um especialista em leitura e literacia.
3. Todas as famílias poderão escolher a escola em que querem que os seus filhos estudem, sob condição de que cada escola respeite uma quota de inscritos oriundos das diferentes classes socioculturais correspondente à sua proporção na sociedade.
4. Todas as crianças receberão um computador e um dispositivo de leitura digital e terão acesso a um "tutor" personalizado que poderá orientá-las em suas leituras e produções escritas.
5. Todas as escolas disporão de uma biblioteca própria corretamente aparelhada em livros e lugares de estudo, com horário amplo de atendimento por funcionário formado para o cargo, e serão visitadas regularmente por especialistas em leitura e literacia.
6. Todas as escolas publicarão mensalmente um jornal em que aparecerão os melhores trabalhos escritos pelos alunos e aqueles em que os alunos mais fracos terão realizado progressos notáveis.

7. Todos os jornais (incluindo os desportivos) nacionais e regionais, estações de rádio e canais de televisão deverão incluir cotidianamente um programa educativo para crianças e outro para adolescentes, preparados por uma equipe de jornalistas especializados contratados sob concurso pelo Ministério da Educação.
8. Todos os museus, teatros, cinemas e todas as salas de música reservarão horários específicos para receber visitas de grupos escolares acompanhados por especialistas da formação artística e segundo um programa nacional determinado por estes.
9. Todas as autoridades municipais, estaduais e federais no setor da educação e, em particular, da alfabetização realizarão anualmente seminários com especialistas nacionais e estrangeiros para atualizar os seus conhecimentos com base nas evidências científicas mais recentes.
10. Todas as crianças saberão ler e escrever com autonomia no fim do 1º ano, de maneira correta e altamente fluente no 4º ano, e continuarão a ler com gosto e vontade para aumentar os seus conhecimentos, sentir a beleza e o sentido profundo dos textos literários, sendo capazes de ter espírito crítico e criatividade.

Se formos muitos a sonhar, talvez tudo isso deixe de ser um sonho.

SUPERAR OS EFEITOS DAS DESIGUALDADES SOCIOECONÔMICAS

Vimos no Capítulo 2 que a pobreza afeta negativamente a saúde e o desenvolvimento cognitivo da criança desde o nascimento e que Heckman, entre outros, alertou para a necessidade de intervir precocemente com medidas educativas compensatórias. Há quem, pelo contrário, defenda que as crianças de baixo *status* socioeconômico (SSE), pelo simples fato de terem desenvolvido a linguagem e disporem de pensamento abstrato, estão em condições de recuperar e alcançar o nível das crianças de SSE alto se lhes for proporcionado um ensino adequado. É o que afirma, porém sem apresentar fundamentação científica, o Grupo Francês de Investigação sobre a Refundação do Sistema Educativo (GROUPE DE RECHERCHE SUR LA DÉMOCRATISATION SCOLAIRE, 2012). A questão subjacente a essas duas posições extremas é a da persistência ou não de plasticidade no que se refere às aprendizagens cognitivas.

Até pouco tempo, a opinião dominante era de que os dados estão lançados aos 3 anos de idade (o chamado "mito dos três"). Hilary Clinton fez eco dessa ideia numa audiência com professores, dizendo que "quando as crianças iniciam a pré-escola a arquitetura do cérebro já foi construída" (ver HOWARD-JONES; WASHBROOK; MEADOWS, 2012). Tal como dinheiro chama dinheiro, aprendizagem chama aprendizagem, e a acumulação primitiva do capital humano obedece à lei da acumulação do capital material. É preciso privilegiar a educação das crianças que tiveram um bom começo porque os recursos gastos com elas darão os melhores retornos. Aconteceu, porém, que as onerosas iniciativas do governo norte-americano (*Head Start*), com um orçamento de mais de oito mil milhões de dólares, produziram resultados muito abaixo da expectativa (BARNETT, 2011). Em outra idade e em outro domínio, um programa muito mais modesto em que se associara cada adolescente a um mentor permitira reduzir o consumo de drogas, melhorar as relações familiares e o desempenho acadêmico. Como conciliar ambos os fatos? Nos últimos trabalhos da equipe de Heckman, passou a defender-se a ideia de que há um período sensível precoce para o "cognitivo" e um período sensível na adolescência para certos fatores "não cognitivos" (CUNHA; HECKMAN; SCHENNACH, 2010).

As neurociências estão contribuindo para mudar esse tipo de ideia demasiado simples. Um, a aprendizagem tem lugar durante toda a vida. Dois, o cérebro conhece vagas de conectividade neuronal no sentido de uma maior especificidade em vários períodos da vida até a idade adulta. Três, o córtex pré-frontal passa por um longo processo de desenvolvimento até o fim da adolescência, relacionado com mudanças importantes em certas funções de controle cognitivo como a atenção seletiva e a memória de trabalho.

Depois da segunda infância, o desenvolvimento da flexibilidade cognitiva está associado a uma maior ativação frontal e parietal no hemisfério esquerdo (WENDELKEN et al., 2012). Entre os 8-13 anos e a idade do aluno universitário, aumenta a modulação por estruturas frontais e parietais da atividade nas áreas que processam os estímulos, o que indica um melhor controle da atenção em função do objetivo da tarefa (WENDELKEN et al., 2011). Também nessas idades aumentam as interações entre o hipocampo e o córtex pré-frontal em relação ao desenvolvimento da memória episódica (de acontecimentos, em particular biográficos) (GHETTI; BUNGE, 2012).

Não é fácil obter dados inambíguos sobre a plasticidade cognitiva. Sabemos que há capacidades cognitivas que atingem o seu estádio final de desenvolvimento relativamente cedo, ao passo que outras, as capacidades de controle cognitivo que importam para as aprendizagens, continuam desenvolvendo-se bem além do ingresso na escola e da alfabetização. No entanto, sabemos muito pouco sobre o que influencia esse desenvolvimento continuado. Será que ele depende exclusiva ou essencialmente da maturação dos sistemas cerebrais envolvidos? Ou será que depende, e em que medida, de aprendizagens que ocorrem geralmente no contexto escolar, como a alfabetização e a consequente prática da literacia?

COMPARANDO ANALFABETOS, EX-ANALFABETOS E LETRADOS

A comparação entre adultos analfabetos, ex-analfabetos, isto é, que não foram escolarizados durante a infância, mas aprenderam a ler na idade adulta (esses dois grupos são de SSE baixo), e alfabetizados desde a infância (de SSE variável segundo os estudos, mas geralmente superior ao dos não escolarizados), constitui uma das vias de estudo dessas questões. Vejamos sucintamente o que já se sabe sobre o impacto da alfabetização e da escolarização no cérebro e na cognição.

Alexandre Castro-Caldas e a sua equipe (CASTRO-CALDAS et al., 1998) mostraram pela primeira vez que a alfabetização influencia a organização funcional do cérebro. Eles observaram ativações cerebrais diferentes entre analfabetos e alfabetizados durante a repetição oral de pseudopalavras, mas não de palavras. A razão desse efeito da natureza do material pode estar no tipo de representação fonológica consciente que uns e outros utilizam para reter as pseudopalavras na memória imediata: há provas de que, numa situação que envolve um esforço de atenção, essa representação é menos estruturada e precisa, mais silábica e menos fonêmica, nos analfabetos do que nos letrados (MORAIS et al., 1987).

Depois desse trabalho pioneiro, outras descobertas importantes tiveram lugar. A aprendizagem da leitura e da escrita, ao reciclar, por exaptação,[1] estruturas cerebrais com características funcionais apropriadas, não só conduz ao desenvolvimento de sistemas de tratamento próprios, como a VWFA (ver Capítulo 3) na região occipitotemporal do giro fusiforme no hemisfério esquerdo, como também modifica consideravelmente os sistemas de tratamento da linguagem oral e de outros estímulos visuais (DEHAENE et al., 2010). A ativação da VWFA por palavras escritas é uma função crescente do grau de alfabetização e de literacia. Inexistente nos analfabetos, aumenta com a habilidade de leitura, sendo intermediária nos ex-analfabetos e atingindo o máximo de ativação nos letrados que aprenderam na infância (ver Figura 9.1). O que faz a região da VWFA nos analfabetos? Responde a imagens de rostos e outros tipos de objetos, o que também acontece nos ex-analfabetos e nos letrados, mas com menor amplitude. Além disso, a representação cerebral dos rostos é modificada pela aquisição precoce (mas não pela tardia) da literacia, que a torna mais restrita e focalizada no giro fusiforme do hemisfério esquerdo e também faz ativar uma pequena região homóloga no hemisfério direito.[2]

Enfim, a prática da literacia faz com que as regiões do hemisfério esquerdo consagradas à representação da linguagem oral, em particular as do *planum temporale*, respondam mais aos estímulos de fala nos letrados do que nos iletrados. A explicação mais plausível está associada ao desenvolvimento do vocabulário e dos conhecimentos, que passa pelo alargamento e pela complexificação da rede de representações lexicais fonológicas e das suas conexões com as representações semânticas.

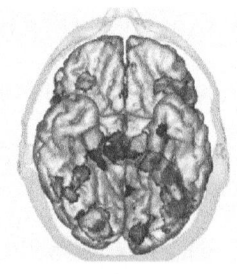

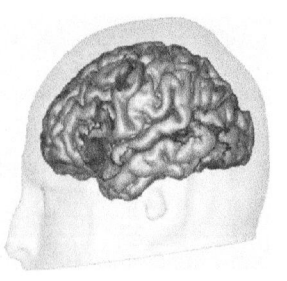

Figura 9.1 À esquerda, o cérebro visto de baixo; à direita, o hemisfério esquerdo. Estão assinaladas na cor vermelha as regiões em que o aumento da capacidade de leitura mais influencia a ativação cerebral durante a exposição a frases escritas (veja esta imagem colorida na orelha do livro). Nas regiões assinaladas com outras cores essa influência é menor. Estas imagens, gentilmente cedidas por Stanislas Dehaene, foram preparadas por investigadores da Unité de Neuroimagerie Cognitive do Neurospin, França, no decurso dos trabalhos que conduziram à publicação de Dehaene et al. (2010). Nesse estudo, colaboraram também investigadores do Brasil (Lúcia W. Braga e Gilberto Nunes Filho), de Portugal (Paulo Ventura) e da Bélgica (Régine Kolinsky e José Morais).
Fonte: Dehaene et al. (2010)

Sobre os efeitos cognitivos, já sabemos um pouco mais.[3] Como vimos no Capítulo 1, a alfabetização, mesmo tardia, produz efeitos na representação consciente da estrutura fonológica da linguagem, em particular dos fonemas. A alfabetização precoce (ainda não sabemos para a alfabetização tardia) também influencia o reconhecimento das palavras da fala (MORAIS; KOLINSKY, 2005). Em português europeu, Ventura et al. (2004) mostraram numa situação de decisão lexical puramente auditiva (decidir se um estímulo oral é uma palavra ou não) que os adultos letrados responderão cerca de 50 milésimos de segundo (ms) mais depressa[4] se a rima da palavra for consistente do ponto de vista ortográfico (é o caso de "lave", consistente porque só há uma maneira de escrever /av/) do que se for inconsistente (caso de "lar", porque /ar/ também pode escrever-se "are", por exemplo, em "pare").[5] Obviamente, os analfabetos não apresentam esse efeito, e as crianças, que o apresentam desde o 2º ano da escola básica (VENTURA; MORAIS; KOLINSKY, 2007), só atingem o padrão de resultados dos letrados adultos depois do 4º ano (VENTURA et al., 2008b), sinal de que é necessário o reconhecimento automático (os "níveis hábeis") das palavras escritas para que o conhecimento da ortografia influencie o reconhecimento das palavras orais tal como no adulto letrado.

No que se refere às capacidades cognitivas "horizontais", isto é, aquelas que intervêm em várias funções, como a memória de trabalho a curto prazo e a atenção, são sobretudo a escolarização e a prática da literacia, muito mais do que a habilidade em si, que têm um impacto considerável. Assim, na memória de trabalho verbal a curto prazo,[6] os analfabetos só são inferiores marginalmente aos ex-analfabetos (MORAIS et al., 1986; KOSMIDIS; ZAFIRI;

POLITIMOU, 2011), provavelmente porque os ex-analfabetos dispõem de representações fonológicas mais precisas. Muito maior é a inferioridade dos analfabetos em relação aos letrados: basta ter mais de quatro anos de escolaridade para que a reprodução correta de uma sequência de algarismos passe de quatro a sete itens (REIS; GUERREIRO; PETERSSON, 2003). Isso pode dever-se às estratégias de associação e organização da informação que os letrados desenvolveram e que lhes permitem reter melhor a ordem dos itens na sequência e também ao fato de ativarem automaticamente representações gráficas dos números e das palavras.[7]

A prática corrente na escola de lidar com representações e formas visuais no plano influencia o reconhecimento de figuras de objetos, sobretudo quando não é representada a sua cor (REIS et al., 2001). Tal como a análise intencional de uma sílaba em seus fonemas não está ao alcance do analfabeto, a análise intencional de uma figura em seus segmentos é praticamente impossível para os não escolarizados, mas está ao alcance de crianças do 2º ano (KOLINSKY et al., 1987). Os adultos não escolarizados também são muito piores do que os escolarizados num teste de raciocínio analógico com figuras, as Matrizes Progressivas de Raven (VERHAEGHE; KOLINSKY, 2006). Porém, como esse teste requer outras capacidades que intervêm antes do raciocínio,[8] não se pode concluir que a capacidade de raciocínio seria fraca sem a literacia e a escola.

Na realidade, a relação que vimos no Capítulo 1 entre o escore nacional no Raven e o nível de desenvolvimento dos países deve ter as suas origens na prática da literacia, e não numa baixa capacidade de inteligência. Numa tarefa de verificação de hipóteses, observamos que os analfabetos aprendem a realizá-la.[9] Em outro teste, o Tower of London de Shallice (1982), que exige a planificação de uma sequência de operações para atingir um objetivo,[10] verificamos que os analfabetos não se distinguem essencialmente em seu desempenho dos letrados, salvo por uma maior impulsividade.

As observações de Luria (1976) obtidas na Ásia Central há cerca de 80 anos sobre a aparente incapacidade dos analfabetos para resolver silogismos corretamente, por responderem referindo-se invariavelmente à sua experiência, não refletem uma real incapacidade, visto que, quando se insiste com eles de uma maneira apropriada, são capazes de ignorar o que sabem e responder com base na lógica (TFOUNI, 1988). Até perto dos anos de 1990, sob a influência da teoria do desenvolvimento cognitivo de Piaget, acreditou-se que as crianças não escolarizadas não eram capazes de extrair a implicação lógica de uma afirmação que contraria o que consideram ser verdade.[11] Porém, basta apresentar o silogismo em um cenário fantasioso, ou de uma outra maneira destinada a "fazer de conta", para que as crianças, desde os 2 anos de idade, baseiem as suas respostas nas premissas e não em seu conhecimento empírico (p. ex., DIAS; HARRIS, 1988, 1990). Essa capacidade não se perde por não se aprender a ler, já que é observada nos adultos analfabetos (DIAS; ROAZZI; HARRIS, 2005).[12]

Todos esses dados fazem-nos pensar que os adultos iletrados ou subletrados reúnem as condições cognitivas necessárias para poderem beneficiar-se amplamente de um programa de estudos até o mais alto nível.[13]

Obviamente, o iletrado não teve as oportunidades necessárias para desenvolver o tipo de conhecimentos do letrado. Kolinsky et al. (no prelo) verificaram que os adultos analfabetos têm, assim como os letrados, um conhecimento da informação semântica organizado em categorias hierárquicas e são capazes de procurar informações na memória de maneira sistemática, subcategoria por subcategoria. Quando se lhes pede, por exemplo, que digam o maior número possível de nomes de animais, eles têm tendência a agrupar os mamíferos domésticos, os selvagens, as aves, os répteis, etc. Esse conhecimento organizado não impede outro tipo de conhecimento, baseado na experiência: quando os analfabetos têm de dizer o maior número possível de itens que poderiam comprar em um supermercado, não se observa diferença entre eles e os letrados (REIS et al., 2001). Esses dados são mais um sinal de que, malgrado um SSE baixo e a falta de instrução, os indivíduos chegam à idade adulta com capacidades cognitivas que, se fossem estimuladas, lhes permitiriam atingir bons níveis de eficiência.

Há tarefas nas quais os adultos analfabetos não respondem pior do que os letrados, mas de modo diferente. Isso pode dever-se não a um problema de capacidade ou de conhecimento, mas a um problema de cultura, na qual se inclui a cultura de classe. Assim, os escolarizados ocidentais (entre eles, os portugueses) têm melhor desempenho na reprodução do tamanho absoluto de uma linha do que da proporção entre ela e o quadro em que está inscrita, ao passo que nos participantes orientais (escolarizados ou não) se observa o padrão de resultados exatamente oposto (KITAYAMA et al., 2003). Ora, os não escolarizados portugueses (analfabetos ou não) tiveram resultados semelhantes aos dos orientais (VENTURA et al., 2008a).

A cultura ocidental privilegia a focalização da atenção em um objeto, central, enquanto para a cultura oriental o importante é a distribuição da atenção que permite levar em conta as relações entre as partes. Tínhamos visto no Capítulo 6 que o ocidental de classe média ou rica funciona como indivíduo isolado, centro do mundo, enquanto o oriental e o ocidental de classe baixa funcionam como seres inseridos numa relação social. Assim, parece que a escola da sociedade capitalista, ao transmitir a filosofia liberal, não só molda as aspirações e motivações, como também suscita um modo de tratamento da informação em que, à perspectiva do eu sobre *os* outros (objetos, pessoas), se substitui a atenção sobre *o* outro, tão individualizado como o eu.

TREINANDO CRIANÇAS E ADOLESCENTES

Outra via de exame da plasticidade cognitiva que conhece atualmente uma proliferação de trabalhos é a observação dos efeitos potenciais do treino de certas capacidades cognitivas. Esse exame é metodologicamente difícil porque não chega mostrar que o treino influencia a eficiência numa atividade; é preciso também que os seus efeitos se generalizem a outras atividades que mobilizam a mesma capacidade. Alguns estudos cujas metodologias foram consideradas suficientemente rigorosas conduziram a resultados claramente positivos (ver metanálise de WASS; SCERIF; JOHNSON, 2012). São de salientar alguns estudos de treino da memória de trabalho (MT). Jolles et al. (2012) observaram uma melhora no desempenho que persistiu pelo menos durante seis meses e, paralelamente, uma redução considerável das diferenças entre crianças de 12 anos e adultos na ativação frontoparietal durante a manipulação da informação na MT, sugerindo assim que as crianças tornaram-se mais semelhantes aos adultos nesse processamento mental. Em outro estudo, um programa de treino intenso e exigente da MT em crianças com dificuldades de aprendizagem e maus desempenhos em testes de memória fez com que melhorassem substancialmente os seus resultados em testes de MT que não tinham sido treinados, envolvendo o sistema de controle da atenção aos diferentes componentes das tarefas (HOLMES; GATHERCOLE; DUNNING, 2009). Ainda outro estudo, com jovens adultos, permitiu observar efeitos do treino da MT em processos de raciocínio analógico sobre material visual (JAEGGI et al., 2008).

Em resumo: pelo menos para algumas capacidades, a observação de efeitos na infância média, e depois desta, incitam a pensar que os dados não estão lançados ao fim dos 3 anos de idade e que é possível, por meio de uma educação apropriada na escola, compensar atrasos e inferioridades determinadas por condições socioeconômicas desfavoráveis.

OS SUBLETRADOS

Não basta, porém, recuperar os alunos socialmente "condenados" à mediocridade. Também se justifica proporcionar à população subletrada jovem e adulta cursos adaptados aos diferentes níveis para que todos aqueles deixados pelo caminho possam aceder à cultura e obter uma formação mais qualificada.

Na França, por exemplo, os subletrados são avaliados em pelo menos três milhões, isto é, mais de 10% da população ativa. Em Portugal, a situação é bastante dramática. Admitindo-se que é subletrado quem, entre 15 e 64 anos, não tem mais do que o diploma do 2º ciclo do ensino básico (seis anos de estudos), cerca de 40% dos indivíduos com essa idade são subletrados.[14] Encontrar formas de reintegrar essa população em ciclos educativos apropriados deve ser considerado como um imperativo do ponto de vista humano e social e como um investimento rentável a longo prazo do ponto de vista econômico.

Como alguém se torna subletrado? Os subletrados não são uma espécie em vias de desaparecimento. As ameaças continuam a ser grandes para as novas gerações: altas taxas de não frequência pré-escola, de abandono escolar, de trabalho infantil e de reprovação.

A reprovação pode estar associada, em parte, a uma pedagogia ineficaz. Um estudo dos dados do PISA 2006 que incidiu sobre sete países examinou os efeitos de quatro métodos de ensino das ciências sobre o "conhecimento" (identificação de questões, explicação de fenômenos e utilização da evidência para tirar conclusões) e as atitudes para com a ciência (interesse, apoio à investigação e respeito por recursos e pelo ambiente). Os alunos que disseram terem sido ensinados segundo uma abordagem construtivista, que enfatiza a investigação pelo aluno, obtiveram em média os piores desempenhos. Os que tiveram melhores desempenhos e manifestaram maior interesse pela ciência foram os que disseram que os seus professores fizeram demonstrações do uso de aplicações e de modelos do conhecimento. Esses resultados foram observados para cada um dos países considerados (VALENTE; FONSECA; CONBOY, 2011).

No Brasil, além do analfabetismo, que em média ainda continua pouco abaixo de 10%, há uma porcentagem muito maior, mas de que se desconhece a amplitude com precisão,[15] de analfabetos funcionais e subletrados. Todos os programas de redução do analfabetismo, desde 1934, tiveram resultados muito modestos e muitas vozes alegam que o retorno econômico não compensa. Como se o retorno econômico fosse a maior motivação, e ninguém se sentisse responsável pela existência de muitos milhões de subcidadãos! Outras vozes insinuam que basta esperar alguns anos, pois os analfabetos morrerão e com a morte deles, pouco a pouco, morrerá também o analfabetismo. Como se a atual escola brasileira não estivesse continuando a vazar na vida adulta uma enxurrada de subletrados, dos quais rapidamente muitos se convertem em analfabetos funcionais.

Aqueles programas falharam porque, para reduzir e eliminar o analfabetismo e desenvolver a literacia nas populações subletradas, é preciso primeiro formar adequadamente um contingente importante de professores alfabetizadores e educadores de literacia. Tal contingente nunca foi constituído. As universidades, tanto as públicas quanto as privadas, poderiam ser chamadas a realizar uma ação de grande envergadura com esse objetivo. Em três etapas: (1) concebendo um programa de formação desses professores e educadores com base científica, (2) ministrando, durante um mês, um curso de alfabetização e de educação da literacia a mais de um milhão de estudantes universitários; (3) mobilizando todos esses jovens, no contexto de um serviço cívico reconhecido pela universidade, para, em suas áreas geográficas, prestarem às populações de jovens e adultos que não tiveram a mesma sorte que eles três meses de aulas em horário de fim de tarde ou de noite. No ano seguinte, mais do mesmo, senão melhor. Aos governos locais caberia estudar e concretizar as iniciativas suscetíveis de transformar essa enorme aquisição de habilidades e conhecimentos em inserção e desenvolvimento profissional. Uma ação decidida, generosa e intensiva, à escala de todo o país pode, em tempo curto, transformar o Brasil e libertá-lo do analfabetismo e da subliteracia.

A ESCOLA DO CAPITALISMO CORPORATIVO[16]

Em um livro sobre a nova escola capitalista (LAVAL et al., 2012), afirma-se que o novo modelo transformou os sistemas de ensino em redes de empresas de "capital humano" reguladas pela competição social generalizada. A escola, obrigada a ser economicamente útil, deixou de poder dispensar saberes "gratuitos", razão pela qual a sua autonomia é meramente formal. Nas escolas frequentadas pela população de baixo rendimento, há uma proletarização do professor (baixo nível de formação, emprego precário) que conduz à reprodução e agudização das desigualdades sociais. O Estado, como instituição propiciadora de habilidades e conhecimentos, tornou-se corporativo, à imagem do capitalismo. "A economia fornece o modelo do que deve ser o conhecimento: uma informação rentável [...]. No capitalismo do conhecimento não se preza o conhecimento por ele mesmo, mas sim na condição de que seja o instrumento de um lucro". O campo do conhecimento – expresso sob a forma de competências – é reorganizado segundo o modelo do mercado. O Estado aplica as receitas da gestão empresarial: objetivos quantificados em contrato, autonomia de gestão, procura da competitividade, transformação dos usuários em clientes.

A lógica do mercado escolar faz com que os pais travem uns com os outros uma luta pelos bens raros, o que conduz a uma maior polarização social. O mercado central compreende os estabelecimentos mais escolhidos, que são os "mais bem-frequentados" socialmente e aqueles nos quais funciona a lógica da excelência. No mercado periférico, a luta também tem lugar pelos melhores entre os seus estabelecimentos, segundo uma lógica de proteção contra a queda entre os maiores produtores de insucesso escolar. Laval, Vergne et al. citam estudos que indicam que juntar os mais fracos os torna ainda mais fracos, ao passo que juntar os mais fortes os torna ainda mais fortes. Os professores adaptam-se ao peso dos alunos fracos, os seus objetivos tornam-se menos ambiciosos, as lições mais superficiais e as avaliações mais generosas. A segregação social dos estabelecimentos é uma vantagem para os que precisam menos dela e uma desvantagem para os que precisariam de ajuda. Onde há estabelecimentos que misturam as populações, o sucesso escolar é maior em média, embora os melhores alunos beneficiem-se um pouco menos do que nas escolas de excelência.

A integração do ensino e da ciência na economia de mercado conduz a uma privatização progressiva da despesa educativa, segundo o princípio de que o Estado não deve financiar o que as famílias estão dispostas a pagar para obter vantagens. Ora, na atual situação concorrencial, as famílias estão dispostas a pagar cada vez mais. Isso acontece sobretudo no ensino universitário, com grandes diferenças entre os países: a parte dos fundos privados é inferior a 5% na Dinamarca, na Noruega e na Finlândia, mas ultrapassa 40% na Austrália, no Canadá, nos Estados Unidos e no Japão, segundo dados da OCDE de 2009. A hiperseleção à entrada dos estabelecimentos e cursos mais reputados conduz ao desenvolvimento de uma "escola da sombra": o setor mercantil recruta os melhores professores e oferece aos alunos estágios intensivos, sessões de *coaching* particular, aulas de preparação, tudo a altos preços. Essas empresas beneficiam-se com as fraquezas do ensino público e com a alta seletividade. Segundo a revista *Challenges*, de 2-8 de setembro de 2010, 80% dos 50 mil estudantes do 1º ano de medicina seguiam uma preparação privada. Na França, o mercado do apoio escolar representa mais de dois mil milhões de euros, com a vantagem, para o cliente, de poder deduzir dos impostos metade das somas consagradas ao pagamento dos cursos no domicílio e, para as empresas de serviços, de beneficiar-se de importantes reduções fiscais (na França, depois do plano de "coesão social" de 2005, que visava a aumentar o emprego nos serviços às pessoas). O prestador de serviço oferece algo de individualizado que o ensino público de massa não pode dar, e são especialmente os bons alunos, de classe média ou rica, que podem recorrer a ele. No ensino médio, um aluno em seis recorre a esse sistema. Há poucos anos, o líder do setor dizia seguir 100 mil alunos por ano, dar trabalho a 25 mil professores e gerir uma rede de 105 agências. Espiral virtuosa para uns, viciosa para a maioria dos alunos cujas famílias não podem pagar. Na perspectiva do capital humano, a educação enriquece (uma minoria). A finalidade da educação passou a ser, tanto para o sistema quanto para os indivíduos, o ganho monetário, sendo o resto discursos idealistas.

Nos Estados Unidos, Nussbaum (2010) vê ameaçado o modelo tradicional de educação universitária fundada nas "artes liberais" em que ninguém é orientado imediatamente para uma formação puramente científica ou profissional. Os estudantes têm uma formação variada durante os dois primeiros anos, inclusive em humanidades, e aqueles que se interessam pelas humanidades não perdem o contato com as ciências. Infelizmente, no mundo inteiro e em todos os níveis, os programas escolares em artes e humanidades são substituídos por aprendizagens técnicas. Falando da Índia, diz Nussbaum que quem se preocupa sobretudo com o crescimento econômico não quer um ensino que fale da história das injustiças de classe ou de gênero, porque isso conduziria a um pensamento crítico sobre o presente. Os pais indianos orgulham-se do filho que é admitido num instituto de tecnologia e gestão, mas envergonham-se do que estuda filosofia ou literatura, ou dos que querem pintar, dançar ou cantar; nos Estados Unidos, os pais estão evoluindo rapidamente nesse sentido.

A preocupação dos pais com a adaptação dos filhos à sociedade em que vivem é compreensível, mesmo se fere valores éticos e se não leva em conta que as sociedades mudam e que a melhor educação é a que cria instrumentos flexíveis. Kant (1984) avisara que o grande viés dos pais é erigir em norma de educação a sociedade atual, por mais corrupta que seja. Para que os filhos possam vir a "ganhar a vida"! E se, para eles, um valor mais alto for sair da fila e contribuir para fundar um mundo mais humano?[17]

A ESCOLA HUMANISTA, ANTICAPITALISTA E DEMOCRÁTICA

Gaston Bachelard (1934) sonhava com uma sociedade feita para a escola, não com uma escola feita para a sociedade. Os fins da escola não podem subordinar-se aos da sociedade atual, porque a escola deve formar os homens e cidadãos do futuro. Importa, portanto, que os governos, os poderes econômicos e as instituições ideológicas (igrejas, partidos) respeitem a sua autonomia e dois princípios básicos: nem a humanidade do ser humano se reduz ao produtor-consumidor, nem a cultura se reduz a um *corpus* de saberes operacionais e rentáveis. A mutação incessante dos saberes torna vãs as formações qualificantes a curto prazo que fecham o futuro trabalhador na unidimensionalidade de um ofício. A relegação da cultura geral é obscurantismo e inconsciência. Só uma cultura geral sólida, feita de saberes fundamentais, permite uma capacidade de adaptação a novos problemas e técnicas (PENA-RUIZ, 2005).

Tal como a democracia funda-se na separação dos poderes, submetidos apenas à vontade popular, a educação humanista cultiva a ideia da separação dos três anseios da mente humana, que são a verdade, a beleza e os valores, garantida por uma equilibrada articulação da razão com a emoção. A busca da verdade e a experiência estética não podem depender dos valores, nem estes podem submeter-se a verdades e percepções transitórias. Tanto a ciência quanto a arte requerem um espírito livre, uma capacidade de imaginação que não aceita fechar-se nos limites habituais e persegue o novo e o diferente. Os pedagogos da escola capitalista colocam o ser humano na linha de uma via traçada e inquestionável, o crescimento econômico, e só aceitam a ciência na medida em que ela alimenta a inovação tecnológica e a arte que faz vender os produtos da tecnologia. Por isso, não só tendem a subestimar a investigação fundamental e a considerar inútil a originalidade na criação artística, como também se recusam a dá-las a conhecer às crianças desde o ensino básico.

No que diz respeito à promoção da democracia, retenho de Nussbaum (2010) algumas das capacidades essenciais a que ela deve visar: a de raciocinar adequadamente sobre as questões políticas; a de examinar, refletir, argumentar e debater sem se referir à tradição ou à autoridade; a de reconhecer os outros indivíduos como dotados de direitos iguais sem qualquer discriminação, considerarando-os como fins e não como instrumentos; a de se preocupar com a vida dos outros, de compreender o que as medidas políticas podem significar para as suas possibilidades de uma vida digna; a de pensar em questões da vida humana como o amor, as relações familiares, a doença, a morte, através da compreensão de múltiplas e variadas experiências humanas; a de conseguir ver o mundo do ponto de vista dos outros e de ter comportamentos de cooperação que possam ajudar aqueles que são fracos ou vulneráveis; e a de ter a coragem de elevar uma voz diferente.

Para Nussbaum, a capacidade de raciocinar no modo socrático (formulação de questões a partir de uma nova perspectiva, destinadas a provocar uma melhor compreensão) é indispensável à democracia e deve ser adquirida através de um ensino orientado por esse método, que pode ter lugar em muitas disciplinas e, mais sistematicamente, numa disciplina de filosofia e humanidades para todos os alunos desde o ensino básico. Essa aprendizagem está hoje ameaçada pela transmissão autoritária de conhecimentos a turmas numerosas, pelas avaliações baseadas em questionários de escolha múltipla e pela falta de formação dos professores. O método socrático surgiu numa sociedade, insiste Nussbaum (2010), "[...] que foi bem mais longe em direção da democracia direta do que qualquer sociedade moderna [...]" (p. 65), uma sociedade em que todos os cidadãos podiam debater sobre as questões de interesse público e em que todos os postos importantes, com exceção da chefia militar, eram atribuídos por sorteio. Nos debates, o renome e o prestígio dos intervenientes, assim como o número dos que defendem uma das teses, não devem contar: só os argumentos contam. Antes de se aceitar ou rejeitar uma tese, todos os argumentos, pró e contra, merecem exame. Nussbaum refere o caso de um estudante que se comoveu ao ouvir que Sócrates fora capaz de dar a vida para não desistir do que fora e que, surpreendido por lhe terem pedido que argumentasse contra a pena de morte, apesar de lhe ser favorável, descobriu que aprendera a mudar de atitude nas discussões políticas. Essa prática pedagógica requer debates em pequenos grupos de alunos com professores com experiência em sua utilização e a redação de ensaios em que se contrapõem e se analisam os argumentos antes de o aluno propor uma síntese ou uma tomada de posição.

Nussbaum concluiu esse seu livro dizendo: se não insistirmos na importância crucial das humanidades e das artes, estas desaparecerão porque não produzem dinheiro. Contudo, elas oferecem um mundo em que vale a pena viver.

Em todo o processo educativo, levar-se-á em conta a maravilhosa recordação que a escola deixou a Debray:

> Não tinham refutado as minhas opiniões, mas feito descobrir que eram apenas opiniões, quer dizer pouca coisa, evitando propor-me outras. A escola republicana não entrega mensagens, entrega *tout court*. Desfaz laços, areja. Uma coisa é abrir a porta, outra pôr no caminho [...][18] (DEBRAY, 1991).

É grande esse respeito pela autonomia daquele que ainda dificilmente tem a capacidade de não se deixar influenciar.

Pena-Ruiz (2005), que me fez conhecer aquela passagem de Debray, insiste num ponto importante. Reagindo contra um pseudo-humanismo pedagogista segundo o qual é preciso "[...] pôr o aluno no centro do sistema educativo [...]" (PENA-RUIZ, 2005, p. 75), como se até aqui tivesse sido um figurante, ele cita também as palavras de um manifesto francês para uma escola democrática de 1999:

O centro do sistema educativo não é nem o aluno nem o professor, nem a relação professor/aluno, mas a apropriação da cultura pelo aluno com a ajuda do professor. E nenhum realismo econômico, social ou orçamentário poderá sufocar no aluno o prazer e o orgulho de compreender, no professor o prazer e o orgulho de fazer compreender (PENA-RUIZ, 2005, p. 77).

A aquisição de conhecimentos aprofundados e precisos é uma das missões primordiais da escola. Ao pedagogismo, teorização verbosa e vácua que pretende dar conta dos atos de ensino independentemente da natureza específica das diversas disciplinas, o professor tem de opor o ideal enciclopédico em que a organização coerente dos ramos do conhecimento emerge de uma explicitação dos laços interdisciplinares que pressupõe o domínio dos diferentes saberes. O acesso ao conhecimento enciclopédico requer uma progressão sistemática da apropriação do saber, dos níveis mais elementares aos mais complexos, coroada no ensino médio por uma reflexão crítica sobre os caminhos e a *démarche* da ciência. Um princípio que não admite quebra é a exigência. O professor deve pôr-se ao alcance do aluno, não ao seu nível. Não deve ser indulgente com aquele que sofre as consequências de uma inferioridade, socioeconômica ou outra, porque fazendo-o consolida a inferioridade cultural.

A PEDAGOGIA DEMOCRÁTICA DA LITERACIA

Che Guevara terá dito que uma população que não sabe ler nem escrever é fácil de manipular. E decerto é nas situações que envolvem conhecimentos e uma complexidade de linguagem que se adquirem pelo exercício da literacia. Por isso, o combate pela democracia passa, como condição necessária, mas não suficiente, pela alfabetização de todos os indivíduos e pelo desenvolvimento ulterior do nível de literacia e de educação em geral.

Em Morais (2012), expliquei como os pais e os professores podem contribuir para "criar leitores". Agora só quero lembrar o enorme papel de uns e outros.

A leitura começa no berço:

> Ao estimular os pais a lerem com os filhos desde o berço, (estimula-se) um relacionamento saudável que reforça o afeto, a segurança e a confiança, e, dessa forma, criam-se as condições para que a criança se arrisque para experimentar e testar os desafios de seu ambiente (OLIVEIRA, 2011, p. 10).

Ouvindo ler, a criança é exposta a uma linguagem mais rica do ponto de vista do vocabulário e mais estruturada do ponto de vista da sintaxe do que a linguagem oral. E, quando chega o momento de aprender a ler, a criança já sabe muito sobre a leitura e a escrita, compreendeu que os livros são companheiros que permitem o convívio com outras mentes e a exploração de outros mundos.

Mãe, pai: leiam para a sua filha ou o seu filho para que o livro e a leitura sejam meios de expressão da sua relação de amor. Leiam para eles mostrando, explicando, conversando, questionando, respondendo, rindo e emocionando-se com eles. Saibam que a frequência da leitura para os filhos revelou-se um fator mais importante do desenvolvimento da criança do que a classe social (BUS; VAN IJZENDOORN; PELLEGRINI, 1995) e que, no período entre os 14 e 24 meses, a interação entre linguagem infantil e leitura de livros pela mãe ou pai forma uma "bola de neve" de capacidade linguística, de conhecimento e de curiosidade (RAYKES et al., 2006). O dia de trabalho foi penoso? Ler para eles não cansa. Os livros são caros? A biblioteca empresta-os. Mesmo sendo pobres, podem dar aos filhos os meios de desenvolvimento cognitivo de que beneficiam as crianças de famílias favorecidas.

Uma questão essencial, que não desenvolvi em Morais (2012), é a da formação e do recrutamento de professores. O recrutamento deve fazer-se exclusivamente com base em concursos nacionais exigentes. Quanto à formação, os responsáveis por ela devem saber que a ciência nos permitiu compreender os processos da aprendizagem da leitura e da escrita, que ensinar a ler um texto exige a capacidade de analisar dimensões da linguagem em que geralmente não pensamos, e ensinar a redigir uma história ou um argumento requer a capacidade de estruturar pensamentos de uma maneira que não é a da oralidade. Têm de tomar consciência de que muitos professores sabem pouco sobre a linguagem, a literacia e o desenvolvimento cognitivo; que em vez de fatos científicos lhes foram ministradas doutrinas, taxonomias e receitas de pouca serventia; que vão para a sala de aula sem se ter avaliado os seus conhecimentos e o seu repertório de intervenções; que quase não são apoiados ou aconselhados e que de nada disso têm culpa. A formação de um médico ou de um engenheiro compreende um longo ciclo de instrução, prática e avaliação aprofundadas e rigorosas. Por que não a de um professor? Por que seria demasiado caro, por que para as elites políticas e econômicas produzir letrados em massa não tem o mesmo valor que produzir protótipos industriais?

Para o GROUPE DE RECHERCHE SUR LA DÉMOCRATISATION SCOLAIRE (2012), já citado, a qualidade da pedagogia é crucial. Esse livro afirma claramente que, se não se encontrarem os meios de melhorar consideravelmente os dispositivos pedagógicos, será preciso abandonar toda a esperança democrática. Ele não faz referência a trabalhos científicos em psicolinguística ou neurociência cognitiva. No entanto, as propostas pedagógicas que contém são, em sua maior parte, coerentes com as descobertas dessas ciências. A sua leitura deixa a impressão de que tais propostas derivam, em parte, da verificação de que as práticas atuais não permitem a muitas crianças chegar ao fim do 1º ano lendo corretamente e, em parte, da avaliação feita de diversas "experiências" pedagógicas realizadas na sala de aula.

A primeira observação dos autores, que se referem à realidade francesa, mas não duvido de que tudo ou quase seria aplicável ao Brasil, diz respeito aos manuais e à sua utilização pelos professores. Menos de 10% dos professores utilizariam o que o GRDS chama de método silábico e que a ciência experimental da leitura chama de método fônico (ver Capítulo 3). A denominação "silábico" é errada, porque a aprendizagem explícita do código baseia-se na decomposição de cada sílaba em fonemas e na associação destes com letras ou grafemas.[19] Esse problema de terminologia é de menos importância. O que importa é que o GRDS denuncia a utilização dominante de métodos mistos, que só tardiamente ensinam as correspondências "letra-som" e que insistem, pelo menos no 1º ano, na leitura-adivinha (a partir do contexto) e na leitura-memorização (que não é leitura, mas sim reconhecimento de formas), ambas fazendo parte do chamado método global. Esse método é totalmente inapropriado e tem efeitos funestos quando a criança não se beneficia de apoio em casa para compreender o princípio alfabético e começar a conhecer o código. O GRDS aconselha corretamente que não se dê a ler à criança palavras que contenham grafemas que ela ainda não aprendeu a associar ao(s) fonema(s) correspondente(s). A crítica que faz à campanha que tem denegrido o método fônico na França é inteiramente justa.

O GRDS também chama a atenção para o fato de que os textos que se encontram nos manuais inspirados pelo método global contêm quase exclusivamente palavras familiares, imagens que desviam a atenção dos textos, e de que estes são tão pobres em conteúdo e sintaxe que não é por meio deles que o aluno pode desenvolver o vocabulário, o conhecimento e o domínio das construções de frase. Além disso, são textos que se prestam mais à extração do sentido literal do que à compreensão da informação implícita e das intenções do autor. Tem razão o GRDS em assinalar o paradoxo que consiste, por um lado, em pretender que a criança seja um descobridor do código (quando, na realidade, este não se descobre somente por exposição à escrita) e, por outro, em considerar que, onde há matéria para pensar e imaginar, o aluno já não tem inteligência para procurar o que não está patente. Tal como escrevi anteriormente, também o GRDS insiste em substituir o princípio de não pôr em dificuldade os alunos culturalmente desfavorecidos pelo princípio oposto, justamente o de exigir muito deles, como única maneira de lhes trazer o que não encontram em seu meio. Concluindo, o que o GRDS propõe é "[...] uma profunda renovação dos conteúdos atuais da cultura escolar e dos dispositivos habituais de ensino [...]" (GROUPE DE RECHERCHE SUR LA DÉMOCRATISATION SCOLAIRE, 2012, p. 179).

Para terminar esta breve referência à pedagogia democrática, é importante dizer que tem de se dar mais atenção a um aspecto crucial da aquisição da literacia em que se observa um decréscimo considerável das habilidades: a escrita. A escrita oferece tempo à reflexão e permite o distanciamento crítico, o que não é o caso da imagem audiovisual (nem sequer da interação *on line* imediata por escrito). Daí que o professor deva considerar a composição escrita como uma das grandes exigências, não menor do que a compreensão em leitura. O expoente máximo da composição escrita é a dissertação, que deve tornar-se uma prova frequente e exigente na medida em que põe o aluno perante a responsabilidade de aplicar a sua capacidade de pensamento ao exame de uma questão que o interpele, que suscite posições diversas e permita argumentação circunstanciada, bem como de articular a exposição utilizando uma forma de expressão rigorosa e clara. A escrita é indispensável à criação e à comunicação; a sua posse plena por todos é, portanto, a marca de uma literacia verdadeiramente democrática.

NOTAS

1   Reutilização ou adaptação de uma estrutura ou processo utilizado originariamente em certa função a fim de servir outra função, em princípio evolutivamente mais recente. Esse conceito foi inicialmente proposto no contexto da biologia e tem sido aproveitado na psicologia para se referir a certos fenômenos de aprendizagem.
2   Um estudo mais recente mostrou que a ativação do hemisfério direito pelos rostos aumenta nas crianças quando aprendem a ler, mas não nas disléxicas (MONZALVO et al., 2012).
3   Ver a síntese recente de Kolinsky (no prelo).
4   O leitor pouco familiarizado com as medidas de tempo de reação em psicologia experimental pode pensar que 50 ms é uma ninharia. Espacialmente, é como Usain Bolt chegar à meta dos 100 metros com mais de meio metro de avanço sobre o seu melhor rival.
5   Note-se que, no português do Brasil, essa comparação não seria pertinente, porque as palavras "par" e "pare" não têm a mesma pronúncia.
6   A memória de trabalho é examinada em tarefas como repetir uma sequência de itens na ordem exata, ou na ordem inversa, ou só os x últimos quando se interrompe a apresentação da sequência sem pré-aviso, etc.
7   O efeito da escolarização é menor sobre a memória de trabalho a curto prazo para sequências de posições no espaço do que sobre a memória de trabalho verbal (MORAIS; KOLINSKY, 2001; REIS; GUERREIRO; PETERSON, 2003).
8   Em particular, o tratamento de imagens a duas dimensões nas direções habituais da leitura, isto é, da esquerda para a direita e em linhas sucessivas, em que a prática da leitura tem influência (LE CARRET et al., 2003), e a habilidade para discriminar entre figuras em espelho, a qual só se desenvolve quando se aprende a distinguir formas como nas letras b/d e p/q (KOLINSKY et al., 2011).
9   Esse estudo é referido sucintamente em Morais e Kolinsky (2001). A tarefa, criada por Wason (1968), consistia, na sua versão original, em selecionar, entre quatro cartas contendo na face visível os símbolos 4, A, 3, X, as necessárias e suficientes para verificar a afirmação "se numa face há A, na outra há 3", sabendo que, se de um lado há uma letra, na outra há um algarismo. Em nosso teste, utilizamos figuras como Pelé, Tyson, bola e luvas de boxe. Um dos analfabetos realizou a tarefa com sucesso desde o início, apesar de não poder explicar verbalmente o seu raciocínio.
10 Posto diante de três anéis colocados numa estrutura com três paus verticais, o participante tem de encontrar a sequência mínima de operações com os anéis que permite passar do estado inicial ao modelo de outra disposição, sem guardar na mão mais do que um anel. Os problemas requerem três a cinco operações, e em alguns de cinco há uma operação tentadora que tem de ser inibida porque, se fosse realizada, obrigaria depois a mais operações. Os resultados estão descritos sucintamente em Morais e Kolinsky (2001).
11 Por exemplo, confrontados com as afirmações "todos os cães miam" e "Tico é um cão", rejeitam a inferência de que Tico mia porque sabem que os cães ladram em vez de miar.

12 Esses autores testaram adultos analfabetos com silogismos como "Pedro tem sangue azul – Pedro tem uma mancha de sangue na camisa – De que cor é a mancha de sangue?" e observaram que eles responderam quase todos abaixo do nível do acaso com o modo típico de apresentação, mas acima do acaso quando o silogismo era apresentado no contexto de uma história sobre coisas que acontecem em outro planeta.
13 No domínio dos conhecimentos geométricos, os dados coletados dos índios Munduruku da Amazônia mostram que eles utilizam conceitos geométricos básicos como ponto, linha, paralelismo, ângulo e distância, apesar de não terem sido escolarizados e de não terem tido experiência com mapas e símbolos gráficos (DEHAENE et al., 2006).
14 Fonte: PORDATA. Se considerarmos a taxa de residentes entre 25 e 64 anos que concluíram o ensino médio, ela é de 73,4% nos 27 países da União Europeia, em média, e de 35% em Portugal.
15 Para conhecê-la, seria necessário (1) definir critérios que distingam estas quatro categorias: analfabeto, analfabeto funcional, subletrado e letrado, (2) e submeter toda a população do Brasil aos testes de nível de alfabetização e de literacia que permitiriam classificar cada indivíduo numa dessas categorias. O investimento que isso exigiria não se justifica. Mais vale investir na formação de professores capazes de participar de um "Programa Nacional de Impulsão do Alfabetismo e da Literacia para Jovens e Adultos".
16 A expressão "capitalismo corporativo" refere-se ao domínio da economia mundial por grandes grupos de empresas transnacionais, as "corporações" (do inglês corporation), que agem com total liberdade em relação às fronteiras dos Estados e dos blocos de Estados. As corporações fixam a sua estratégia e organizam a sua atividade financeira e produtiva para serem as mais "competitivas" nos mercados, isto é, no espaço da concorrência entre elas. Embora corram o mundo em busca dos melhores lugares de apropriação do lucro, as corporações geralmente têm uma identidade nacional dominante: a dos grupos oriundos dos países economicamente mais poderosos. Os grupos de países com economias mais fracas também participam delas, mas não têm capacidade para influenciá-los porque não dispõem de participações qualificadas suficientes. Isso, juntamente com a submissão do poder político aos interesses das grandes corporações, explica o fato de esses países não conduzirem políticas econômicas coerentes com os seus interesses nacionais (como seria, por exemplo, privilegiar o investimento interno).
17 Esta publicação póstuma (Ueber Pädgogik, 1803), por F. T. Rink, reúne quatro lições que Kant proferiu entre 1776 e 1787.
18 Tradução livre da citação realizada por PENA-RUIZ (2005, p. 95-96).
19 No Brasil, por exemplo, fala-se de método silábico quando as crianças aprendem a associar a cada sílaba escrita uma sílaba oral.

10

Perspectivas de ação

A INICIATIVA POPULAR

No plano da política de blocos, o mundo, de bipolar durante a confrontação entre os imperialismos norte-americano e soviético, tornou-se multipolar e provavelmente assim ficará nas próximas duas ou três décadas. No plano da economia, porém, o mundo, de oeste a leste, só tem um dono: o capitalismo corporativo e multinacional. Vários cenários são possíveis para o futuro, sendo o mais provável a continuação das tendências atuais: o fosso cada vez maior entre os muito ricos e os muito pobres, assim como a forte diminuição do número dos rendimentos médios, dos quais uma pequena minoria se juntará à classe dos muito ricos e uma larga maioria à dos pobres.

O capitalismo corporativo é destruidor e, se continuar dominante, destruirá a Terra, a menos que a ciência e a tecnologia venham a fornecer às gerações de então outros habitats. Pensando no futuro imediato com lucidez, não me parece que alguém possa duvidar, goste ou não, do fato de que o capitalismo corporativo, servindo-se das instituições internacionais, dos governos e dos aparelhos militares dos países mais desenvolvidos, é uma praça-forte inexpugnável, em todo o caso pelos processos revolucionários clássicos de tomada de poder. Se pode haver revolução, ela será original e terá como instrumento revolucionário a classe que o capitalismo corporativo alimenta para poder existir, crescer e estender-se: aquela que é constituída pelo capital humano. Essa classe é – e será – o foco de uma luta ideológica: a sua estrutura mental dominante será ou o individualismo e a competição, ou a sociabilidade e a cooperação. Uma vez que a praça-forte é inconquistável a golpes de aríete e que qualquer cavalo de Troia seria facilmente identificado e desfeito, resta uma via possível, mas de desfecho incerto: a combinação lenta e progressiva da guerra de trincheiras, com mais avanços do que recuos, e o tratamento do tecido que rodeia o centro nervoso do capitalismo corporativo por meio de radiações persistentes emitidas de todos os ângulos com o fim de isolá-lo, enfraquecê-lo e dar-lhe morte serena.

Esse tipo de revolução compreende, portanto, a criação de múltiplos polos de democracia econômica e política bem como a difusão de uma cultura letrada e humanista.

O setor não lucrativo da economia, mesmo se envolve sobretudo serviços, constitui uma contrapartida interessante ao capitalismo corporativo. Alperovitz (2004) referiu que, nas 20 maiores cidades dos Estados Unidos, quase 40% das 200 maiores empresas são organizações não lucrativas, como universidades e instituições de saúde. Dois mil serviços municipais de eletricidade servem 40 milhões de norte-americanos e, como não têm de fazer lucros, são, em média, 11% mais baratas do que as sociedades lucrativas correspondentes. Além disso, há cerca de quatro mil corporações de desenvolvimento comunitário, com um total de 120 milhões de membros, e mil companhias de seguros mútuos, sem contar as cooperativas agrícolas. A expansão desse setor contribui para reforçar os sentimentos e os comportamentos de cooperação entre os indivíduos, desde que seja acompanhada por uma real participação de todos em sua gestão.

No que diz respeito às organizações lucrativas, o fato de os empregados serem os seus proprietários também estimula a participação e o controle da atividade e das decisões. Uma das origens da passagem da propriedade do capital de uma empresa dos acionistas aos próprios trabalhadores é a ação destes em situação de grande risco de cessação total de atividade e, portanto, de desemprego.[1]

O caso da federação cooperativa Mondragon merece ser referido. O País Basco tinha uma tradição importante de cooperativismo, e foi nesse contexto que o padre Arizmendiarreta fundou em 1943 uma escola autogerida de formação profissional. Em 1955, alguns diplomados da escola criaram uma empresa cooperativa de produção de fogareiros a petróleo e caçarolas de ferro fundido. Excluídos do sistema de segurança social por não serem nem patrões nem assalariados, os sócios, apoiados por Arizmendiarreta, criaram um sistema de prestações sociais e uma cooperativa de crédito que permitia fundar novas empresas em cooperativa. O número de sócios cresceu rapidamente, as atividades diversificaram-se, a implantação alargou-se a Madri e Barcelona e a outros países. Em 1995, os grupos de cooperativas constituíram-se em corporação, a Mondragon Cooperative Corporation.[2]

Como em Atenas, essa corporação, a maior cooperativa de trabalhadores do mundo, tem os seus cidadãos (os sócios) e os não cidadãos.[3] A diferença mais importante em relação às outras corporações é que, nesta, o capital é posto ao serviço da empresa e não o contrário.[4] Os benefícios não são distribuídos a acionistas que nada têm a ver com a empresa, porém são mantidos nela e servem para despesas sociais e de inovação. Os sócios têm emprego garantido até o fim da vida. Cada novo sócio dá uma contribuição inicial de 10 mil euros (inferior a 10% do custo de criação do posto), que é capitalizada e, quando ele deixa a cooperativa, recebe os benefícios correspondentes a 75% de sua contribuição.

A Mandragon não se considera uma alternativa ao capitalismo, porém pretende ser uma corporação mais humanizada e com uma distribuição mais igualitária da riqueza, ao mesmo tempo em que alcança um maior desenvolvimento econômico. As limitações desse tipo de iniciativa são essencialmente duas: a sua expansão conduz ao aumento da proporção dos não sócios, trabalhadores precários, excluídos dos mecanismos de democracia interna, motivo pelo qual, desse modo, acaba por reproduzir a exploração capitalista; e, participando de uma sociedade de concorrência, o objetivo de crescimento econômico, ainda que coletivo, acaba por primar sobre o objetivo de satisfação da liberdade e do bem-estar dos indivíduos, motivo pelo qual se reproduz também o mecanismo de alienação ao ganho. O sistema de empregados-proprietários só pode conduzir a uma mutação significativa do capitalismo e das suas taras se ele se tornar um setor maioritário na sociedade, capaz de impor à parte especulativa, orientada para o ganho individual, regras de funcionamento baseadas no bem comum.

Wilkinson e Pickett (2009) têm provavelmente razão quando dizem que a ideia de que não pode haver liberdade e igualdade ao mesmo tempo deve-se ao período da "guerra fria". Se, por um lado, era necessário que o imperialismo russo se desmoronasse para que não houvesse mais essa forma de pseudocomunismo (hoje ninguém pensa que a nova China seja comunista), por outro lado, foi altamente negativo que os Estados Unidos e os seus aliados tivessem abandonado o seu ideal, se não de igualdade, pelo menos de equidade. Quem, à parte os muito ricos – perguntam aqueles autores –, votaria a favor da distribuição de bônus de muitos milhões de dólares à elite das corporações subordinadas ao capitalismo financeiro e contra remunerações adequadas aos trabalhadores? A desigualdade – concluem – existe porque a democracia foi excluída da esfera econômica. O que é preciso, portanto, é recriar a democracia no local de trabalho.

As iniciativas de democracia cooperativa têm lugar não só no mundo capitalista desenvolvido, mas também nos países subdesenvolvidos ou em vias de desenvolvimento e até mesmo em países anticapitalistas de economia planificada. Atualmente, em Cuba, as explorações agrícolas apresentam formas muito variadas: as fazendas do Estado; as "cooperativas de crédito e serviços" em que a terra, os meios de produção e a produção são de propriedade individual; as "cooperativas de produção agrícola", em que a propriedade é coletiva; e, enfim, as "unidades básicas de produção cooperativa" (UBPC), em que a terra é do Estado, mas a propriedade dos meios de produção e da produção é coletiva. Parece que o governo privilegia as últimas, mas enfrenta grande resistência por parte das primeiras (BOILLAT; GERBER; FUNES-MONZOTE, 2012).

Abstraindo das complexidades da história política e econômica de Cuba, o interesse de comparar essas diferentes formas tem a ver com os modelos de socialismo. Segundo a teoria do socialismo de mercado, a propriedade individual dos trabalhadores sobre os meios de produção permitiria manter a competição econômica e os seus efeitos negativos seriam evitados por regras institucionais que impediriam a reconcentração do capital nas mãos dos mais habilidosos (ROEMER, 1994). Segundo a teoria da economia autogerida (SCHWEICKART, 2002), os trabalhadores associados controlariam democraticamente as empresas, mas essas pertenceriam à comunidade, motivo pelo qual ninguém poderia comprar uma empresa onde outros trabalham e ninguém poderia pagar um salário pelo trabalho de outrem. Assim, nenhum trabalhador seria privado do controle sobre o seu trabalho nem do produto deste (MARX, 1871). Numa empresa autogerida, são os trabalhadores que alugam o capital. Nesse tipo de economia, a escolha pelos consumidores, a competição entre produtores e a motivação de uma remuneração pelo esforço são preservadas, o que garante a eficiência e a inovação. A diferença em relação ao capitalismo está numa dupla interdição: a da apropriação privada de capital e a de aluguel da força de trabalho, o que permite evitar a acumulação de poder econômico. São, portanto, as UBPC que, na agricultura cubana, correspondem a esse modelo.

Até aqui considerei a iniciativa popular no domínio do trabalho e da economia. Sendo a economia capitalista sustentada pelo poder político, coloca-se a questão de as iniciativas políticas que lhe podem fazer frente derrubar esse poder político e apoiar as iniciativas econômicas dos trabalhadores.

Essa questão pode ser formulada da seguinte maneira: sabendo-se que os diferentes modelos conhecidos de "partido revolucionário" têm conduzido a resultados catastróficos e suscitam um forte sentimento de desconfiança, até que ponto tais iniciativas políticas devem ser espontâneas ou organizadas e que forma de organização é a mais eficaz?

Naomi Klein, a autora de *A estratégia do choque* (2007), discutiu tal questão num artigo com título irônico, "Adeus ao 'Fim da história'" (KLEIN, 2002). Em face de uma série de manifestações políticas, ela fez a pergunta que a polícia também faz: quais são os líderes desses movimentos, se é que há líderes? Muitos dos participantes nos protestos contra o capitalismo corporativo desconfiam dos grupos que poderiam centralizar o poder e organizar hierarquias de células de ativistas. O que se desenvolve não é um movimento, mas milhares de movimentos com características próprias, intrinsecamente ligados uns aos outros pela recusa desse mundo desumano; é um modelo de ativismo que reflete as interligações descentralizadas da internet. Os grupos que apresentam alguma afinidade formam unidades discretas que tomam as suas próprias decisões estratégicas com resultados "[...] pavorosamente caóticos ou inspiradamente poéticos [...]" (KLEIN, 2002, p. 5). Não há frente unificada. Em vez disso, os grupos de ativistas rodeiam o alvo vindos de todas as direções. Enquanto esses movimentos emergem, as instituições que antes organizavam os cidadãos em estruturas, como os sindicatos, as religiões, os partidos, declinam. A sua força é a dificuldade que tem o poder para controlá-los. Um movimento com muitas cabeças não pode ser decapitado.

O problema é que, se é fácil mobilizar de um momento para o outro dezenas de milhares de pessoas para uma manifestação em determinado lugar, é muito mais difícil essas pessoas entenderem-se sobre o que querem fazer depois de se manifestarem. Que tipo de estrutura faz falta? – pergunta Klein: um partido político internacional? Novos partidos nacionais? Uma rede de conselhos locais que forcem uma democracia participativa? E que atitude deverão ter em relação aos processos eleitorais? O Fórum Social Mundial não conduziu a uma estrutura permanente e coerente. O movimento Occupy, depois de desalojado e reprimido, perdeu o fôlego. Não só não há chefes, como também não há representantes democraticamente aceitos. Para Klein, o que faz falta é a organização democrática dos movimentos numa escala aceitável, em comunidades locais e organizações limitadas, seguida do seu alargamento e conexão. O modelo de movimento anticapitalista que lhe parece mais eficaz é o que, como fizeram no México os zapatistas, marca e constrói espaços autônomos de democracia, liberdade e justiça. Em vez de ambicionar a derrubada do capitalismo corporativo, trata-se de enfrentá-lo, de deixar o confronto patente aos olhares do povo, de criar contrapoderes.

> O que parece estar emergindo não é um movimento para um governo global único, mas uma visão para uma rede internacional cada vez mais conectada de iniciativas muito locais, cada uma construída na base da democracia direta. (KLEIN, 2002, p. 12).

Justamente, não se trata de ocupar Wall Street, que está bem-guardada, mas de ocupar tudo o que rodeia Wall Street.

POR QUE HÁ URGÊNCIA?

O capitalismo corporativo empreendeu um programa generalizado de educação das massas, sobretudo das crianças e dos jovens, destinada a inculcar os hábitos de pensar, de sentir, de reagir, que convêm à aceitação e à participação no tipo de sociedade que ele configura.

A cultura de empresa e a cultura financeira fizeram a sua entrada no sistema escolar desde a educação básica. Na Escócia, por exemplo, o programa "O nosso futuro competitivo" com o objetivo geral de "estimular o sentido da responsabilidade econômica" estende-se por três níveis: "Crianças empreendedoras" dos 5 aos 7 anos, "Ir para a empresa", dos 8 aos 12, e "Desenvolver habilidades de empreendimento", dos 12 aos 14, sob o objetivo geral de "estimular o sentido da responsabilidade econômica" (MCPHAIL, 2009). Os poderes econômicos procuram assim envolver os poderes públicos na reprodução cultural dos sentimentos morais e das atitudes caraterísticos do capitalismo neoliberal e fazer penetrar na escola o "vocabulário do mercado" (PENA-RUIZ, 2005). Na União Europeia, o espírito de empresa é uma das oito competências que as crianças devem adquirir. Não figuram na lista o espírito de solidariedade, de cooperação ou de equidade. O objetivo não é formar cidadãos. As visitas a empresas e os estágios em empresas pretendem mostrar o que se espera dos futuros assalariados. A educação financeira em breve aparecerá nos programas ao lado das matemáticas e das ciências.[5] Os mecanismos da economia capitalista fazem parte da realidade socioeconômica atual, sendo útil e normal propiciar o seu conhecimento desde o ensino básico. No entanto, como qualquer outro conhecimento, essa formação deve ser objetiva e abranger todas as perspectivas, incluindo a dos críticos do capitalismo, de maneira a suscitar a reflexão e o debate.

Outro fator de influência sobre a mentalidade e o comportamento dos jovens é a situação, encorajada pelas instituições financeiras, em que muitos se encontram de pedir financiamento bancário para poder estudar, com a obrigação de reembolso durante vinte anos ou mais. Essa dependência cria uma relação mercantil entre o estudante e o estudo. O saber tem de ser comprado. Essa compra é um investimento de que o futuro diplomado desejará ver os benefícios pecuniários ao longo de sua vida profissional. Suscitando esse tipo de dívida, o capitalismo atual dispõe de um meio de controlar e orientar a escolha de programas de estudos que podem conduzir a profissões em que os empregos são bem-remunerados. Além disso, à medida que o capital financeiro passa a regular a aquisição de conhecimentos, esses profissionais são levados a considerar o capital que está neles como a fonte da sua criatividade científica e da sua cultura especializada. A sua identidade é o capital que são. O capitalismo apodera-se de suas almas, e os que têm consciência disso estão de todo modo acorrentados a uma obrigação da qual só muito dificilmente poderão libertar-se.

O capitalismo é um sistema de instituições, valores e crenças que regulam as motivações e o comportamento. Alimenta certos objetivos e suprime outros. A exposição a objetos relacionados com o mundo dos negócios conduz ao aumento de comportamentos de competição (KAY et al., 2005). Sabemos que a profissão faz o homem: quem se ocupa de negócios e economia tem maior tendência a preocupar-se com o seu autointeresse financeiro e a dar menos importância à cooperação e à ajuda (FRANK, 1993). Kasser; Gilovich; Regan et al. (2007), com base em fatos como estes, lembram-nos a frase habitual da primeira-ministra Margareth Thatcher que se tornou um *slogan* do capitalismo ultraliberal: *There is no alternative* – TINA,[6] e afirmam que a ideia de que não há outra opção a esse sistema leva as pessoas a não se questionarem sobre estilos de vida menos competitivos e consumistas.

Para Schwartz (2007), que comentou aquele artigo, o capitalismo não é psicologicamente inerte. Inibe a expressão de características fundamentais do homem, como a virtude cívica e as preocupações sociais e morais, podendo acontecer que, ao fim de algum tempo, esses valores morram. É possível – diz Schwartz – que o capitalismo faça dos homens criaturas adaptadas a viver num mundo completamente dominado pelas instituições do mercado, e então toda esperança de humanizar esse mundo também morre. Ele conta que, num referendo na Suíça, as pessoas deviam dizer se concordavam que certo lixo tóxico fosse enterrado em sua localidade e que isso deu a dois investigadores (FREY; OBERHOLZER-GEE, 1997) a ideia de "refazer" o referendo num experimento. A astúcia foi acrescentar para metade dos participantes que o governo lhes pagaria x francos suíços se concordassem. Nesse grupo, somente 25% aceitaram, contra 50% no grupo em que não se falou de pagamento. Em um mundo mental de dinheiro, todas as questões podem envolver tentativas de nos enganar.

Não haverá realmente outra alternativa?

A universalização da literacia não será suficiente para estabelecer, pela primeira vez na História, uma democracia direta inteira e globalizada. Todavia, se ela se realizar, não será mais possível alegar, como se alegou, que a democracia direta é impossível porque o povo é iletrado, ignorante, irracional. Um povo letrado e capaz de praticar uma literacia crítica e produtiva saberá conquistar a democracia.

NOTAS

1 Wilkinson e Pickett (2009) citam casos de companhias conhecidas que pertencem inteiramente aos seus empregados. Por exemplo, a britânica John Lewis Partnership pertence a 68 mil empregados e tem vendas anuais de mais de seis mil milhões de libras.
2 Em 1996, ela contava 31.963 empregados. Em 10 anos, esse número aumentou em mais de 50 mil unidades; porém, a partir de 2006, houve uma estagnação. A sociedade, a maior no País Basco e a sétima maior em Espanha, atua na indústria, na distribuição e nos setores financeiro e de conhecimento. A antiga escola politécnica transformou-se em universidade, com faculdades fortes nas engenharias, ciências empresariais, humanidades e educação, com mais de cinco mil alunos, cinco *masters* oficiais e 15 diplomas próprios, uma centena de alunos de doutoramento e uma dezena de unidades de investigação (nos últimos dois anos, o número total de investigadores aumentou em quase 50%, sendo agora de cerca de 1900).
3 Para os cidadãos, ela funciona como a democracia ateniense. Os grupos de cooperativas estão representados nos órgãos centrais e, em cada uma, a assembleia geral dos sócios elege um conselho-reitor que, por sua vez, elege um presidente, o qual propõe um diretor. Um conselho social que representa os sócios vigia a ação do conselho-reitor. A corporação é independente da bolsa, mas está sujeita inevitavelmente ao contexto econômico e à concorrência, tendo respondido a esta com uma política de expansão.
4 Há uma limitação nas diferenças de rendimento. Os rendimentos mais altos foram três vezes mais elevados do que os mais baixos, mas depois passaram a seis vezes mais elevados, e agora em certas empresas a diferença ainda é maior. Apesar disso, os salários são, em média,

superiores aos das outras sociedades, e as remunerações dos quadros são 30% inferiores às do setor privado.
5 Foi o que pretendeu a diretora do departamento de educação financeira do Citygroup, que acrescentou: "Embora o domínio das finanças pessoais faça parte das competências necessárias à vida corrente, ao mesmo título que a leitura e a escrita, só é tratado como tal em poucos sistemas educativos". O Citygroup propôs programas de qualidade e eficácia reconhecidas, desde a etapa pré-escolar até à idade adulta, e comprometeu-se a fornecer 200 milhões de dólares em 10 anos para sustentar a educação financeira no mundo. Esta não é uma voz isolada. Laval et al. (2012) citam documentos oficiais da OCDE e do Ministério da Educação Nacional francês que vão no mesmo sentido.
6 Contrariamente ao que creem muitas pessoas, "There is no alternative" não foi pensado por Thatcher para se referir ao capitalismo. Na realidade, era uma expressão que empregava frequentemente quando tomava uma decisão e que refletia o seu caráter: era assim, e não podia ser de outra maneira.

11

Por favor, desenha-me um futuro

Vocês, estudantes, são vítimas da proletarização, no duplo sentido de que o acesso que poderiam ter aos meios de trabalho depende dos interesses do neocapitalismo e de que o controle sobre as condições em que poderiam trabalhar lhes escapa. São lançados numa competição que não é emulação, mas concorrência fratricida, e canalizados por uma exigência de sobre-especialização que tolhe a criatividade que demonstram ter. Numa palavra, vocês são futuros trabalhadores intelectuais proletarizados (MANDEL, 1979).

O conhecimento, que era bem comum, tornou-se bem privado, porque o trabalho intelectual passou a ter um preço na economia de mercado. No entanto, o seu produto tem caraterísticas especiais: partilha-se sem se dividir; quem tem uma ideia pode dá-la a milhões de pessoas sem perdê-la, ou ter de cortá-la em pedaços; e não se consome, pelo contrário, uma ideia conduz a outras. Imaginemos que os gregos tivessem patenteado o alfabeto. O resto do mundo teria pago a eles x euros por utilização, e hoje essa soma faria muito mais do que a dívida pública da Grécia! Mas o capitalismo não conhece a gratidão histórica.

Os criadores literários apreciam o trabalho intelectual numa perspectiva que diverge da dos economistas. André Breton (BRETON, 1935) distinguiu entre dois tipos de trabalho intelectual: o que satisfaz o desejo natural no homem de criação e conhecimento, e o que satisfaz o desejo de dinheiro e honras. O primeiro gera valor de uso pessoal que pode vir a adquirir valor de troca, simbolizáveis, respectivamente, por Baudelaire endividado e por seus herdeiros enriquecidos; porém, o juízo qualitativo sobre o valor de uso resultante do trabalho de Baudelaire não se funda em horas de trabalho (o poeta que hoje cria um belo poema será talvez incapaz de criar a mesma joia amanhã) e, por isso, esse trabalho não é regulamentável. O segundo inclui a reflexão do que visa a maximização de lucro e ao trabalho intelectual dos que prestam serviços ao capital e são remunerados em emprego, gorjetas e medalhas.

Indiferente ao que não seja lucro, o capitalista compra no mercado a força de trabalho intelectual por um preço baixo, reserva direitos sobre os seus produtos e mantém o seu preço quando o trabalho intelectual permite reduzir o custo do trabalho manual. De modo geral, a mais-valia realizada pelo capitalista resulta do fato de o trabalhador trabalhar durante mais tempo – e, portanto, produzir mais bens – do que o que corresponde ao pagamento de sua força de trabalho. A quantidade de trabalho intelectual inerente às atividades de concepção no âmito das tecnologias da informação e da comunicação é altamente imprevisível por depender da natureza dos sistemas e das capacidades dos indivíduos (DURAND, 2004). Ao remunerá-los em função de sua avaliação, o capitalismo educa-os num espírito de competição mais do que de cooperação.

A inovação tecnológica tem sido um instrumento de criação de riqueza de que a minoria capitalista se apropria. Alan Turing e muitos outros não receberam a sua parte pelo papel que tiveram nas novas tecnologias da informação. Porém, o capitalismo pode estar criando as condições do seu desaparecimento. O trabalho intelectual será dominante, porque quase não haverá mais trabalho manual do que aquele que cada um desejará realizar em suas horas de lazer, e os trabalhadores intelectuais, proletarizados pelo capitalismo financeiro, acabarão talvez por se unir, em massa, na defesa da criação mental, que inclui a ciência (todas as ciências, fundamentais e aplicadas), a inovação tecnológica, a filosofia e a arte sob todas as suas formas. Então, serão talvez os trabalhadores intelectuais que conduzirão a luta por uma democracia autêntica.[1]

Há um tipo de assalariado intelectual que tem escapado tanto ao processo de proletarização quanto à insegurança e à amargura que este gera: os altos administradores das grandes sociedades, porque recebem prêmios e compram ações diversas e outras formas de propriedade que os põem ao abrigo de tudo, até da falência da sociedade se não souberem geri-la. Ora, vocês, futuros trabalhadores intelectuais proletarizados, amam o conhecimento e a criação, qualquer que seja o domínio em que trabalhem, e não se deixam separar desse amor mesmo tendo consciência de que são explorados. No entanto, serão capazes de continuar a amar o objeto do seu trabalho se sentirem que este lhes escapa, fracionado, deturpado, e nele deixarem de se reconhecer? E vocês em particular, futuros professores, não sentirão o paradoxo de que ensinar, educar, seja proletarizar, reproduzir a proletarização intelectual através das gerações?

Deveria então dissuadi-los de se tornarem professores, educadores, mesmo se têm essa veia? Não, porque é possível guardar o amor do nosso objeto intelectual quando estamos conscientes de que ao valor de troca, que é o único que interessa ao capitalismo, podemos opor o valor de uso do produto do nosso trabalho. Com o amor do conhecimento e da criação, importa estimular a capacidade de perceber a alienação e de rejeitar a submissão. Uma coisa é transmitir a proletarização; outra é transmitir uma proletarização consciente. A discussão sobre o que são e deveriam ser a democracia, a responsabilidade social, a cooperação, a reciprocidade, deve ser introduzida nos programas escolares e estimulada pelos professores. As crianças têm capacidades cognitivas para isso. Exibem orientações políticas estruturadas e consistentes desde o 1º ano do ensino básico (VAN DETH; ABENDSCHÖN; VOLLMAR, 2011). Por que razão a educação humanista, cívica e política é quase inexistente nas escolas? Porque a despolitização dos jovens é uma arma da pseudodemocracia.

Vocês, estudantes, jovens intelectuais, têm mais força do que creem. Se tiverem ânimo, gosto e paciência, escolham ser de algum modo professores, educadores, jornalistas independentes do poder político e do poder econômico. Ocupem a educação, formem a opinião. Em todos os meios sociais. Alfabetizem. Façam o que puderem para generalizar a literacia e estimular em volta de vocês a atitude mental que consiste em examinar todas as questões com espírito livre e crítico, escutar todos os argumentos e as próprias dúvidas. A possibilidade para cada um de criticar em público revela a verdadeira democracia. Só há confiança na democracia quando a sociedade, além de permitir a livre expressão, promove a causa da crítica dando-lhe os meios de se manifestar. A causa da crítica é a causa da democracia (BOLTANSKI, 2012).[2]

Estudantes, professores, investigadores, artistas, engenheiros, técnicos e outros ainda, todos juntos vocês são muitos milhões, pelo menos tão numerosos quanto a classe operária. A classe intelectual hoje não tem consciência de classe. E amanhã? Os estudantes são, entre todos esses setores intelectuais, os mais propensos aos movimentos de revolta espontânea, pelos seus interesses comuns, pelas ameaças que pesam sobre o seu futuro e pelo meio homogêneo, aglutinador e altamente interativo em que vivem, escola ou universidade. As suas revoltas são geralmente imprevisíveis e algumas têm grande impacto na opinião, chegando a mobilizar ou, no mínimo, a suscitar o apoio de outros setores da população, em parte porque despertam descontentamentos que até então não conseguiam encontrar a maneira de exprimir-se. Mesmo se até aqui o seu potencial se esgota pela falta de perspectiva e de organização.

A agudização das desigualdades sociais conduzirá a uma confrontação dramática. O neocapitalismo está engendrando o neoproletariado (milhões de desempregados, de sem-teto, de sem-identidade, de neoescravos assalariados) que acabará por não ter mais nada a perder. O neocapitalismo ou capitalismo corporativo não é o fim da história porque não assistimos à história, fazemos parte da história. Entretanto, a alfabetização e a literacia são combates importantes pela democracia e pela criação de condições para que o que seremos seja melhor do que o que somos.

Por interesse, resignação ou medo de mudança, certas possibilidades históricas são chamadas utopias. A única resposta que se pode dar a essa desencorajadora palavra vem da filosofia. Aqui, resumo a argumentação de Searle (2004).

A potência de um carro vem de sua energia bruta. Contudo, a potência constitutiva dos fatos institucionais são direitos, deveres, obrigações, autorizações, permissões, privilégios. Todos eles poderes "deônticos", que só existem porque são reconhecidos, aceitos. Seria possível pensar-se que os sistemas políticos e os governos que os fazem funcionar são estruturas institucionais como todas as outras: bolsas de valores, empresas, igrejas, universidades, etc. Mas não o são. Há três diferenças importantes:

1. Os governos têm o poder de regular todo o resto: a economia, a educação, a saúde, o ambiente.
2. Os governos têm um *status* que é o mais aceito entre todas as instituições, porque representam o Estado-nação, objeto da maior lealdade coletiva possível, a que vai até o sacrifício da vida.
3. Os governos controlam todo o território nacional e têm o monopólio da força organizada (forças armadas, polícia).

O paradoxo dos governos, tanto em pseudodemocracia liberal quanto em ditadura, resulta da combinação dos pontos 2 e 3: funcionam porque se beneficiam de aceitação coletiva e, ao mesmo tempo, só podem continuar a funcionar porque existe uma ameaça permanente de violência – de fato, com raras exceções, não há poder político sem poder militar. O indivíduo, fonte de poder político ao implicar-se na intencionalidade coletiva, não tem poder por si próprio. Por isso, os revolucionários procuram criar outra intencionalidade coletiva. A destruição de certa forma de intencionalidade coletiva só pode ser alcançada criando-se uma alternativa, uma forma de intencionalidade coletiva inconsistente com a anterior.

Relembrando que a literacia é a chave-mestra do conhecimento e reunindo duas ideias expressas anteriormente, proponho a tese de uma dupla e associada tensão em nível objetivo e subjetivo. Dada a dominação das componentes essenciais do trabalho intelectual, conhecimento e concepção, no processo produtivo, gerou-se uma forte tensão social entre a forma capitalista da economia e a proletarização crescente dos trabalhadores intelectuais. Já se reflete, e se refletirá cada vez mais, como tensão ou dissonância mental entre a insatisfação do proletariado intelectual e a sua atual aceitação da falsa democracia.

NOTAS

1 Estou consciente de que a expressão "democracia autêntica" refere-se à minha visão da democracia. Ao longo da história, não só se tem atribuído conteúdos muito diferentes à palavra "democracia", como em muitos casos se tem considerado democrata quem teria repudiado tal qualificativo (cf. DUPUIS-DÉRI, 2013). Esta nota é destinada ao leitor apressado que esteja agora lendo estas páginas sem ter lido o Capítulo 5.
2 Afirmação publicada no jornal *Le Monde*, 11/07/2012.

Conclusão

Vivemos em pseudodemocracia e mesmo em falsa democracia. No entanto, a pseudodemocracia contém elementos da democracia, tal como as pseudopalavras contêm propriedades das palavras. Por isso, "alfabetizar para a democracia" não é utópico. É possível agir e ocupar o terreno para criar letrados e democracia lá onde a governança mundial faz da educação uma fábrica de capital humano.

É alfabetizando *no espírito da democracia*, como se estivéssemos em regime democrático, que se pode contribuir pela alfabetização para construir a democracia.

O que é então alfabetizar para a democracia?

É ler às crianças desde o berço, rodeá-las de livros, imergi-las na cultura escrita, como dádiva de amor e do desejo de que descubram um mundo extraordinário.

É utilizar a leitura para estimular o desenvolvimento linguístico e cognitivo das crianças, a sua imaginação, a sua capacidade de reação emocional, a sua curiosidade.

É ensinar-lhes que a escrita é um código da língua, que os caracteres do alfabeto representam as unidades elementares da fala (o princípio alfabético) e que, para representar palavras, eles se combinam segundo regras (o código ortográfico).

É mostrar-lhes como devem proceder para decodificar as palavras escritas e escrever aquelas que têm na mente.

É incentivá-las a ler, ler, ler, e a escrever, escrever, escrever, fazendo-as sentir que a recompensa dessa atividade está no prazer e na utilidade inerentes à leitura e à escrita.

É conduzi-las e acompanhá-las até que se tornem leitoras e escritoras habilíssimas, capazes de utilizar a leitura e a escrita para adquirir, produzir e transmitir conhecimento, para sentir e criar beleza e os inesgotáveis sentidos da existência.

É utilizar a leitura e a escrita para estimular nas crianças o exercício do espírito crítico, o sentimento de responsabilidade social e os comportamentos de cooperação, lealdade e respeito pela liberdade dos outros.

É mostrar-lhes, pelo exemplo, que a leitura e a escrita são armas não violentas de compreensão e intervenção política, no sentido da defesa da equidade e do bem-estar geral e da oposição a todas as formas de discriminação e de exploração.

É fazê-las descobrir, por meio da imensa cultura escrita e literária de tantos povos, que não seríamos os indivíduos que somos sem esse legado a que só corresponderemos deixando, nós também, algum trilho, alguma pegada.

A universalização da literacia é condição da democracia, e a democracia é garantia dessa universalização. Todas as mulheres, todos os homens devem poder dispor dos instrumentos de aquisição e comunicação de conhecimento que abrem o caminho à reflexão e ao governo da sociedade num espírito de responsabilidade coletiva. Pertencerá talvez a esses novos cidadãos a suprema alegria de reinventar a democracia e de reacender as luzes de uma insaciável literacia.

Referências

ADAMS, M. J. *Beginning to read:* thinking and learning about print. Massachusetts: MIT, 1994.
AL OTAIBA, S. et al. Preparing beginning reading teachers: an experimental comparison of initial early literacy field experiences. *Reading and Writing,* v. 25, n. 1, p. 109-129, 2012.
ALPEROVITZ, G. *America beyond capitalism.* Hoboken: Wiley, 2004.
ANDERSEN, R. Support for democracy in cross-national perspective: the detrimental effect of economic inequality. *Research in Social Stratification and Mobility,* v. 30, n. 4, p. 389-402, 2012.
ARAÚJO, A. P. de (Coord.). *Aprendizagem infantil:* uma abordagem da neurociência, economia e psicologia cognitiva. Rio de Janeiro: Academia Brasileira de Ciências, 2011. (Ciência e tecnologia para o desenvolvimento nacional. Série Estudos Estratégicos). Disponível em: <http://epge.fgv.br/conferencias/ece2011/files/Aprendizagem-Infantil.pdf>. Acesso em: 24 fev. 2014.
ARAÚJO, L.; COSTA, P. D. da. Reading literacy in PIRLS 2006: what explains achievement in 20 EU countries? *JRC Scientific and Technical Reports,* 2012.
ARISTÓTELES. *Politics.* Oxford: Clarendon, 1999.
ARROW, K. J. *Social choice and individual values.* New York: Wiley, 1951.
AUDIER, S. *Néo-libéralisme(s):* une archéologie intellectuelle. Paris: Grasset, 2012.
BACHELARD. *La formation de l'esprit scientifique.* 5. ed. Paris: Vrin, 1934.
BAKERMANS-KRANENBURG, M. J. et al. Experimental evidence for differential susceptibility: dopamine D4 receptor polymorphism (DRD4 VNTR) moderates intervention effects on toddlers' externalizing behavior in a randomized controlled trial. *Developmental Psychology,* v. 44, n. 1, p. 293-300, 2008.
BAPTISTE, I. Educating lone wolves: pedagogical implications of human capital theory. *Adult Education Quarterly,* v. 51, n. 3, p. 184-201, 2001.
BARNETT, W. S. Effectiveness of early educational intervention. *Science,* v. 333, n. 6045, p. 975-978, 2011.
BARON, M. *L'illettré.* Paris: Anne Carriere, 2006.
BARTLETT, L. Literacy's verb: exploring what literacy is and what literacy does. *International Journal of Educational Development,* v. 28, n. 6, p. 737-753, 2008.
BAUMEISTER, R. F. Free will in scientific psychology. *Perspectives on Psychological Science,* v. 3, n. 1, p. 14-19, 2008.

BAUMEISTER, R. F.; MASICAMPO, E. J.; DEWALL, C. N. Prosocial benefits of feeling free: disbelief in free will increases aggression and reduces helpfulness. *Personality and Social Psychology Bulletin,* v. 35, n. 2, p. 260-268, 2009.
BEARD, R. *National literacy strategy:* review of research and other related evidence. Great Britain: Department for Education and Employment, 1999.
BECKER, G. S. *Human capital:* a theoretical and empirical analysis, with special reference to education. Chicago: Chicago of University, 1964.
BERLIN, I. *Four essays on liberty.* London: Oxford University, 1968.
BERMAN, J. Z.; SMALL, D. A. Self-interest without selfishness. The hedonic benefit of imposed self-interest. *Psychological Science,* v. 23, n. 10, p. 1193-1199, 2012.
BOILLAT, S.; GERBER, J. F.; FUNES-MONZOTE, F. R. What economic democracy for degrowth? Some comments on the contribution of socialist models and Cuban agroecology. *Futures,* v. 44, n. 6, p. 600-607, 2012.
BOLTANSKI, L. Notre avenir est-il démocratique? *Le Monde,* 2012.
BRADY, D.; LEICHT, K.T. Party to inequality: right party power and income inequality in affluent Western democracies. *Research in Social Stratification and Mobility,* v. 26, n. 1, p. 77-106, 2008.
BRASIL. Ministério da Educação. *Diretrizes curriculares nacionais gerais da educação básica.* Brasília: MEC, 2013.
BRASIL. Ministério da Educação. *Pacto nacional pela alfabetização na idade certa:* a a apropriação do sistema de escrita alfabética e a consolidação do processo de alfabetização: ano 2 – unidade 3. Brasília: MEC, 2012e.
BRASIL. Ministério da Educação. *Pacto nacional pela alfabetização na idade certa:* currículo na alfabetização: concepções e princípios: ano 1 – unidade 1. Brasília: MEC, 2012a.
BRASIL. Ministério da Educação. *Pacto nacional pela alfabetização na idade certa:* a aprendizagem do sistema de escrita alfabética: ano 1 – unidade 3. Brasília: MEC, 2012b.
BRASIL. Ministério da Educação. *Pacto nacional pela alfabetização na idade certa:* o último ano do ciclo de alfabetização: consolidando os conhecimentos: ano 3 – unidade 3. Brasília: MEC, 2012c.
BRASIL. Ministério da Educação. *Pacto nacional pela alfabetização na idade certa:* formação de professores no pacto nacional pela alfabetização na idade certa. Brasília: MEC, 2012d.
BRETON, A. Réponse à une enquête. In: BRETON, A. *Point du Jour.* Paris: Gallimard, 1935.
BRINCH, C. N.; GALLOWAY, T. A. Schooling in adolescence raises IQ scores. *Proceedings of the National Academy of Sciences of the United States,* v. 109, n. 2, p. 425-430, 2012.
BROOKS, A. S. *Gifts of time and money:* the role of charity in America's communities. Oxford: Rowan and Littlefield, 2005.
BROSNAN, S. F. et al. Competing demands of prosociality and equity in monkeys. *Evolution and Human Behavior,* v. 41, p. 279-288, 2010.
BROWN, P.; TANNOCK, S. Education, meritocracy, and the global war for talent. *Journal of Education Policy,* v. 24, n. 4, p. 377-392, 2009.
BUS, A. G.; VAN IJZENDOORN, M. H.; PELLEGRINI, A. D. Joint book reading makes for success in learning to read: a meta-analysis on intergenerational transmission of literacy. *Review of Educational Research,* v. 65, n. 1, p. 1-21, 1995.
CARDOSO-MARTINS, C. Awareness of phonemes and alphabetic literacy acquisition. *British Journal of Educational Psychology,* v. 61, n. 2, p. 164-173, 1991.
CARDOSO-MARTINS, C. et al. Is there a syllabic stage in spelling development? Evidence from Portuguese-speaking children. *Journal of Educational Psychology,* v. 98, n. 3, p. 628-641, 2006.
CARDOSO-MARTINS, C. Sensitivity to rhyme, syllables, and phonemes in literacy acquisition in Portuguese. *Reading Research Quarterly,* v. 30, n. 4, p. 808-828, 1995.

CARDOSO-MARTINS, C.; FRITH, U. Can individuals with Down syndrome acquire alphabetic literacy skills in the absence of phoneme awareness. *Reading and Writing*, v. 14, n. 3-4, p. 361-375, 2001.

CARDOSO-MARTINS, C.; MESQUITA, T. C. L.; EHRI, L. Letter names and phonological awareness help children to learn letter-sound relations. *Journal of Experimental Child Psychology*, v. 109, n. 1, p. 25-38, 2011.

CASELLA, E. B.; AMARO JÚNIOR, E.; COSTA, J. C. da. As Bases Neurobiológicas da Aprendizagem da Leitura. In: ARAÚJO, A. P. de (Coord.). *Aprendizagem infantil:* uma abordagem da neurociência, economia e psicologia cognitiva. Rio de Janeiro: Academia Brasileira de Ciências, 2011. p. 37-78. (Ciência e tecnologia para o desenvolvimento nacional. Série Estudos Estratégicos). Disponível em: <http://epge.fgv.br/conferencias/ece2011/files/Aprendizagem-Infantil.pdf>. Acesso em: 24 fev. 2014.

CASTRO-CALDAS, A. et al. The illiterate brain. Learning to read and write during childhood influences the functional organization of the human brain. *Brain*, v. 121, n. 6, p. 1053-1063, 1998.

CHARTIER, R. *Lectures et lecteurs dans la France de l'Ancien Régime*. Paris: Seuil, 1987.

CHEN, E. Protective factors for health among low-socioeconomic-status individuals. *Current Directions in Psychological Science*, v. 21, n. 3, p. 189-193, 2012.

CHEN, E.; MILLER, G. E. "Shift-and-persist" strategies: why low socioeconomic status isn't always bad for health. *Perspectives in Psychological Science*, v. 7, n. 2, p. 135-158, 2012.

CHETAIL, F.; CONTENT, A. The internal structure of chaos: letter category determines visual word perceptual units. *Journal of Memory and Language*, v. 67, n. 3, p. 371-388, 2012.

CHOMSKY, N.; BRICMONT, J. *Raison contre pouvoir, le pari de Pascal*. Paris: L'Herne, 2009.

CIVETTINI, A. J. W.; REDLAWSK, D. P. Voters, emotions, and memory. *Political Psychology*, v. 30, n. 1, p. 125-151, 2009.

COHEN, L. et al. Reading normal and degraded words: contribution of the dorsal and ventral visual pathways. *Neuroimage*, v. 40, n. 1, p. 353-366, 2008.

COHEN, L. et al. The visual word form area: spatial and temporal characteristics of an initial stage of reading in normal subjects and posterior splitbrain patients. *Brain*, v. 123, p. 291-307, 2000.

COLE, S. W. et al. Transcriptional modulation of the developing immune system by early life social adversity. *Proceedings of the National Academy of Sciences of the USA*, v. 109, n. 50, p. 20578-20583, 2012.

COLOM, R.; FLORES-MENDOZA, C. E. Intelligence predicts scholastic achievement irrespective of SES factors: evidence from Brazil. *Intelligence*, v. 35, n. 3, p. 243-251, 2007.

COLTHEART, M. et al. Models of reading aloud: dual-route and parallel distributed processing approaches. *Psychological Review*, v. 100, n. 4, p. 589-608, 1993.

CONEUS, K.; LAUCHT, M.; REUSS, K. The role of parental investments for cognitive and noncognitive skill formation. Evidence for the first 11 years of life. *Economics and Human Biology*, v. 10, n. 28, p. 189-209, 2012.

CONNOR, C. M.; MORRISON, F. J.; KATCH, L. E. Beyond the reading wars: exploring the effect of child-instruction interactions on growth in early reading. *Scientific Studies of Reading*, v. 8, n. 4, p. 305-336, 2004.

COULMAS, F. Evaluating merit: the evolution of writing reconsidered. *Writing Systems Research*, v. 1, n. 1, p. 5-17, 2009.

CUNHA, F.; HECKMAN, J. J.; SCHENNACH, S. M. Estimating the technology of cognitive and noncognitive skill formation. *Econometrica*, v. 78, n. 3, p. 883-931, 2010.

DAHL, R. A. *Polyarchy:* participation and opposition. New Haven: Yale University, 1971.

DAWES, C. T. et al. Neural basis of egalitarian behavior. *Proceedings of the National Academy of Sciences of the USA*, v. 109, p. 6479-6483, 2012.

DEBRAY, R. *Contretemps.* Éloge des idéaux perdus. Paris: Minerve, 1991.

DEHAENE, S. et al. Core knowledge of geometry in an Amazonian indigene group. *Science*, v. 311, n. 5759, p. 381-384, 2006.

DEHAENE, S. et al. How learning to read changes the cortical networks for vision and language. *Science*, v. 330, n. 6009, p. 1359-1364, 2010.

DEHAENE, S. *Les neurones de la lecture.* Paris: Odile Jacob, 2007.

DENISON, E. F. Education, economic growth and gaps in information. *Journal of Political Economy*, v. 70, p. 124-128, 1962.

DIAS, M.; HARRIS, P. L. The effect of make-believe play on deductive reasoning. *British Journal of Developmental Psychology*, v. 6, n. 3, p. 207-221, 1988.

DIAS, M.; HARRIS, P. L. The influence of the imagination on reasoning by young children. *British Journal of Developmental Psychology*, v. 8, n. 4, p. 305-318, 1990.

DIAS, M.; ROAZZI, A.; HARRIS, P. L. Reasoning from unfamiliar premises. A study with unschooled adults. *Psychological Science*, v. 16, n. 7, p. 550-554, 2005.

DIERMEIER, D.; KEANE, M.; MERLO, A. A political economy model of congressional careers. *American Economic Review*, v. 95, n. 1, p. 347-373, 2005.

DIRINGER, D. *The alphabet:* a key to the history of mankind. New York: Philosophical Library, 1948.

DUNCAN, G. et al. How much does childhood poverty affect the life chances of children? *American Sociological Review*, v. 63, n. 3, p. 406-423, 1998.

DUNCAN, L. G.; SEYMOUR, P. H. Socio-economic differences in foundation-level literacy. *British Journal of Psychology*, v. 91, p. 145-166, 2000.

DUNN, J. C.; WHELTON, W. J.; SHARPE, D. Retreating to safety: testing the social risk hypothesis model of depression. *Evolution and Human Behavior*, v. 33, n. 6, p. 746-758, 2012.

DUPUIS-DÉRI, F. *Démocratie:* histoire politique d'un mot. Montréal: Lux, 2013.

DURAND, J. P. *La chaîne invisible.* Travailler aujourd'hui: flux tendu et servitude volontaire. Paris: Seuil, 2004.

DURHAM, R. E. et al. Kindergarten oral language skill: a key variable in the intergenerational transmission of socioeconomic status. *Research in Social Stratification and Mobility*, v. 25, n. 4, p. 294-305, 2007.

EHRI, L. C. et al. Phonemic awareness instruction helps children learn to read: evidence from the National Reading Panel's meta-analysis. *Reading Research Quarterly*, v. 36, n. 3, p. 250-287, 2001.

ELSTER, J. Marxism, functionalism, and game theory: a case for methodological individualism. In: MATRAVERS, D.; PIKE, J. (Ed.). *Debates in contemporary political philosophy:* an anthology. London: Routledge, 2003.

ESTANQUE, E. *A classe média:* ascensão e declínio. Lisboa: FFMS, 2012.

EVANS, G. W.; KIM, P. Childhood poverty and young adult allostatic load: the mediating role of childhood cumulative risk exposure. *Psychological Science*, v. 23, n. 9, p. 979-983, 2012.

EVANS, M. D. et al. Family scholarly culture and educational success: books and schooling in 27 nations. *Research in Social Strategy and Mobility*, v. 28, n. 2, p. 171-197, 2010.

FARKAS, G.; BERON, K. The detailed age trajectory of oral vocabulary knowledge: Differences by class and race. *Social Science Research*, v. 33, n. 3, p. 464-497, 2004.

FARRAND, M. *The records of the federal convention of 1787.* Yale: Yale University, 1966.

FARRAR, C. *The origins of democratic thinking:* the invention of politics in classical Athens. Cambridge: Cambridge University, 1988.

FEHR, E.; BERNHARD, H.; ROCKENBACH, B. Egalitarianism in young children. *Nature*, v. 454, p. 1079-1083, 2008.

FEINBERG, M.; WILLER, R. The moral roots of environmental attitudes. *Psychological Science*, v. 24, p. 56-62, 2013.

FERREIRO, E.; TEBEROSKY, A. *Psicogênese da língua escrita.* Porto Alegre: Artmed, 1986.
FERRER, E. et al. Uncoupling of reading and IQ over time: empirical evidence for a definition of dyslexia. *Psychological Science,* v. 21, n. 1, p. 93-101, 2010.
FISKE, A. P. The four elementary forms of sociality: framework for a unified theory of social relations. *Psychological Review,* v. 99, n. 4, p. 689-723, 1992.
FLORES-MENDOZA, C. et al. Considerations about IQ and human capital in Brazil. *Temas em Psicologia,* v. 20, p. 133-154, 2012.
FLUSS, J. et al. Poor reading in French elementary school: the interplay of cognitive, behavioral, and socioeconomic factors. *Journal of Developmental and Behavioral Pediatrics,* v. 30, n. 3, p. 206-216, 2009.
FOLEY, R.; GAMBLE, C. The ecology of social transitions in human evolution. *Philosophical Transactions of the Royal Society,* v. 364, n. 1533, p. 3267-3279, 2009.
FRANK, R. H.; GILOVICH, T.; REGAN, D. T. Does studying economics inhibit cooperation? *Journal of Economic Perspectives,* v. 7, p. 159-171, 1993.
FREIRE, P. *Pedagogia do oprimido.* Rio de Janeiro: Paz e Terra, 1974.
FREY, B. S.; OBERHOLZER-GEE, F. The cost of price incentives: an empirical analysis of motivation crowding out. *American Economic Review,* v. 87, n. 4, p. 746-755, 1997.
FREY, K. S. et al. Effects of a school-based social-emotional competence program: linking children's goals, attributions, and behavior. *Journal of Applied Developmental Psychology,* v. 26, n. 2, p. 171-200, 2005.
FRIEDMAN, M. *From Galbraith to economic freedom.* London: Institute of Economic Affairs, 1977.
FRIEDMAN, M. *The invisible hand in economics and politics.* Singapura: Institute of Southeast Asian Studies, 1981.
FRIEDMAN, M.; FRIEDMAN, R. *Free to choose.* Orlando: Harcour, 1980.
GALBRAITH, J. K. *The affluent society.* New York: Houghton Mifflin Harcourt, 1998.
GALBRAITH, J. K. *The new industrial state.* Harmondsworth: Penguin, 1972.
GENTIL, M. Pratique et théorie de la démocratie directe: l'exemple des districts parisiense (1789-1980). *Annales historiques de la Révolution française,* v. 259, p. 8-24, 1985.
GHETTI, S.; BUNGE, S. A. Neural changes underlying the development of episodic memory during middle childhood. *Developmental Cognitive Neuroscience,* v. 2, n. 4, p. 381-395, 2012.
GIBBON, E. *The history of the decline and fall of the Roman Empire.* London: Strahan and Cadell, 1776.
GOODY, J. *The interface between the written and the oral.* Cambridge: Cambridge University, 1987.
GOUGH, P.; TUNMER, W. Decoding, reading, and reading disability. *Remedial and Special Education,* v. 7, n. 1, p. 6-10, 1986.
GROUPE DE RECHERCHE SUR LA DÉMOCRATISATION SCOLAIRE. *L'école commune.* Paris: La Dispute, 2012.
HALL, S. Variants of liberalism. In: DONALD, J.; HALL, S. (Ed.). *Politics and ideology.* Milton Keynes: Open University, 1986.
HART, B.; RISLEY, T. *Meaningful differences in everyday experience of young American children.* Baltimore: Brookes, 1995.
HARVEY, D. Neo-liberalism as creative destruction. *Geografiska Annaler: series B. Human Geography,* v. 88, n. 2, p. 145-158, 2006.
HAVELOCK, E. A. *The literate revolution in Greece and its cultural consequences.* Princeton: Princeton University, 1982.
HAYEK, F. A. Competition as a discovery procedure. In: HAYEK, F. A. *New studies in philosophy, politics, economics, and the history of ideas.* London: Routledge, 1978. p. 179-190

HAYEK, F. A. *The constitution of liberty.* Chicago: University of Chicago, 1960.
HAYEK, F. A. *The road to serfdom.* Chicago: University of Chicago, 1944.
HECKMAN, J. J. Skill formation and the economics of investing in disadvantaged children. *Science,* v. 312, n. 5782, p. 1900-1902, 2006.
HEPACH, R.; VAISH, A.; TOMASELLO, M. Young children are intrinsically motivated to see others helped. *Psychological Science,* v. 23, n. 9, p. 967-972, 2012.
HOLMES, J.; GATHERCOLE, S. E.; DUNNING, D. L. Adaptive training leads to sustained enhancement of poor working memory in children. *Developmental Science,* v. 12, n. 4, p. 9-15, 2009.
HOOK, J. Judgments about the right to property from preschool to adulthood. *Law & Human Behavior,* v. 17, n. 1, p. 135-146, 1993.
HOOVER, W. A.; GOUGH, P. B. The simple view of reading. *Reading and Writing,* v. 2, n. 2, p. 127-160, 1990.
HOWARD-JONES, P. A.; WASHBROOK, E. V.; MEADOWS, S. The timing of educational investment: a neuroscientific perspective. *Developmental Cognitive Neuroscience,* v. 2, n. 1, p. 18-29, 2012.
INDICADOR DE ALFABETISMO FUNCIONAL. *INAF Brasil 2011*: indicador de alfabetismo funcional: principais resultados. São Paulo: Ação Educativa; Instituto Paulo Montenegro; IBOPE Inteligência, 2011. Disponível em: <http://www.ipm.org.br/download/informe_resultados_inaf2011_versao%20final_12072012b.pdf>. Acesso em: 15 abr. 2014.
INSTITUTO ALFA E BETO. *Site.* Uberlândia: IAB, 2014. Disponível em: <http://www.alfaebeto.org.br/>. Acesso em: 6 mar. 2014.
INTERNATIONAL INSTITUTE FOR DEMOCRACY AND ELECTORAL ASSISTANCE. *Site.* Stockholm: IDEA, 2005. Disponível em: <http://www.idea.int/>. Acesso em: 06 mar. 2014.
ISE, E. et al. Support systems for poor readers: empirical data from six EU member states. *Journal of Learning Disabilities,* v. 44, p. 228-245, 2010.
IYENGAR, S. S.; LEPPER, M. R. When choice is demotivating: can one desire too much of a good thing? *Journal of Personality and Social Psychology,* v. 79, n. 6, p. 995-1006, 2000.
JAEGGI, S. M. et al. Improving fluid intelligence with training on working memory. *Proceedings of the National Academy of Sciences of the USA,* v. 105, p. 6829-6833, 2008.
JOLLES, D. D. et al. Practice effects in the developing brain. *Developmental Cognitive Neuroscience,* v. 2, n. 1, p. 180-191, 2012.
KAGAN, R. *The return of history and the end of dreams.* New York: Knopf, 2008.
KANNGIESSER, P.; GJERSOE, N.; HOOD, B. M. The effect of creative labor on property-ownership transfer by preschool children and adults. *Psychological Science,* v. 21, n. 9, p. 1236-1241, 2010.
KANT, E. *Réflexions sur l'éducation.* Paris: Vrin, 1984.
KAPLAN, H.; HILL, K. Food sharing among ache foragers: tests of explanatory hypotheses. *Current Anthropology,* v. 26, n. 2, p. 223-246, 1985.
KASSER, T. et al. Some costs of American corporate capitalism: a psychological exploration of value and goal conflicts. *Psychological Inquiry,* v. 18, p. 1-22, 2007.
KAY, A. C. et al. Material priming: the influence of mundane physical objects on situational construal and competitive behavioral choice. *Organizational Behavior and Human Decision Processes,* v. 95, n. 1, p. 83-96, 2005.
KEYNES, J. M. *The general theory of employment, interest and money.* Cambridge: Cambridge University, 1936.
KITAYAMA, S. et al. Perceiving an object and its context in different cultures: a cultural look at new look. *Psychological Science,* v. 14, n. 3, p. 201-206, 2003.
KLEIN, N. *A doutrina do choque: a ascensão do capitalismo de desastre.* Rio de Janeiro: Nova Fronteira, 2007.

KLEIN, N. Farewell to "the end of history": organization and vision in anti-corporate movements. *Socialist Register 2002*, v. 38, p. 1-14, 2002. Disponível em: <http://socialistregister.com/index.php/srv/article/view/5774#.UxD7XIXjJ7w>. Acesso em: 28 fev. 2014.
KNIGHT, F. H. *Freedom and reform:* essays in economics and social philosophy. New York: Harper, 1947.
KOLINSKY, R. et al. Enantiomorphy through the looking glass: literacy effects on mirror-image discrimination. *Journal of Experimental Psychology: general*, v. 140, p. 210-238, 2011.
KOLINSKY, R. et al. Finding parts within figures: a developmental study. *Perception*, v. 16, p. 399-407, 1987.
KOLINSKY, R. et al. *How formal education and literacy impact on the content and structure of semantic categories*. No prelo.
KOLINSKY, R. How learning to read influences language and cognition. In: POLLATSEK, A.; TREIMAN, R. (Org.). *The Oxford handbook of reading*. Oxford: Oxford University. No prelo.
KOSMIDIS, M. H.; ZAFIRI, M.; POLITIMOU, N. Literacy versus formal schooling: influence on working memory. *Archives of Clinical Neuropsychology*, v. 26, p. 575 582, 2011.
LADD, J. M.; LENZ, G. S. Exploiting a rare communication shift to document the persuasive power of the news media. *American Journal of Political Science*, v. 53, p. 394-410, 2009.
LAGER, A. C.; TORSSANDER, J. Causal effect of education on mortality in a quasiexperiment on 1.2 million Swedes. *Proceedings of the National Academy of Sciences of the United States*, v. 109, p. 8461-8466, 2012.
LANIEL, B. *Le mot "democracy" et son histoire aux États-Unis de 1780 à 1856*. Saint-Etienne: Université de Saint-Etienne, 1995.
LARROUTUROU, P. *Pour éviter le krach ultime*. Paris: Nova Editions, 2011.
LAURENT, A.; VALENTIN, V. *Les penseurs libéraux*. Paris: Les Belles Lettres, 2012.
LAVAL, C. et al. *La nouvelle école capitaliste*. Paris: La Découverte, 2012.
LE CARRET, N. et al. Influence of education on the benton visual retention test performance as mediated by a strategic search component. *Brain and Cognition*, v. 53, p. 408-411, 2003.
LEWIN, K. *Field theory in social science*. New York: Harper & Row, 1951.
LIBERMAN, A. M. et al. Perception of the speech code. *Psychological Review*, v. 74, p. 431-461, 1967.
LISZKOWSKI, U. et al. 12- and 18-month-olds point to provide information for others. *Journal of Cognition and Development*, v. 7, p. 173-187, 2006.
LOCKE, J. *Draft of a representation containing a schema of methods for the employment of the poor.* [S.l.: s.n.], 1967.
LOCKE, J. *Two treatises of government*. London: Awunsham Churchill, 1689.
LOSURDO, D. *Contre-histoire du libéralisme*. Paris: La Découverte, 2013.
LUBY, J. L. et al. Maternal support in early childhood predicts larger hippocampal volumes at school age. *Proceedings of the National Academy of Sciences of the USA*, v. 109, p. 2854-2859, 2012.
LURIA, A. R. Cognitive development. Its cultural and social foundations. Cambridge: Harvard University, 1976.
LYNN, R.; VANHANEN, T. *IQ and the wealth of nations*. Westport: Praeger, 2002.
MACDONALD, A. M. *Chambers twentieth century dictionary*. Londres: M&R Chambers, 1972.
MACEDO JÚNIOR, J. S.; KOLINSKY, R.; MORAIS, J. *Finanças comportamentais:* como o desejo, o poder, o dinheiro e as pessoas influenciam nossas decisões. São Paulo: Atlas, 2011.
MANDEL, E. *Les étudiants, les intellectuels, et la lutte des classes*. [S.l.]: Ernest Mandel, 1979. Disponível em: <http://www.ernestmandel.org/new/ecrits/article/les-etudiants-les-intellectuels-et>. Acesso em: 28 fev. 2014.
MARKUS, H. R.; SCHWARTZ, B. Does choice mean freedom and well-being? *Journal of Consumer Research*, v. 37, p. 344-355, 2010.

MARTINS, L.; VEIGA, P. Do inequalities in parents' education play an important role in PISA students' mathematics achievement test score disparities? *Economics of Education Review*, v. 29, p. 1016-1033, 2010.
MARX, K. *Crítica do programa de Gotha*. [S.l.: s.n.], 1875. Disponível em: <http://www.marxists.org/portugues/marx/1875/gotha/>. Acesso em: 28 fev. 2014.
MARX, K. *O Capital*. [S.l.: s.n.], 1871. Disponível em: <http://www.marxists.org/portugues/marx/1867/ocapital-v1/>. Acesso em: 28 fev. 2014.
MARX, K.; ENGELS, F. *A ideologia alemã*. [S.l.: s.n.], 1846. Disponível em: <http://marxists.catbull.com/portugues/marx/1845/ideologia-alema-oe/index.htm>. Acesso em: 28 fev. 2014.
MARX, K.; ENGELS, F. *Manifesto comunista*. [S.l.: s.n.], 1848. Disponível em: <http://www.marxists.org/portugues/marx/1848/ManifestoDoPartidoComunista/>. Acesso em: 28 fev. 2014.
MASSIAS, N. *Influence de l'écriture sur la pensée et sur le langage*. Paris: Firmin Didot, 1828.
MATTOZZI, A.; MERLO, A. Political careers or career politicians? *Journal of Public Economics*, v. 92, p. 597-608, 2008.
MAURER, U. et al. Coarse neural tuning for print peaks when children learn to read. *Neuroimage*, v. 33, p. 749-758, 2006.
MAURER, U. et al. Emerging neurophysiological specialization for letter strings. *Journal of Cognitive Neuroscience*, v. 17, p. 1532-1552, 2005.
MAURER, U. et al. Impaired tuning of a fast occipito-temporal response for print in dyslexic children learning to read. *Brain*, v. 130, p. 3200-3210, 2007.
MCDOWELL, K. D.; LONIGAN, C. J.; GOLDSTEIN, H. Relations among socioeconomic status, age, and predictors of phonological awareness. *Journal of Speech, Language and Hearing Research*, v. 50, p. 1079-1092, 2007.
MCPHAIL, K. Where is the ethical knowledge in the knowledge economy? Power and potential in the emergence of ethical knowledge as a component of intellectual capital. *Critical Perspectives on Accounting*, v. 20, p. 804-822, 2009.
MERTON, R. Social structure and anomie. *American Sociological Review*, v. 3, p. 672- 682, 1938.
MILL, J. S. *Considerations on representative government*. Londres: Parker, Son, & Bourn, 1861.
MISES, L. *Liberalism*. Baltimore: Laisser Faire Books, 1927. Ediçao original em alemao publicada em 1927. Disponível em: <http://mises.org/liberal.asp>. Acesso em: 28 fev. 2014.
MOLL, J. et al. Human fronto-mesolimbic networks guide decisions about charitable donation. *Proceedings of the National Academy of Sciences of the USA*, v. 103, p. 15623-15628, 2006.
MONZALVO, K. et al. Cortical networks for vision and language in dyslexic and normal children of variable socio-economic status. *Neuroimage*, v. 61, p. 258-274, 2012.
MORAIS, A. *Sistema de escrita alfabética*. São Paulo: Melhoramento, 2012.
MORAIS, J. *Criar leitores*. O ensino da leitura: para professores e encarregados de educação. Porto: Livpsic, 2012. Edição brasileira: Criar leitores: para professores e educadores. São Paulo: Manole, 2013.
MORAIS, J. et al. Does awareness of speech as a sequence of phonemes arise spontaneously? *Cognition*, v. 7, p. 323-331, 1979.
MORAIS, J. et al. Literacy training and speech segmentation. *Cognition*, v. 24, p. 45-64, 1986.
MORAIS, J. et al. The effects of literacy on the recognition of dichotic words. *Quarterly Journal of Experimental Psychology: human experimental psychology*, v. 39, p. 451-465, 1987.
MORAIS, J. *L'art de lire*. Paris: Odile Jacob, 1994.
MORAIS, J.; KOLINSKY, R. Literacy and cognitive change. In: SNOWLING, M.; HULME, C. (Ed.). *The science of reading*: a handbook. Oxford: Blackwell, 2005.

MORAIS, J.; KOLINSKY, R. The literate mind and the universal human mind. In: EMMANUEL, D. (Ed.). *Language, brain, and cognitive development:* essays in honor of Jacques Mehler. Cambridge: MIT, 2001. p. 463-480.
NAJMAN, J. M. et al. The impact of episodic and chronic poverty on child cognitive development. *Journal of Pediatrics,* v. 154, p. 284-289, 2009.
NEEDHAM, B. L. et al. Socioeconomic status and cell aging in children. *Social Science & Medicine,* v. 74, p. 1948-1951, 2012.
NEVILLE, L. Do economic equality and generalized trust inhibit academic dishonesty? Evidence from state-level-engine queries? *Psychological Science,* v. 23, p. 339-345, 2012.
NIEMI, W. L. Karl Marx's sociological theory of democracy: civil society and political rights. *The Social Science Journal,* v. 48, p. 39-51, 2011.
NOGUCHI, K.; HANDLEY, I. M.; ALBARRACIN, D. Participating in politics resembles physical activity. General action patterns in international archives, United States archives, and experiments. *Psychological Science,* v. 22, p. 235-242, 2011.
NOZICK, R. *Anarchy, state and utopia.* New York: Basic Books, 1974.
NUSSBAUM, M. C. *Creating capabilities:* the human development approach. Cambridge: Harvard University, 2011.
NUSSBAUM, M. C. *Not for profit:* why democracy needs the humanities. Princeton: Princeton University, 2010.
OISHI, S.; KESEBIR, S.; DIENER, E. Income inequality and happiness. *Psychological Science,* v. 22, p. 1095-1110, 2011.
OISHI, S.; SCHIMMACK, U.; DIENER, E. Progressive taxation and the subjective wellbeing of nations. *Psychological Science,* v. 23, p. 86-92, 2012.
OLIVEIRA, J. B. A.; SILVA, L. C. F. Métodos de alfabetização: o estado da arte 20. In: ARAÚJO, A. P. de (Coord.). *Aprendizagem infantil:* uma abordagem da neurociência, economia e psicologia cognitiva. Rio de Janeiro: Academia Brasileira de Ciências, 2011. p. 81-133. (Ciência e tecnologia para o desenvolvimento nacional. Série Estudos Estratégicos). Disponível em: <http://epge.fgv.br/conferencias/ece2011/files/Aprendizagem-Infantil.pdf>. Acesso em: 24 fev. 2014.
OLIVEIRA, J. B. Rompendo o círculo vicioso da pobreza: leitura desde o berço. In: INSTITUTO ALFA E BETO. *Leitura desde o berço:* políticas sociais integradas para a primeira infância. Brasília: Instituto Alfa e Beto, 2011.
PAINE, T. *Rights of man.* Londres: J.S. Jordan, 1791.
PASNAK, R. et al. Promoting early abstraction to promote early literacy and numeracy. *Journal of Applied Developmental Psychology,* v. 30, p. 239-249, 2009.
PEBARTHE, C. *Cité, démocratie et écriture:* histoire de l'alphabétisation d'Athènes à l'époque classique. Bruxelles: Université Libre de Bruxelles, 2006.
PENA-RUIZ, H. *Qu'est-ce que l'école?* Paris: Gallimard, 2005.
PIFF, P. K. et al. Higher social class predicts increased unethical behavior. *Proceedings of the National Academy of Sciences of the USA,* v. 109, p. 4086-4091, 2012.
PINHEIRO, A. M. V. Reading and spelling development in Brazilian development. *Reading and Writing,* v. 7, p. 111-138, 1995.
PITSOULIS, A. The egalitarian battlefield: Reflections on the origins of majority rule in archaic Greece. *European Journal of Political Economy,* v. 27, p. 87-103, 2011.
POLLO, T. C.; KESSLER, B.; TREIMAN, B. Statistical patterns in children's early writing. *Journal of Experimental Child Psychology,* v. 104, p. 410-426, 2009.
PORTUGAL. Ministério da Educação e Ciência. Direção-geral de Educação. Leitura e escrita: princípios, métodos e técnicas da alfabetização. Porto: DSRN, 2013. Vídeo de 70' 15". Disponível em: <http://www.dge.mec.pt/metascurriculares/index.php?s=directorio&pid=149>. Acesso em: 15 abr. 2014.

PORTUGAL. Ministério da Educação e Ciência. Aprendizagem da leitura e da escrita: metas curriculares de português e caderno de apoio. Lisboa: MEC, 2012. Disponível em: <http://www.portugal.gov.pt/media/675639/portugu_s.pdf>. Acesso em: 15 abr. 2014.

PRESTON, S.; KEYFITZ, N.; SCHOEN, R. *Causes of death:* life tables for national populations. New York: Academic, 1972.

PRYOR, F. L. Capitalism and freedom? *Economic Systems,* v. 34, p. 91-104, 2010.

PULFREY, C.; BUTERA, F. Why neoliberal values of self-enhancement lead to cheating in higher education: a motivational account. *Psychological Science,* v. 24, p. 2153-2162, 2013.

PURPURA, D. J. et al. Early literacy and early numeracy: the value of including early literacy skills in the prediction of numeracy development. *Journal of Experimental Child Psychology,* v. 110, p. 647-658, 2011.

RAMASWAMY, V.; BERGIN, C. Do reinforcement and induction increase prosocial behavior? Results of a teacher-based intervention in preschools. *Journal of Research in Childhood Education,* v. 23, p. 527-538, 2009.

RAWLS, J. B. *A theory of justice.* Cambridge: Harvard University, 1971.

RAYKES, H. et al. Mother-child book reading in low-income families: correlates and outcomes during the first three years of life. *Child Development,* v. 77, p. 924-953, 2006.

REIS, A. et al. Formal schooling influences two- but not three dimensional naming skills. *Brain and Cognition,* v. 47, p. 394-411, 2001.

REIS, A.; GUERREIRO, M.; PETERSSON, K. M. A sociodemographic and neuropsychological characterization of an illiterate population. *Applied Neuropsychology,* v. 10, p. 191-204, 2003.

RIOS-NETO, E. L. G.; RODRIGUES, C. G. Educational quality and deprivation: elasticity comparisons based on reading test scores from PISA 2000 and 2009. In: CONGRESSO DA ASSOCIAÇÃO LATINO-AMERICANA DE POPULAÇÃO, 5., 2012, Montevideo. *Anais...* [S.l.]: Montevideo, 2012.

ROEMER, J. E. *A future for socialism.* Cambridge: Harvard University, 1994.

ROSANVALLON, P. *La société des égaux.* Paris: Seuil, 2011.

ROSE, M. *Why school?* Reclaiming education for all of us. New York: The New Press, 2009.

ROSENTHAL, J.; EHRI, L. Pronouncing new words aloud during the silent reading of text enhances fifth graders' memory for vocabulary words and their spellings. *Reading and Writing,* v. 24, p. 921-950, 2011.

ROSKIES, A. Neuroscientific challenges to free will and responsibility. *Trends in Cognitive Sciences,* v. 10, p. 419-423, 2006.

ROUSSEAU, J. J. *Du contrat social.* Paris: GF/Flammarion, 1966.

SAMUELS, S.J.; FLOR, R.F. The importance of automaticity for developing expertise in reading. *Reading and Writing Quarterly,* v. 13, p. 107-121, 1997.

SANTOS, C. F.; MENDONÇA, M. (Org.). *Alfabetização e letramento:* conceitos e relações. Belo Horizonte: Autêntica, 2007.

SCHEIBEHENNE, B.; GREIFENEDER, R.; TODD, P. M. Can there ever be too many options? A meta-analytic review of choice overload. *Journal of Consumer Research,* v. 37, p. 409-425, 2010.

SCHULTZ, T. W. Investment in human capital. *American Economic Review,* v. 51, p. 1-17, 1961.

SCHWARTZ, B. Self-determination: the tyranny of freedom. *American Psychologist,* v. 55, p. 79-88, 2000.

SCHWARTZ, B. There must be an alternative. *Psychological Inquiry,* v. 18, p. 48-51, 2007.

SCHWARTZMANN, S.; CHRISTOPHE, M. *A educação em ciências no Brasil.* Rio de Janeiro: Academia Brasileira de Ciências, 2009.

SCHWEICKART, D. *After capitalism.* Oxford: Rowman & Littlefield, 2002.

SCLIAR-CABRAL, L. *Princípios do sistema alfabético do português do Brasil.* São Paulo: Contexto, 2003.

SCLIAR-CABRAL, L. *Sistema Scliar de Alfabetização:* fundamentos. Florianópolis: Lili, 2013.
SEARLE, J. R. *Liberté et neurobiologie.* Paris: Grasset, 2004.
SEN, A. *Commodities and capabilities.* Amsterdam: North Holland, 1985.
SEN, A. Democracy and its global roots. Why democratization is not the same as Westernization. *The New Republic,* v. 4, p. 28-35, 2003.
SEN, A. *Development as freedom.* Oxford: Oxford University, 1999.
SEN, A. Freedom of choice. Concept and content (Alfred Marshall Lecture). *European Economic Review,* v. 32, p. 269-294, 1988.
SEN, A. *Inequality re-examined.* Cambridge: Harvard University, 1992.
SEN, A. *The idea of justice.* London: Penguin Books, 2009.
SEYMOUR, P. H.; ARO, M.; ERSKINE, J. M. Foundation literacy acquisition in European orthographies. *British Journal of Psychology,* v. 94, p. 143-174, 2003.
SHALLICE, T. Specific impairments of planning. *Philosophical Transactions of the Royal Society of London,* v. 298, n. 1098, p. 199-209, 1982.
SHARE, D. Phonological recoding and self-teaching: sine qua non of reading acquisition. *Cognition,* v. 55, p. 151-218, 1995.
SHEN, X. R.; DAMIAN, M. F.; STADTHAGEN-GONZALEZ, H. Abstract graphemic representations support preparation of handwritten responses. *Journal of Memory and Language,* v. 68, p. 69-84, 2013.
SILVA, H. M.; PRADO, I. G. O. Creationism and intelligent design: presence in the Brazilian educational policy. *Procedia Social and Behavioral Sciences,* v. 2, p. 5260-5264, 2010.
SLOANE, S.; BAILLARGEON, R.; PREMACK, D. Do infants have a sense of fairness? *Psychological Science,* v. 23, p. 196-204, 2012.
SLOTHUUS, R. More than weighting cognitive importance: a dual-process model of issue framing effects. *Political Psychology,* v. 29, p. 1-28, 2008.
SMITH, A. The theory of moral sentiments. Strand: A. Millar, 1759.
SMITH, A. *Wealth of nations.* London: William Strahan e Thomas Caldell, 1776.
SOARES, M. A reinvenção da alfabetização. *Presença Pedagógica,* v. 9, 2003.
SOARES, M. *Letramento:* um tema em três gêneros. Belo Horizonte: Autêntica, 1998.
SOUZA, P. N. P. *Estrutura e funcionamento do ensino superior brasileiro.* São Paulo: Pioneira, 1991.
STANOVICH, K. Matthew effects in reading: some consequences of individual differences in the acquisition of literacy. *Reading Research Quarterly,* v. 21, p. 360-407, 1986.
STEIN, B. In class warfare, guess which class is winning. *The New York Times,* 2006.
STEPHENS, N. M. et al. Why did they "choose" to stay? Perspectives of hurricane Katrina observers and survivors. *Psychological Science,* v. 20, p. 878-886, 2009.
STEPHENS, N. M.; FRYBERG, S. A.; MARKUS, H. R. When choice does not equal freedom. A sociocultural analysis of agency in working-class American contexts. *Social Psychology and Personality Science,* v. 2, p. 33-41, 2011.
STEPHENS, N. M.; MARKUS, H. R.; TOWNSEND, S. S. Choice as an act of meaning: The case of social class. *Journal of Personality and Social Psychology,* v. 93, p. 814-830, 2007.
STREET, B. *Literacy in theory and practice.* New York: Cambridge University, 1984.
STROOP, J. R. Studies of interference in serial verbal reactions. *Journal of Experimental Psychology,* v. 18, p. 643-662, 1935.
SUGGATE, S. P.; SCHAUGHENCY, E. A.; REESE, E. Children learning to read later catch up to children reading earlier. *Early Childhood Research Quarterly,* v. 28, n. 33, 2013.
TARABINI, A. Education and poverty in the global development agenda: emergence, evolution and consolidation. *International Journal of Educational Development,* v. 30, p. 204-212, 2010.
TARABINI, A.; JACOVKIS, J. The poverty reduction strategy papers: an analysis of a hegemonic link between education and poverty. *International Journal of Educational Development,* v. 32, p. 507-516, 2012.

TEIXEIRA, A. A. C.; ROCHA, M. F. Cheating by economics and business undergraduate students: an exploratory international assessment. *Higer Education*, v. 59, p. 663-701, 2010.
TFOUNI, L. V. *Adultos não alfabetizados:* o avesso do avesso. Campinas: Pontes, 1988.
TOCQUEVILLE, A. de. *De la démocratie en Amérique.* Paris: Laffont, 1986. Edição original em 1835-1840.
TRAUTMANN, S. T.; VAN DE KUILEN, G.; ZECKHAUSER, R. J. Social class and (un) ethical behavior: a framework with evidence from a large population sample. *Perspectives on Psychological Science,* v. 8, p. 487-497, 2013.
TREIMAN, R. et al. Do young children spell words syllabically? Evidence from learners of Brazilian Portuguese. *Journal of Experimental Child Psychology,* v. 116, p. 873-890, 2013.
TSAI, K. S. *Capitalism without democracy:* the private sector in contemporary China. New York: Cornell University, 2007.
TUCKER-DROB, E. M. et al. Emergence of a gene x socioeconomic status interaction on infant mental ability between 10 months and 2 years. *Psychological Science,* v. 22, p. 125-133, 2011.
TUCKER-DROB, E. M. Preschools reduce early academic-achievement gaps. A longitudinal twin approach. *Psychological Science,* v. 23, p. 310-319, 2012.
TUNMER, W. E. et al. *Why the New Zealand national literacy strategy has failed and what can be done about it*: evidence from the Progress in International Reading Literacy Study (PIRLS). Palmerston North: Massey University Institute of Education, 2013. Disponível em: <http://www.massey.ac.nz/massey/fms/Massey%20News/2013/8/docs/Report-National-Literacy-Strategy-2013.pdf>. Acesso em: 15 abr. 2014.
TURKHEIMER, E. et al. Socioeconomic status modifies heritability of IQ in young children. *Psychological Science,* v. 14, p. 623-628, 2003.
VALENTE, M. O.; FONSECA, J.; CONBOY, J. Inquiry science teaching in Portugal and some other countries as measured by PISA 2006. *Procedia Social and Behavioral Sciences*, v. 12, p. 255-262, 2011.
VAN DETH, J. W.; ABENDSCHÖN, S.; VOLLMAR, M. Children and politics: an empirical reassessment of early political socialization. *Political Psychology,* v. 32, p. 147-174, 2011.
VENTURA, P. et al. Schooling in western culture promotes contextfree processing. *Journal of Experimental Child Psychology,* v. 100, p. 79-88, 2008a.
VENTURA, P. et al. The developmental turn point of orthographic consistency effects in speech recognition. *Journal of Experimental Child Psychology,* v. 100, p. 135-145, 2008b.
VENTURA, P. et al. The locus of the orthographic consistency effect in auditory word recognition. *Language and Cognitive Processes,* v. 19, p. 57-95, 2004.
VENTURA, P.; MORAIS, J.; KOLINSKY, R. The development of the orthographic consistency effect in speech recognition: from sublexical to lexical involvement. *Cognition,* v. 105, p. 547-576, 2007.
VERHAEGHE, A.; KOLINSKY, R. *O que os iletrados nos ensinam sobre os testes de inteligência.* Lisboa: F. C. Gulbenkian, 2006.
WAGNER, R. K. Rediscovering dyslexia: new approaches for identification and classification. In: REID, G. et al. (Ed.). *The sage handbook of dyslexia.* London: Sage, 2008.
WALKER, M. A capital or capabilities education narrative in a world of staggering inequalities? *International Journal of Educational Development,* v. 32, p. 384-393, 2012.
WALSH, J. R. Capital concept applied to man. *Quarterly Journal of Economics,* v. 2, p. 255-285, 1935.
WANG, L.; MALHOTRA, D.; MURNIGHAN, K. Economics education and greed. *Academy of Management, Learning and Education,* v. 10, p. 643-660, 2011.
WASON, P. C. Reasoning about a role. *Quarterly Journal of Experimental Psychology,* v. 20, p. 273-281, 1968.

WASS, S. V.; SCERIF, G.; JOHNSON, M. H. Training attentional control and working memory – is younger, better? *Developmental Review*, v. 32, p. 360-387, 2012.
WEBER, M. *Politics as a vocation*. Munich: University of Munich, 1919. Disponível em: <http://anthropos-lab.net/wp/wp-content/uploads/2011/12/Weber-Politics-as-a-Vocation.pdf>. Acesso em: 15 abr. 2014.
WEBSTER, D. Liberty and Union. Now and forever. One and inseparable. In *The Writings and Speeches of Daniel Webster*, VI. Boston: Fletcher Webster, 1903.
WENDELKEN, C. et al. Flexible rule use: common neural substrates in children and adults. *Developmental Cognitive Neuroscience*, v. 2, p. 329-339, 2012.
WENDELKEN, C. et al. Neural indices of improved attentional modulation over middle childhood. *Developmental Cognitive Neuroscience*, v. 1, p. 175-186, 2011.
WILKINSON, R.; PICKETT, K. *The spirit level:* why equality is better for everyone. London: Penguin, 2009.
WILLIAMSON, R. A.; DONOHUE, M. R.; TULLY, E. C. Learning how to help others: twoyear-olds' social learning of a prosocial act. *Journal of Experimental Child Psychology*, v. 114, p. 543-550, 2013.
WORLD VALUES SURVEY. *Database 2005*. [S.l.]: WVS, 2005. Disponível em: <http://www.worldvaluessurvey.org/wvs/articles/folder_published/survey_2005>. Acesso em: 06 mar. 2014.
YBARRA, O.; LEE, D. S.; GONZALEZ, R. Supportive social relationships attenuate the appeal of choice. *Psychological Science*, v. 23, p. 1186-1192, 2012.
YONCHEVA, Y. N. et al. Attentional focus during learning impacts N170 ERP responses to an artificial script. *Developmental Neuropsychology*, v. 35, p. 423-445, 2012.
ZORZI, M. et al. Extra-large letter spacing improves reading in dyslexia. *Proceedings of the National Academy of Sciences of the United States of America*, v. 109, p. 11455-11459, 2012.

Leituras Recomendadas

BEARD, R. et al. *Como se aprende a ler?* Lisboa: FFMS, 2010.
BRASIL. Congresso Nacional. Câmara dos Deputados. Comissão de Educação e Cultura. *Grupo de trabalho alfabetização infantil:* os novos caminhos. Relatório final. 2. ed. Brasília: Câmara dos Deputados, Coordenação de Publicações, 2007. Disponível em: <http://www.google.com.br/#q=Alfabetização+infantil%3A+os+novos+caminhos.+Relatório+final%2C+Centro+de+Documentação+e+Informação>. Acesso em: 15 abr. 2014.
DEHAENE, S. (Dir.). *Apprendre à lire*: des sciences cognitives à la salle de classe. Paris: Odile Jacob, 2011.
DEHAENE, S. *Os neurônios da leitura*: como a ciência explica a nossa capacidade de ler. Porto Alegre: Penso, 2012.
DUPUIS-DERI, F. *Démocratie*: histoire politique d'un mot aux États-Unis et en France. Montréal: Lux, 2013.
LOSURDO, D. *Contre-histoire du libéralisme*. Paris: La Découverte, 2013.
MALUF, M. R.; CARDOSO-MARTINS, C. *Alfabetização no século XXI*: como se aprende a ler e a escrever. Porto Alegre: Penso, 2013.
MORAIS, J. *Criar leitores*: para professores e educadores. São Paulo: Manole, 2013.
MORAIS, J.; KOLINSKY, R. *A última metamorfose de Zeus*: fantasia científica sobre a aprendizagem da leitura. Lisboa: Gradiva, 2005.
NUSSBAUM, M. C. *Creating capabilities*: the human development approach. Cambridge: Harvard University, 2011.
NUSSBAUM, M. C. *Not for profit*: why democracy needs the humanities. Princeton: Princeton University, 2010.

OBSERVATOIRE NATIONAL DE LA LECTURE. *Apprendre à lire*. Paris: Odile Jacob, 1998.
OLIVEIRA, J. B. A. de. *Alfabetização de crianças e adultos*: novos parâmetros. Belo Horizonte: Alfa, 2004.
PORTUGAL. Ministério da Educação e Ciência. Direção-geral de Educação. *Metas curriculares do 1º ciclo. Português – leitura e escrita.* Princípios, métodos e técnicas da alfabetização. Porto: DSRN, 2013 (vídeo de 70'15"). Disponível em: <http://www.dge.mec.pt/metascurriculares/index.php?s=directorio&pid=149>. Acesso em: 15 abr. 2014.
SCLIAR-CABRAL, L. *Sistema Scliar de alfabetização*: fundamentos. Florianópolis: Lili, 2013.
SEN, A. *The idea of justice*. London: Penguin, 2009.
VERHAEGHE, A.; KOLINSKY, R. *O que os iletrados nos ensinam sobre os testes de inteligência*. Lisboa: Fundação Calouste Gulbenkian; Fundação para a Ciência e a Tecnologia, 2006.
WILKINSON, R.; PICKETT, K. *The spirit level*: why equality is better for everyone. London: Penguin, 2009.